CROIRE EN L'HISTOIRE

DU MÊME AUTEUR

Le Miroir d'Hérodote. Essai sur la représentation de l'autre, Gallimard, coll. « Folio », 2001.

Mémoire d'Ulysse. Récits sur la frontière en Grèce ancienne, Gallimard, 1996.

L'Histoire, d'Homère à Augustin. Préfaces des historiens et textes sur l'histoire, réunis et commentés par F. Hartog, traduits par M. Casevitz, Le Seuil, 1999.

Le XIXe siècle et l'histoire. Le cas Fustel de Coulanges, nouvelle édition, Le Seuil, coll. « Points », 2001.

Régimes d'historicité. Présentisme et expériences du temps, Le Seuil, édition augmentée, « Points », 2012, rééd. 2015.

Anciens, Modernes, Sauvages, Le Seuil, coll. « Points », 2008.

Évidence de l'histoire. Historiographie ancienne et moderne, Gallimard, coll. « Folio », 2007.

Vidal-Naquet, historien en personne. L'homme-mémoire et le moment mémoire, La Découverte, 2007.

Plutarque, *Vies parallèles*, volume dirigé et préfacé par F. Hartog, Gallimard, coll. « Quarto », 2001.

Polybe, *Histoire*, édition publiée sous la direction et préface de F. Hartog, Gallimard, coll. « Quarto », 2003.

Les Usages politiques du passé, sous la direction de F. Hartog et J. Revel, Éditions de l'École des hautes études en sciences sociales, 2001.

La Chambre de veille. Entretiens avec Felipe Brandi et Thomas Hirsch, Flammarion, 2013.

Partir pour la Grèce, Flammarion, 2015.

François Hartog

CROIRE EN L'HISTOIRE

Champs histoire

À G. L.

Ouvrage initialement publié sous la direction
de Thomas Hirsch et Yann Potin.
© Flammarion, 2013
© Flammarion, 2016, pour cette édition
ISBN : 978-2-0813-9299-1

INTRODUCTION

Croit-on encore en l'Histoire ?

> C'est moi qui fus la belle *Clio*, si adulée. Comme je triomphais au temps de mes jeunes réussites. Puis l'âge vint [...] Alors j'essaie de me tromper. Je me *livre à des travaux* [...] Moi l'histoire, je trompe le temps [1].
>
> Charles PÉGUY

Croit-on encore en l'Histoire ? Et que signifie aujourd'hui de répondre par oui ou par non à cette question ? Telle est l'interrogation initiale de cette enquête et de cette réflexion. Croit-on en l'Histoire comme on y a cru à partir du XIXe siècle : avec la même force et la même foi ? Quand elle est devenue une évidence, quand on s'est mis à la pratiquer méthodiquement, avec l'ambition de la hisser au rang de science, sur le modèle des sciences de la nature. Quand la littérature s'en est vivement emparée, quand le roman s'est donné pour tâche d'écrire ce monde nouveau traversé par l'Histoire. Prenant alors conscience de sa puissance, on s'est trouvé saisi par sa force d'entraînement, jusqu'à y reconnaître une figure nouvelle du

---
1. Charles Péguy, *Clio, Dialogue de l'histoire et de l'âme païenne, Œuvres en prose complètes*, Paris, Gallimard, « Bibliothèque de la Pléiade », III, 1992, p. 998.

destin. Sa marche en avant a suscité la révérence, sa capacité à broyer des pays et des vies a soulevé l'effroi. À la fin des années 1940, Mircea Eliade s'en prit même à ce qu'il nommait la « terreur de l'Histoire ». Tout un temps, on s'en est remis à son tribunal, on l'a convoquée sur d'innombrables champs de bataille, en son nom on a justifié ou condamné les politiques les plus opposées. Combien de discours, lyriques ou réalistes, n'a-t-elle pas inspirés ? Combien d'ouvrages en ont traqué les secrets (livres d'histoire, romans historiques, romans) ? Combien de traités philosophiques ont entrepris d'en découvrir les lois ou d'en dénoncer les pseudo-lois ? Combien de *Clio* peintes ou sculptées sont venues, plus ou moins songeuses, trôner dans des bâtiments publics ?

Dans son *Grand Dictionnaire,* publié entre 1866 et 1876, Pierre Larousse s'en faisait le prophète plein d'ardeur : « Le mouvement historique, inauguré au XVIIe par Bossuet, continué au XVIIIe par Vico, Herder, Condorcet, et développé par tant d'esprits remarquables de notre XIXe siècle, ne peut manquer de s'accentuer encore davantage dans un avenir prochain. Aujourd'hui, l'histoire est devenue, pour ainsi dire, une religion universelle. Elle remplace dans toutes les âmes les croyances éteintes et ébranlées ; elle est devenue le foyer et le contrôle des sciences morales, à l'absence desquelles elle supplée. Le droit, la politique, la philosophie lui empruntent ses lumières. Elle est destinée à devenir, au milieu de la civilisation moderne, ce que la théologie fut au Moyen Âge et dans l'Antiquité, la reine et la modératrice des consciences [1] ». Voilà une vigoureuse profession de foi, à laquelle bien d'autres, ici et là en Europe, dans

---

1. Pierre Larousse, *Grand dictionnaire universel du XIXe siècle,* vol. XII, article *Histoire*, p. 301.

les mêmes années, auraient pu faire écho. Même si Pierre Larousse allait particulièrement loin, en reconnaissant à l'Histoire un statut équivalent à celui qu'avait précédemment occupé la théologie comme discours créateur de sens pour des sociétés alors religieuses. On est bien dans le *croire en,* comme on croit en Dieu, au plus haut degré de la croyance [1].

À un degré inférieur, il y a le *croire à* : croire à l'Histoire, croire qu'il y a une histoire ou de l'histoire à l'œuvre d'une manière ou d'une autre. On postule que la contingence n'est pas tout et que peut se laisser appréhender un certain ordre dans ce qui survient ou advient, et l'on estime qu'il vaut la peine de rapporter, autant que faire se peut, ce qui s'est passé pour s'en souvenir, pour s'en servir. En dresser un tableau ou en donner une vue synoptique, pour l'instruction ou le plaisir (ou les deux) d'un lecteur, est possible et même utile. Telle était déjà, au IIe siècle avant notre ère, l'ambition de Polybe à l'ouverture de son histoire universelle. Donner une vue d'ensemble qui fît voir ce qui venait de se passer : la conquête si rapide de la Méditerranée par Rome. De cette croyance de second rang (qui peut très bien se confondre avec la première dans l'Histoire providentielle), il a existé différents modèles. Parmi les modernes, les plus déterministes ont cru aux causes et aux lois, d'autres ont fait appel à des invariants anthropologiques, ont cherché des forces profondes, ont mis au jour des régularités et ont bâti des séries, cherchant

---

1. Mon propos n'est nullement de reparcourir la voie ouverte par Karl Löwith dans son livre, publié en 1949, *Histoire et Salut,* avec son sous-titre parfaitement explicite, *Les Présupposés théologiques de la philosophie de l'histoire* (trad. française, Paris, Gallimard, 2002). Non plus que de suivre le débat qu'il a suscité sur la « sécularisation » (voir Jean-Claude Monod, *La Querelle de la sécularisation de Hegel à Blumenberg,* Paris, Vrin, 2002).

à cerner le changement au moyen de ce qui ne changeait qu'à peine et insensiblement. Méfiants à l'égard de ces lourds appareillages, d'autres n'ont jamais cessé de croire aux acteurs, aux actions et à la contingence : l'événement est leur élément, le grand homme leur sujet.

Mais revenons, un instant encore, à Larousse. Et, pour prendre la mesure de la radicalité de son propos, transportons-nous un siècle plus tôt, en 1751, lorsque d'Alembert rédigeait le *Discours préliminaire* de l'*Encyclopédie,* la future Bible des Lumières. Quelle place était reconnue à l'Histoire à l'orée de ce grand dictionnaire raisonné des savoirs ?

« L'Histoire en tant qu'elle se rapporte à Dieu, renferme ou la révélation ou la tradition, et se divise sous ces deux points de vue, en histoire sacrée et en histoire ecclésiastique. L'histoire de l'homme a pour objet, ou ses actions, ou connaissances ; et elle est par conséquent civile ou littéraire, c'est-à-dire se partage entre les grandes nations et les grands génies, entre les rois et les gens de Lettres, entre les conquérants et les philosophes. Enfin l'histoire de la nature est celle des productions innombrables qu'on y observe, et forme une quantité de branches presque égale au nombre de ces diverses productions. Parmi ces différentes branches, doit être placée avec distinction l'histoire des arts, qui n'est autre chose que l'histoire des usages que les hommes ont fait des productions de la nature, pour satisfaire à leurs besoins ou à leur curiosité. » On est loin encore, on le voit, de l'Histoire processus, portée par le progrès. Il n'y a pas, pour d'Alembert, une Histoire mais des histoires : celle qui se rapporte à Dieu, celle (civile ou littéraire) qui a l'homme pour objet, l'histoire de la nature et, enfin, une histoire des Arts. Pour l'histoire de l'homme et de ses actions, d'Alembert ajoutait ces précisions : « Ce n'est pas assez pour nous de vivre avec nos contemporains, et de les dominer. Animés par la curiosité et par l'amour-propre, et cherchant par une avidité naturelle à embrasser à la fois le passé, le présent et l'avenir, nous désirons en même temps de vivre avec ceux qui nous suivront, et d'avoir vécu avec ceux qui nous ont précédés. De là l'origine et l'étude de l'Histoire, qui nous unissant aux siècles passés par le spectacle de leurs vices et de leurs vertus, de leurs connaissances et de leurs erreurs, transmet les nôtres aux siècles futurs. C'est là qu'on apprend à n'estimer les hommes que par le bien qu'ils font, et non par l'appareil imposant qui les entoure : les Souverains, ces hommes assez malheureux pour que tout conspire à leur cacher la vérité, peuvent eux-mêmes se juger d'avance à ce tribunal intègre et terrible ; le témoignage que rend l'Histoire à ceux de leurs prédécesseurs qui leur ressemblent, est l'image de ce que la postérité dira d'eux. »

Par là, il réaffirmait les vertus du modèle de l'*historia magistra vitae,* en insistant sur son rôle de trait d'union entre passé et présent, mais aussi entre présent et futur : l'Histoire nous unit aux siècles passés et transmet ce que nous sommes aux siècles futurs. Sa fonction traditionnelle de miroir ou de tribunal, pour les princes avant tout, était également rappelée. En se regardant dans ce miroir, le souverain peut reconnaître d'avance comment la postérité le verra, donc agir en conséquence.

Impressionnant est donc le chemin parcouru entre d'Alembert et Larousse, en un siècle au cours duquel l'Histoire a émergé comme la puissance dominante et le concept central *(Grundbegriff)* ou encore régulateur du monde moderne. Reinhart Koselleck en a retracé le surgissement et suivi le déploiement en Allemagne depuis la fin du XVIIIe siècle. Elle devient un singulier collectif (l'Histoire), sujet d'elle-même, intermédiaire entre le passé et le futur. Par transfert de sacralité, on lui applique des épithètes divines (puissance, justice, sagesse) et, surtout, on devient responsable devant elle [1]. Novalis apparaît comme un témoin majeur de cette transformation quand il jette dans ses brouillons ces formules aphoristiques : « Le temps est le plus sûr des historiens », « L'histoire s'engendre elle-même », ou, plus saisissante encore, cette observation selon laquelle il n'y a histoire « que lorsqu'on remarque l'enchaînement secret de ce qui fut et de ce qui sera et que l'on apprend à composer l'histoire à partir de l'espoir et du souvenir [2] ». On trouve là, en effet, déjà, les composants du concept moderne d'histoire : le temps comme acteur et agent ainsi que l'écart, qui se creuse, entre le champ d'expérience (le souvenir) et l'horizon d'attente (l'espoir), là justement où s'engendre, pour ainsi dire, le nouveau temps historique. D'où le constat de Schopenhauer, en 1819 : « C'est seulement par l'histoire qu'un peuple devient complètement conscient de son être [3]. » Avant d'en arriver, en 1845, aux formulations de Marx et Engels dans *L'Idéologie allemande* : « Nous ne connaissons qu'une seule science, la science de l'histoire [4]. » Et les deux compères d'ajouter, pour que nul ne se méprenne, que jusqu'à ce jour les Allemands n'ont jamais eu « un historien » ! Perdus dans l'idéalisme, ils ont été incapables de donner à l'histoire sa base matérialiste. Quand on songe à ce qu'était alors l'histoire en Allemagne, la provocation était de taille !

---

1. Reinhart Koselleck, *L'Expérience de l'histoire,* trad. française Paris, Gallimard/Le Seuil, 1997, p. 93-94.
2. *Ibid.,* p. 48 (pour les deux premières citations) ; *Le Futur passé, Contribution à la sémantique des temps historiques,* trad. française, Paris, Éditions de l'EHESS, 1990 p. 310 (pour la troisième).
3. Reinhart Koselleck, *L'Expérience de l'histoire, op. cit.*, p. 72.
4. *Ibid.,* p. 67.

Si nous repassons du côté français, celui qui, au début du XXe siècle, peut clore ce rapide aperçu de la prise du pouvoir par l'histoire est Charles Péguy. Déplorant à un demi-siècle d'intervalle cela même dont se félicitait Pierre Larousse, il est, en effet, l'auteur qui, entre l'affaire Dreyfus et sa mort sur le champ de bataille en 1914, a le plus écrit sur l'histoire et contre l'histoire – celle, du moins, qui triomphait alors à la Sorbonne et qu'incarnait, à ses yeux, ce trio infernal réunissant Ernest Lavisse, Charles-Victor Langlois et Charles Seignobos, les maîtres de l'histoire méthodique qu'il a poursuivis de sa vindicte et de ses sarcasmes. Polémiste redoutable certes, Péguy est aussi le penseur qui n'a cessé de réfléchir sur le concept moderne d'histoire, c'est-à-dire cette *Clio,* celle des modernes, en laquelle il avait reconnu « la maîtresse de leur monde ». Non plus sous les traits de la vieille histoire *magistra vitae,* fournisseuse d'exemples à imiter ou à éviter, mais sous ceux d'une impérieuse *magistra mundi,* dont ils se proclamaient les desservants zélés [1]. Contre le Renan de *L'Avenir de la science,* qui est, pour lui, l'incarnation même du moderne, il écrivait : « Une humanité devenue Dieu par la totale infinité de sa connaissance, par l'amplitude infinie de sa mémoire totale, cette idée est partout dans Renan ; elle fut vraiment le viatique, la consolation, l'espérance, la secrète ardeur, le feu intérieur, l'eucharistie laïque de toute une génération, de toute une levée d'historiens, de la génération qui dans le domaine de l'histoire inaugurait justement le monde moderne [2]. » L'idéal d'exhaustivité,

---

1. Péguy est revenu, dans de nombreux textes, sur ce qu'il appelle « la situation faite à l'histoire dans les temps modernes ». Parmi eux, *De la situation faite à l'histoire et à la sociologie dans les temps modernes* (1906), il y a *Zangwill* (1904), *Clio, Dialogue de l'histoire et de l'âme païenne* (1913).
2. Péguy, *Œuvres en prose complètes, op. cit.,* I, 1987, *Zangwill,* p. 1416.

proclamé par cette levée d'historiens, modeste en apparence, est, en réalité, hyperbolique, puisqu'ils n'ambitionnent, au fond, rien de moins que de dupliquer ou de refaire la création. Si bien que l'historien moderne s'est fait « demi-inconsciemment, demi-complaisamment, lui-même un Dieu [1] ».

CROIRE ET FAIRE

Qui fait l'histoire ? La question n'est pas anodine car de la réponse qu'on lui donne, découlent, nous allons le voir, des façons différentes de croire en l'histoire.

Depuis la Bible, le dieu d'Israël est le seul maître de l'histoire. Croire en l'histoire, c'est reconnaître qu'elle est faite de ses interventions directes ou indirectes, puisqu'il est reconnu qu'il fait servir même les ennemis d'Israël à l'accomplissement de ses desseins. Ainsi, Cyrus, le roi des Perses, qui a pris Babylone et a permis le retour des Hébreux, peut être désigné comme « l'oint du Seigneur [2] », dans la mesure où il a été, sans le savoir et sans le vouloir, son instrument. Tout l'effort de Bossuet, dans son *Discours sur l'histoire universelle,* tendra encore à faire comprendre au dauphin qu'il faut tenir à la fois que « ce long enchaînement des causes particulières, qui font et défont les empires, dépend des ordres secrets de la Providence », et que ceux qui gouvernent font toujours autre chose que ce qu'ils croient faire. C'est pourquoi aussi,

---

1. *Ibid.,* p. 1401.
2. Isaïe, 45, 1. Voir aussi 44, 28 : Ainsi a parlé Iahvé : « Moi qui dis à Cyrus : mon berger !/tandis qu'il fera aboutir toute ma volonté,/en disant de Jérusalem : qu'elle soit rebâtie ! et du temple : tu seras fondé. »

« tout est surprenant à ne regarder que les causes particulières, et néanmoins tout s'avance avec une suite réglée [1] ». Deux siècles plus tard, Hegel reprend la question et reformule la réponse, en nommant l'écart entre le particulier (l'action individuelle) et le général (le déploiement de l'Idée) « ruse de la raison [2] », mais tout a changé, puisque l'Histoire, elle-même, est devenue la véritable doctrine du salut [3].

Ainsi, selon ces perspectives (et en dépit de leurs différences), l'homme contribue à faire l'histoire : une histoire qui, certes, lui échappe mais qui n'en a pas moins besoin de son concours pour s'accomplir. Et, au fond, plus il le sait, mieux il la fait, puisqu'il est dûment averti de ses limites et de ses ignorances. À cette première réponse s'en ajoute une seconde et de sens contraire, celle qui, depuis la Renaissance au moins, reconnaît de plus en plus l'individu comme *actor* de lui-même et de ses œuvres : auteur et acteur de soi – ambition qui conduit à la vision d'une histoire faite par les grands hommes, dont, à l'époque moderne, Napoléon sera le cas d'école incessamment scruté, qu'il vienne confirmer, infirmer ou nuancer cette conviction logée au cœur du projet moderne. C'est ainsi que l'on va jusqu'à la formule de l'historien allemand Heinrich von Treitschke, qualifiée par Fernand Braudel d'unilatérale et d'orgueilleuse : « Les hommes font l'histoire [4]. » En

---

1. Bossuet, *Discours sur l'histoire universelle,* Paris, Garnier-Flammarion, 1966, p. 427, 428.
2. G. W. F. Hegel, *Leçons sur la philosophie de l'histoire,* trad. française, Paris, Vrin, 1963, p. 37.
3. Dans plusieurs de ses livres, Marcel Gauchet a reconnu et interrogé la « condition historique » de l'homme moderne, en dernier lieu dans les trois volumes parus de *L'Avènement de la démocratie,* Paris, Gallimard, 2007-2010.
4. Fernand Braudel, *Écrits sur l'histoire,* Paris, Flammarion, 1969, p. 21. « Ce sont des individus, des hommes qui font l'histoire, des

précisant que « les hommes font leur propre histoire », mais dans des conditions qu'ils n'ont pas choisies, Marx conjoignait, au fond, les deux approches, tout en mettant nettement l'accent sur le faire [1]. De la même façon, Jean Jaurès a placé son *Histoire socialiste de la Révolution française* sous la double invocation de Marx et de Plutarque.

Aussi rapide soit-il, cet aperçu suffit pour marquer le lien qui a existé entre croire et faire : croire en l'histoire et croire qu'on fait l'histoire [2]. Le faire est une modalité du croire. Et plus on fait ou plus on croit qu'on fait, plus on croira en l'histoire. L'inverse, au demeurant, n'est pas vrai : croire qu'on ne fait pas l'histoire, ou bien peu, ou malgré soi et sans savoir ce que l'on fait vraiment, ne ruine pas, pour autant, la croyance en l'histoire – qu'on la nomme alors plutôt desseins de la Providence, destin, marche rapide du progrès, avancée de la décadence ou surgissement de la Révolution. Car cette dernière a été la figure la plus forte de la croyance moderne en l'Histoire jusqu'à en devenir, tout un temps, le nom et le concept : l'Histoire, c'est-à-dire la Révolution. Elle a pu être conçue soit comme ce *telos* qui arrivera à son heure et qu'on ne peut guère hâter, soit comme l'occasion *(kairos),* à la fois à saisir et à provoquer par une avant-garde, de « forcer » le temps. Elle est suite logique ou coup de main, selon

---

hommes comme Luther, Frédéric le Grand et Bismarck », martèle Treitschke. « Cette grande et héroïque vérité sera toujours juste. »
1. Karl Marx, *Le 18 Brumaire de Louis Napoléon Bonaparte, Œuvres IV,* Paris, Gallimard, « Bibliothèque de la Pléiade », p. 437.
2. Sur le caractère faisable de l'histoire, voir l'éclairante mise en perspective de Christophe Bouton, « "Ce sont les hommes qui font l'histoire". Sens et limites de l'idée de faisabilité de l'histoire », dans *Penser l'histoire, De Karl Marx aux siècles des catastrophes,* sous la direction de Christophe Bouton et Bruce Bégout, Paris, Éditions de l'Éclat, 2011, p. 255-269.

que l'on est marxiste ou léniniste. Dans le second cas, la part reconnue au faire, à l'action directe (d'une élite) est évidemment plus grande.

Dans *La Guerre et la Paix,* Tolstoï a exposé et exploré au plus loin la disjonction entre le croire et le faire, en revenant cinquante ans après les faits sur la campagne de Russie. Napoléon croit qu'il fait l'histoire, alors qu'en réalité il n'en est rien ; au mieux, il joue « son rôle fictif de chef suprême [1] ». Koutouzov sait qu'il ne la fait pas et n'en a pas la prétention, mais il sait, contre l'avis même de ses généraux qui ne cessent de déplorer sa sénilité, que la bataille de Borodino est bel et bien une victoire russe, et il est, pour finir, indubitable que les Français, en pleine débandade, sont lourdement vaincus. D'abord par eux-mêmes. Pourquoi le prince André est-il un des rares à lui faire confiance ? Parce que Koutouzov, par son « absence même de personnalité », a la « capacité de contempler les événements en toute sérénité ». « Il comprend qu'il existe quelque chose de plus fort, de plus puissant que sa volonté personnelle, à savoir le cours inéluctable des événements [2] ». Une fois la Russie libérée, Koutouzov, qui incarnait la guerre populaire, n'a plus rien à entreprendre. « Il ne lui restait qu'à mourir. Et il mourut [3]. »

Tolstoï estime que l'histoire est une affaire trop sérieuse pour être laissée aux états-majors, aux supposés grands hommes et aux historiens. Les plans des uns et les récits des autres manquent totalement ce qui se passe effectivement sur le champ de bataille. L'histoire n'en existe pas moins, puisqu'elle est « la vie inconsciente, générale,

---

1. Tolstoï, *La Guerre et la Paix,* Paris, Gallimard, « Bibliothèque de la Pléiade », 1952, p. 1024.
2. *Ibid.*, p. 973.
3. *Ibid.*, p. 1448.

grégaire de l'humanité[1] ». Elle est régie, au total, par « la loi de la fatalité », à laquelle s'ajoute « cette loi psychologique qui pousse l'homme accomplissant l'acte le moins libre à imaginer après coup toute une série de déductions ayant pour but de démontrer à lui-même qu'il est libre[2] ». L'épilogue du roman est une méditation sur les impasses de l'histoire moderne, empêtrée qu'elle est entre l'individu historique perçu tantôt comme « produit de son temps », tantôt comme créateur des événements[3].

Un demi-siècle plus tard, Oswald Spengler, qui appartient à la génération de 1918 (comme Paul Valéry et Arnold Toynbee)[4], reprend la question, mais sur le terrain de la philosophie de l'histoire. *Le Déclin de l'Occident,* son ouvrage le plus fameux, paraît en juillet 1918, même si, précise-t-il, le titre en était fixé dès 1912. Le succès fut considérable, d'abord en Allemagne mais pas seulement. Spengler croit-il en l'histoire ? Assurément, et tout l'enjeu de sa réflexion est d'en dégager la « logique ». Non pour le plaisir intellectuel de mettre en ordre le passé de l'humanité, mais pour tenter, « pour la première fois », s'enorgueillit-il, une « prédétermination de l'histoire[5] ». Son livre se veut, en effet, une « philosophie du destin ». Il s'ouvre sur une question urgente que les Européens se posent, sous différentes formes, en ces années où croît l'inquiétude. Où en est donc la culture occidentale et qu'est-ce qu'elle a devant elle ? Pour y répondre, il entreprend un long détour qui vise à établir une morphologie

---

1. *Ibid.*, p. 792.
2. *Ibid.*, p. 1620.
3. *Ibid.*, p. 1563.
4. Henri-Irénée Marrou, *De la connaissance historique*, Paris, Le Seuil, 1954, p. 14.
5. Oswald Spengler, *Le Déclin de l'Occident*, trad. française, Paris, Gallimard, 1948, p. 15.

de l'histoire universelle, en mettant à nu sa « structure organique », qui est la même toujours et partout. Car, comme tout ce qui est vivant, les cultures, qu'il faut voir comme autant de monades, croissent, fleurissent et déclinent. Cette dernière phase, inéluctable, Spengler la nomme « civilisation ». Indépendamment les unes des autres, les cultures ont toujours parcouru ce cycle. À ce point, il est nécessaire, dit-il, d'introduire un instrument de comparaison, à savoir l'analogie, qui est « le moyen de comprendre les formes vivantes [1] ».

Dès lors, en combinant vision organique et analogie, il peut établir de larges synchronismes entre des cultures différentes et reconnaître ainsi « des époques politiques contemporaines » les unes des autres. Ainsi en va-t-il de la période 1800-2000 de la culture occidentale et du passage de la période hellénistique à la période romaine. Alexandre et Napoléon en représentent les figures initiatrices. Il y a, pour Spengler, « simultanéité » des deux périodes, en fonction de ce qui est pour lui la « logique du temps » : une simultanéité non pas étroitement chronologique, mais morphologique. L'évolution de l'Occident a ainsi son pendant parfait dans l'Antiquité [2]. Tout en se voulant attentif au « devenir », en se réclamant de la morphologie, dont il emprunte le concept à Goethe, il est conduit à une détemporalisation du temps de l'histoire moderne, ou est, en fait, guidé par un rejet du régime moderne d'historicité, soit de cette façon d'appréhender le temps comme ouvert sur le futur et porté par le progrès.

Qu'apporte cette première analogie, à la fois la plus immédiate et la plus importante, entre l'Antiquité et le moment présent ? Elle permet de répondre à la question,

---

1. *Ibid.*, p. 16.
2. *Ibid.*, p. 38.

qui était sûrement celle que se posaient en priorité les lecteurs qui, dans l'été 1918, se sont précipités sur ce gros livre peu digeste : « Où en sommes-nous ? Et qu'est-ce qui nous attend ? » À quoi Spengler répond en substance : « Pas d'effroi à avoir, le moment actuel s'est déjà produit maintes fois par le passé. » Donc, ni espoir insensé ni tentation apocalyptique. Car le présent est une « époque civilisée », et non « cultivée ». La civilisation étant la phase de décadence d'une culture, cela pose des limites à ce que l'on peut concevoir et entreprendre : « Nous avons à compter avec les faits durs et sévères d'une vie tardive. » Arrive sa conclusion : « Je considère ma doctrine comme une grâce pour les générations futures, car elle leur montre ce qui est possible, et donc nécessaire, et ce qui n'appartient pas aux possibilités du temps [1]. » Elle est la philosophie véridique de l'époque. Cette histoire-destin est fort loin de l'histoire portée par le concept moderne d'histoire, mais elle se veut puissance, plus absolue encore, puisque tout a sa place prédéterminée dans la biographie de ce grand organisme qu'est l'histoire universelle. Le possible est donc aussi nécessaire, autant le savoir et mieux vaut y consentir. Cette réalité, on peut, si l'on y tient, la nommer du nom équivoque, dit-il, de liberté. Nulle surprise donc, si, au terme de ses deux épais volumes, Spengler n'a rien de mieux à proposer qu'une forme (éclairée autrement mais pas renouvelée) de l'ancienne position stoïcienne, en citant Sénèque : « Le destin conduit par la main qui lui obéit, entraîne de force qui lui résiste » *(ducunt volentem fata, nolentem trahunt).*

---

1. *Ibid.*, p. 52.

FAIRE L'HISTOIRE, FAIRE DE L'HISTOIRE, ÉCRIRE L'HISTOIRE

Quand Chateaubriand, récapitulant ce qu'ont été ses différentes carrières, note : « J'ai fait de l'histoire et je la pouvais écrire », il veut dire : j'ai eu un rôle politique, « j'ai signé des traités et des protocoles », j'ai fait l'histoire et je suis donc à même de l'écrire. Aujourd'hui, la formule : « J'ai fait de l'histoire » veut banalement dire : « Je suis devenu historien » : j'ai appris de l'histoire dans mes études, concours et diplômes m'ont conféré une accréditation, et mon métier est de faire de l'histoire sur telle ou telle période ou de tel ou tel type. Entre le sens d'hier et celui d'aujourd'hui a pris place tout le grand mouvement de l'institutionnalisation et de la professionnalisation des disciplines, dans lequel l'histoire a joué un rôle moteur. Mais, dorénavant, celui qui fait de l'histoire ne prétend en rien faire l'histoire. Tout au contraire, il a renoncé aux leçons et aux prévisions, il ne conseille pas, ne juge pas, il cherche, a-t-il dit et répété, simplement à connaître et à comprendre. Au service de l'histoire, entendue comme science du passé, il ne se veut, a soutenu Fustel de Coulanges, qu'un « piocheur de textes [1] ». Que cet idéal, intenable, n'ait, de fait, pas été tenu n'est pas ce qui importe ici.

Qu'indique cette nouvelle définition du faire de l'histoire par rapport au croire ? Croit-on toujours qu'elle est faisable ? Par qui et comment ? Sans surprise, les réponses sont partagées. Certains historiens se sont attachés à montrer que oui, d'autres que non, ou bien peu. Sans surprise, on retrouve le grand partage entre les tenants des grands

---

[1]. F. Hartog, *Le XIXe siècle et l'histoire. Le cas Fustel de Coulanges*, Paris, Le Seuil, « Points », 2001, p. 152-155.

hommes et les partisans des mouvements collectifs et des forces profondes, avec, entre les deux, toutes les positions intermédiaires. Pour simplifier, il y a d'un côté l'histoire politique, diplomatique, celle que critiquait Paul Valéry et qui se pratiquait à l'Académie ; et de l'autre celle qui dans les années 1930 cherchait à s'imposer, une histoire économique et sociale, celle qui, à partir de 1950, deviendra avec Fernand Braudel histoire de la longue durée, voire de la très longue durée et sur laquelle les hommes ont, au total, peu de prise. Cette histoire « lourde », qui va de l'économie aux civilisations, en passant par les institutions et les architectures sociales, ne doit plus intervenir, précise Braudel, seulement comme une « toile de fond » devant laquelle évoluent des « individus exceptionnels autour desquels l'historien s'attarde avec complaisance [1] ».

De toute façon, ces doutes sur le caractère faisable de l'histoire n'impliquent aucune remise en cause de la croyance en la puissance et en la présence de l'histoire. Peut-être même a-t-elle connu en ces années, entre 1950 et 1975, un nouvel âge d'or ? Comme si, plus grandissait le doute sur nos aptitudes à faire l'histoire comme acteurs (au vu du demi-siècle précédent), plus le faire de l'histoire gagnait en capacité d'explication et en légitimité dans l'Université ainsi qu'auprès du grand public. Moins l'histoire était immédiatement intelligible, plus l'événement n'était qu'une écume, plus il fallait, en effet, aller chercher en profondeur les bonnes explications. Par sa médiation savante, l'historien était à même de rendre visibles de bonnes raisons de croire en l'histoire ou à l'histoire, tout en faisant miroiter l'altérité du passé. En une histoire, qui n'était, certes, plus maîtresse de vie, ni même la maîtresse du monde moderne, mais qui, à l'instar de la vie et aussi

---

1. Fernand Braudel, *Écrits sur l'histoire, op. cit.,* p. 23.

évidente qu'elle, était le mouvement profond des sociétés et leur milieu naturel. À l'historien, homme des archives et des séries, de la faire saisir dans ses structures et ses complexités, dans ses lenteurs et ses soubresauts, dans ses ruptures et sa persistance, en vue d'en comprendre les injonctions. De fait, le moment du structuralisme a correspondu aux grandes années du faire de l'histoire, avec leur lot de quiproquos.

Certains, notamment, en mettant l'accent sur le verbe « faire », purent alors croire ou laisser croire que l'historien faisant de l'histoire faisait l'histoire, au sens qu'il la fabriquait. Non plus, donc, comme autrefois, au sens du grand homme faisant l'histoire, ou même de l'historiographe se mettant à la place du prince, mais en un sens de « faire » tout à la fois nouveau et très ancien : celui de forger, fabriquer, créer. Si écrire, c'est faire, en écrivant l'historien fait donc aussi. Il convenait dès lors de prendre toute la mesure de ce qu'écrire de l'histoire voulait dire, ainsi que s'y était attaché Michel de Certeau [1]. « Faire » a ainsi pu retrouver le sens du verbe grec *poiein* (faire au sens de forger). Quand, dans sa *Poétique,* Aristote opposait le poète tragique qui « fabrique » un *muthos,* un récit, à l'historien qui doit se contenter de dire ce qui est arrivé, il faisait de l'action de « faire » un discriminant entre les deux [2]. L'un « fait », l'autre « dit ». Mais dès l'instant que l'on questionne ce partage trop simple, que l'on s'interroge sur les attendus du « dire ce qui s'est passé », de sa mise en mots et en forme, s'ouvre la possibilité d'autres poétiques de l'histoire.

---

1. Michel de Certeau, *L'Écriture de l'histoire,* Paris, Gallimard, 1975. Notons qu'il n'a toutefois jamais soutenu ni même laissé entendre que l'histoire ne serait qu'un jeu d'écriture.
2. Voir *infra,* chap. II, p. 143-144.

Il y en eut de nombreuses, jusqu'à celle, postmoderne, dont l'historien américain Hayden White est devenu l'éponyme, à la suite de la publication, en 1973, de son livre, renommé et discuté, *Metahistory*[1]. Mais, à donner un sens fort au faire comme *poiein*, à scruter toujours plus l'histoire comme écriture, on courait le risque de brouiller ou de supprimer la frontière entre récit de fiction et récit portant sur le réel. Puisque sur le réel ou le référent, non pas inexistant mais inatteignable, on ne pouvait finalement se prononcer. Il y avait là une mise entre parenthèses de la croyance ordinaire en l'histoire. Contre l'histoire positiviste, l'histoire science, et tout aussi bien bourgeoise, il fallait mener un travail préalable de démystification. Non pas pour ruiner l'histoire, pour contester qu'elle pût apporter la moindre connaissance, mais pour la faire repasser du bon côté, celui de la littérature et de l'art[2]. Pour Roland Barthes, « seul » le structuralisme, parce qu'il était « conscient, à un degré aigu, de la nature linguistique des œuvres humaines, pouvait rouvrir le problème du statut linguistique de la science[3] ». Cette prise de position épistémologique pouvait très bien aller de pair avec une foi en une histoire à venir, ouvrant sur un horizon révolutionnaire. Le travail de démystification des écrits bourgeois pouvait même être compté comme une contribution à cet avènement.

Reste une dernière question, celle du sens de l'histoire. Croire en l'histoire implique-t-il de croire qu'elle a un

---

1. Hayden White, *Metahistory, The Historical Imagination in Nineteenth-Century Europe,* Baltimore, The Johns Hopkins University Press, 1973.
2. Hayden White, *Tropics of Discours, Essays in Cultural Crticism*, Baltimore, The Johns Hopkins University Press, 1978, p. 23.
3. Roland Barthes, "De la science à la littérature" [1967], dans *Le Bruissement de la langue*, Paris, Le Seuil, 1984, p. 20.

sens ? À l'évidence, non. La perte de sens la rend plus obscure, plus menaçante, mais non moins présente. En Europe, le sens de l'histoire n'a pas résisté aux épreuves et aux crimes du XXe siècle – que l'on entende par sens, signification, accomplissement, ou simplement direction – et, avec lui, s'est abîmée la notion d'histoire universelle que le premier XIXe siècle avait portée si haut. Sens de l'histoire, mais tout aussi bien sens de l'homme ou de la culture. Qu'il suffise de nommer Heidegger, Freud ou Valéry. De la guerre de 1914, avec ses millions de morts, ses immenses et interminables batailles, ses ruines et les bouleversements qui l'ont suivie, sont sorties leur durable et multiforme mise en question, mais aussi des réaffirmations brutales, sûres d'elles-mêmes et immensément mortifères. Les suites de la Seconde Guerre mondiale, plus exactement ses après-coups (avec tout le travail de mémoire qui s'est progressivement mis en branle), ont poussé jusqu'à leurs limites les interrogations sur la *Sinnlosigkeit* de l'histoire : son absence fondamentale de sens ou sa perte de tout sens [1]. Quant à « l'illusion » communiste, sur laquelle François Furet s'est passionnément interrogé, elle a pris fin avec la chute de l'URSS. « Elle était, par excellence l'investissement psychologique total dans l'histoire, pour réaliser le salut de l'humanité et le salut de l'homme [2]. »

Si l'histoire n'a jamais eu ou n'a plus de sens, peut-on la faire, ou croire qu'on la fait ? Oui, dès lors qu'on admet

---

[1]. Reinhart Koselleck, « Vom Sinn und Unsinn der Geschichte », *Merkur*, 51, 4, 1997, p. 319-334.
[2]. François Furet, *Inventaires du communisme,* édition établie et présentée par Ch. Prochasson, Paris, Éditions de l'EHESS, 2012, p. 42. Sur le croire et le faire croire communiste, Jean-Toussaint Desanti, *Un destin philosophique,* Paris, Grasset, 1982, p. 31-45.

qu'il y a un écart entre ce qu'on croit faire et ce qu'on fait effectivement, que le résultat puisse même être le contraire de celui qu'on escomptait, etc. Bref, la disparition de la Providence, de la ruse de la raison, d'une figure ou d'une autre du destin ne modifie pas radicalement les choses. Il y a, jour après jour, des décisions à prendre et des actions à mener, des projets avouables ou moins avouables à mettre en œuvre, dont on a bien du mal à mesurer les effets et, plus encore, les effets des effets. Les effets pervers ou les effets dominos sont devenus le quotidien de nos bulletins d'information en ces années de crise. Quant au faire de l'histoire, il peut s'accommoder de la croyance comme de l'incroyance en un sens de l'histoire. L'historien n'a pas à se prononcer. Dans tous les cas, le travail demeure de repérer des régularités, de saisir des continuités ou de mettre au jour des fêlures, des brisures ; de mettre l'accent, selon les moments, sur une histoire plus attentive aux séries et au continu ou plus intéressée par les ruptures et le discontinu ; de privilégier des modèles socio-économiques ou l'approche biographique ; et de poser et de reposer, encore et encore, la question du changement dans l'histoire et en histoire.

L'HISTOIRE AUJOURD'HUI : DE CLIO À MNÊMOSUNÊ

Dirions-nous aujourd'hui encore de l'histoire qu'elle est la « maîtresse » de notre monde ou la « reine des consciences » ? La prophétie de Larousse n'est plus guère de saison et il ne viendrait à l'idée de personne, même de l'historien le plus enthousiaste, de lui assigner une place analogue à celle de la théologie, quand, dans ses beaux jours, celle-ci fournissait à des sociétés encore religieuses leurs principes d'intelligibilité. L'intelligibilité du monde actuel, à supposer qu'on y croie, mobilise d'autres cadres de référence. Imaginons, pour un instant, un Paul Valéry écrivant aujourd'hui *Regards sur le monde actuel,* quel paysage ferait-il surgir, dans son effort « de ne percevoir que les circonstances les plus simples et les plus générales, qui fussent en même temps des circonstances nouvelles [1] » ? Une attaque en règle contre l'histoire comme « le produit le plus dangereux que la chimie de l'intellect ait élaboré [2] » laisserait perplexe, tout comme une mise en garde contre les dangers de se laisser « séduire à l'Histoire ». Non, lui rétorquerait-on, il y a belle lurette que nous n'en sommes plus là !

Me revient, ici, cette phrase de Michel de Certeau, traduisant l'expérience des mystiques du XVIIe siècle qu'il étudiait : « Une tradition s'éloigne : elle se mue en passé [3]. » Voilà une autre manière de formuler la question autour de laquelle tourne ce livre. L'histoire, celle en laquelle le XIXe siècle a cru, celle qui s'est installée comme la puissance rectrice et la réserve de sens ou de non-sens, est en train de s'éloigner de nous et de se muer en un passé, en une notion dépassée, caduque. Il est peu douteux que l'impérieux concept, tel que Koselleck l'a saisi, ait beaucoup perdu de son aura. La sacralité, le futur, l'histoire comme action, et même comme singulier collectif, en sont autant de traits constitutifs, dont l'évidence s'est érodée ou délitée. Avec la fin du XXe siècle, l'histoire semble être passée de la toute-puissance à l'impuissance. Certes, ses autels sont fréquentés mais ses desservants, fort nombreux

---

[1]. Paul Valéry, *Regards sur le monde actuel et autres essais, Œuvres II,* Paris, Gallimard, « Bibliothèque de la Pléiade », 1960, p. 923.
[2]. *Ibid.*, p. 35.
[3]. Michel de Certeau, *La Fable mystique,* Paris, Gallimard, 1982, p. 41.

de par le monde, donnent parfois l'impression d'avoir perdu la foi, d'accomplir les gestes et de prononcer les mots, de faire leur travail consciencieusement, voire avec passion, en démultipliant les objets d'histoire. Tout est histoire et on peut faire des histoires de tout. Mais de quoi donc ce tout est-il l'histoire ? On évite de se poser trop de questions. D'ailleurs, personne ne le demande. Péguy ne disait-il pas, en se moquant, qu'un historien « qui resterait fixé sur une méditation de la situation faite à l'histoire ne ferait pas beaucoup avancer cette histoire. [...] D'une manière générale il vaut mieux qu'un historien commence par faire de l'histoire, sans en chercher aussi long [1] » ? Le propos est toujours de saison.

Ce qui lui a porté le coup, le plus rude, a été le progressif basculement de nos rapports au temps, du futur vers le présent : la fermeture du futur et cette montée d'un présent omniprésent, que j'ai nommé présentisme [2]. Avec ce paradoxe, pointé par Marcel Gauchet : l'avenir disparaît de l'horizon, alors même que s'est trouvée « démultipliée », comme jamais, notre capacité de le produire. Plus encore qu'imprévisible, il est devenu « infigurable ». « Il est l'inconnu vers lequel nous fonçons à une vitesse accélérée et avec des moyens toujours plus grands, sans qu'il nous soit demandé d'ailleurs d'y songer. Car ce n'est pas seulement qu'il n'a plus de visage assignable, c'est qu'il ne représente plus un pôle d'identification collective renvoyant à une responsabilité assumée en commun [3]. »

Or l'histoire, celle du concept moderne d'histoire, était structurellement futuriste. Puisqu'elle était une manière de

---

1. Péguy, *Œuvres en prose complètes, op. cit.,* II, p. 494.
2. François Hartog, *Régimes d'historicité, présentisme et expériences du temps,* Paris, Le Seuil, « Points », 2012.
3. Marcel Gauchet, *La Condition politique,* Paris, Gallimard, 2005, p. 39.

désigner l'articulation des deux catégories du passé et du futur, le nom moderne de leur toujours énigmatique rapport. Elle était concept d'action et impliquait la prévision. Dans nos sociétés, la montée de la mémoire, au cours des années 1980, a été un indice fort de ces déplacements. À *Clio* a succédé sa mère, *Mnêmosunê* : Mémoire, la mère des Muses. La « vague mémorielle » a peu à peu envahi, recouvert le territoire de l'histoire. Du moins est-ce ainsi qu'on a cherché à rendre compte de ce qui était en train de se passer : on va de l'histoire à la mémoire, puis la mémoire bouscule l'histoire, avant que l'histoire ne cherche à reprendre la main en se présentant comme histoire de la mémoire. Au cours de ces années, la mémoire est devenue la notion cardinale de nos discours publics et privés, ainsi que le terme le plus englobant. La littérature s'en est saisie de façon de plus en plus insistante. Pour ne prendre qu'un exemple, l'œuvre entière de Jorge Semprun, disparu en 2011, se place sous le signe de la mémoire, le « fer rouge de la mémoire [1] ». On parle, dès lors, plus volontiers ou plus spontanément de mémoire que d'histoire ; les médias et les politiques se mettent à en faire grand usage ; on engage des politiques mémorielles, on vote des lois dites mémorielles ; on revendique le droit à la mémoire et l'on fait valoir, dans les prétoires et les parlements, le devoir de mémoire.

Notons, dès à présent, qu'avancée de la judiciarisation de nos sociétés et montée de la mémoire marchent de pair.

---

1. C'est le titre justement donné au volume, publié en 2012, par « Quarto », chez Gallimard, *Le Fer rouge de la mémoire,* rassemblant cinq romans et des *varia* publiés par Semprun entre 1963 et 2001. L'expression « le fer rouge de la mémoire » est de Semprun lui-même : elle est tirée d'*Autobiographie de Federico Sanchez* : « Eh bien soit, je continuerai à remuer ce passé, à mettre au jour ses plaies purulentes, pour les cautériser avec le fer rouge de la mémoire. »

Ainsi que le consignait le vieil Aristote, dans sa *Rhétorique,* le discours judiciaire porte sur le passé, tandis que le discours délibératif, celui qu'on tient dans une assemblée, porte sur le futur, et le troisième genre, le discours d'éloge, s'inscrit dans le présent [1]. La justice et la mémoire ont affaire au passé, et sont, l'une et l'autre, des façons de convoquer du passé dans le présent. La justice ordinaire a absolument besoin de la mémoire, beaucoup moins de l'histoire. Elle ne fait pas de l'histoire. Mais il lui arrive de faire l'histoire.

Peut-être le signe le plus net de la mise en cause de la croyance en l'Histoire, celle du concept moderne d'histoire, s'est-il manifesté, dès 1945, avec le tribunal de Nuremberg ? Là, pour la première fois, les vainqueurs ont, en effet, pris la décision de juger l'Histoire [2], la destituant du même coup de sa fonction de tribunal du monde. Par la définition du crime contre l'humanité, qui introduit dans le droit la temporalité inédite de l'imprescriptible, la vieille *Clio* de Péguy devient une justiciable presque comme les autres. Voilà qu'elle a des comptes à rendre, aujourd'hui et demain encore – ce que ne pouvait imaginer Péguy : elle ne peut se contenter de « tromper » le temps. Car ceux qui la font sont moins responsables devant elle qu'ils ne deviennent responsables d'elle : de ce qu'ils ont fait, de leurs crimes. Un tel bouleversement ne pouvait manquer de retentir, de proche en proche, sur le faire de l'histoire lui-même. S'il ne peut être tenu pour directement responsable de l'histoire, de quoi l'historien

---

1. Voir *infra*, chap. II, p. 144-145.
2. Antoine Garapon, *Peut-on réparer l'histoire ? Colonisation, Esclavage, Shoah,* Paris, Odile Jacob, 2008, p. 10. Après Nuremberg, il y eut celui de Tokyo, les tribunaux pénaux pour l'ex-Yougoslavie, le Rwanda et, enfin, la Cour pénale internationale en 1998.

peut-il être dit responsable ? Doit-il se rapprocher du juge ? Faire, parfois, fonction de juge d'instruction, témoigner en justice, se muer en expert ? Ou bien, dira-t-on, en retrouvant l'ancienne formule de Denys d'Halicarnasse, que l'histoire est une « philosophie à partir d'exemples » : une philosophie morale illustrée[1] ? De même qu'on a vu se développer, dans les années 1980, la notion de *vicarious witness,* celui qui est un témoin non pas direct mais de second degré, délégué ou de substitution, l'historien devient-il, lui aussi, un témoin de témoin ou, de façon plus large, un délégué auprès de ceux auxquels il s'adresse ? En tout cas, il aura fallu plus d'un demi-siècle pour que se déploient toutes les transformations dont Nuremberg était porteur et pour que nos sociétés en prennent la mesure.

Ce livre, comme tous mes livres, n'est pas fait de rien. Il prolonge un précédent ouvrage, *Évidence de l'histoire, Ce que voient les historiens,* qui, partant de l'Antiquité, s'achevait justement sur la récente mise en question de cette « évidence » qu'avait, avec le plein déploiement du concept moderne d'Histoire, conquise la discipline. Il s'appuie aussi sur plusieurs de mes textes récents, qui s'attachaient, par différents biais, à mieux cerner notre conjoncture et les interrogations qu'elle suscite. Repris, transformé, augmenté, ce premier état du questionnaire joue sa partie dans le livre tel qu'il s'est peu à peu organisé. Mais il m'est bientôt apparu qu'il y avait un gain cognitif à rattacher la problématique de l'évidence à celle, autrement plus ample, de la croyance. Car l'Histoire, avec un

---

1. *L'Histoire, d'Homère à Augustin, Préfaces des historiens et textes sur l'histoire,* réunis et commentés par F. Hartog, Paris, Le Seuil, 1999, p. 21.

H majuscule précisément, a été un grand, sinon le grand objet de croyance de l'époque moderne. Elle a eu ses croyants, ses dévots et ses martyrs, ses hérétiques et ses traîtres.

Quatre chapitres, que sépare un intermède, interrogent donc le concept moderne d'histoire. Sous le titre « La montée des doutes », le premier chapitre analyse la conjoncture contemporaine : montée du présent, poussée de la mémoire, basculement d'une Histoire qui juge à une Histoire jugée. Reprenant de Ricœur l'expression « l'inquiétante étrangeté de l'histoire », le deuxième chapitre, un peu plus technique peut-être, rouvre le débat, proche encore, sur histoire, rhétorique et poétique. Ou encore, autour du *linguistic turn,* sur les frontières entre histoire et fiction. Il en met « au jour » les enjeux à travers les interventions de deux protagonistes majeurs, Paul Ricœur et Carlo Ginzburg, en se concentrant sur leurs usages respectifs d'Aristote : la *Poétique* pour le premier, la *Rhétorique* pour le second. Ce passage par Aristote, souvent recommencé au fil du temps, pose, au fond, la très ancienne question de l'histoire comme genre : est-elle ou n'est-elle pas un genre à part entière ? A-t-elle alors un lieu propre ? Dans la littérature ou en dehors ? Cette récurrente question fut tranchée, définitivement pensa-t-on, avec l'émergence, puis le triomphe du concept moderne d'Histoire, qui devait faire enfin aborder la discipline aux rivages austères mais sûrs de la science. Mais qu'advient-il dès lors que ce concept, qu'on avait cru indéboulonnable, perd de son efficace ? Quand la décroyance, sinon l'incroyance vient à s'installer.

En présentant trois allégories de l'Histoire, un intermède élargit le propos. Ce rapide coup de projecteur, incursion dans le monde de l'art, découvre d'autres paysages et donne à voir d'autres manières de représenter et de mettre en question le concept d'histoire. Le rapprochement des trois images (la gloire de Napoléon peinte par Veron-Bellecourt et les deux Anges de l'Histoire – celui de Benjamin-Klee et celui d'Anselm Kiefer) rend visible la trajectoire du concept moderne d'histoire entre le début du XIXe et la fin du siècle.

Les deux derniers chapitres poursuivent l'interrogation, en repartant de plus loin, de plus en amont dans le temps. Ils se donnent à lire comme un tout, explorant ce que j'ai appelé « les deux côtés » : celui des écrivains et celui des historiens. Le côté des historiens entre XIXe et XXe siècle, voilà qui va de soi. Mais scruter le concept moderne d'Histoire et les croyances qu'il a suscitées en laissant de côté le roman serait plus qu'insatisfaisant. Il y a donc bien deux côtés et, nul n'en disconviendra, le chemin tracé par les romanciers a davantage compté dans nos sociétés que les travaux des historiens. Mais le point qui m'importe ici, le seul sur lequel j'ai souhaité attirer l'attention, est celui de leurs traitements respectifs du temps. Que font-ils, les uns et les autres, avec le temps nouveau, ce temps qui marche et accélère ? Embarquent-ils volontiers ou non dans le train du temps, cherchent-ils à en descendre ? Bref, comment se positionnent-ils par rapport au régime moderne d'historicité ? Si tous le reconnaissent et en prennent, en quelque façon, acte, les romanciers, m'a-t-il semblé, sont plus « intéressés » par ses failles, par les discordances des temporalités. Par ce qu'on peut appeler, avec Koselleck, le simultané du non-simultané. Quant aux historiens, au départ au moins, ils sont plus mobilisés par le futurisme du régime moderne d'historicité, par cette intelligibilité qui vient du futur et qui éclaire le passé. Le côté des écrivains nous mènera de Balzac à Cormac McCarthy. Celui des historiens, passant très vite sur le XIXe siècle, bien connu et sur lequel j'ai déjà eu l'occasion d'écrire à plusieurs reprises, se concentrera sur les avatars ou les crises du régime moderne d'historicité de la fin du XIXe siècle à aujourd'hui, et sur leurs effets sur le concept moderne d'histoire. Doutes, incertitudes, reformulations (allongement du questionnaire, nouvelle histoire, autre histoire, micro-histoire, histoire connectée, histoire globale…) : telles seront quelques-unes des attitudes et des propositions observées.

Entre le nom, le concept et les pratiques de l'histoire, il y a bien évidemment des échanges et des circulations. On ne voit pas que les questionnaires et les manières de faire ne retentissent pas sur le concept, mais on ne voit pas non plus que le concept ne balise pas le champ des pratiques possibles ou admises. Quant au nom, depuis qu'Hérodote l'a lancé, il colporte, tant bien que mal, tout ce chargement. C'est là sa tâche historique ! Quant à l'historien, il lui revient de mettre un peu d'ordre dans ce chargement, de faire le tri entre ce qui peut encore servir et ce qui semble hors d'usage. Et, s'il a la chance d'être là au bon moment, il peut enrichir le concept, déplacer l'ordre des couches successives dont il est l'aboutissement, voire en ajouter une. Le mot alors, telle la vieille *Clio* de Péguy, peut reprendre la route, avec sa hotte à nouveau bien arrimée sur ses épaules. Pour quelque temps.

Chapitre premier

La montée des doutes

Les conditions de l'exercice du métier d'historien ont changé et changent rapidement sous nos yeux. La formule commode de crise est vite apparue et s'est rapidement imposée dans les années 1990 : « crise » de l'histoire, ou histoire « désorientée », a-t-on dit, tandis qu'allaient en se modifiant nos rapports au temps [1]. L'avenir se fermait, le passé s'obscurcissait, le présent s'imposait comme l'unique horizon [2]. Qu'allaient devenir la place et la fonction de celui qui s'était défini au XIXe siècle – quand l'histoire, devenant une évidence, s'était voulue science et s'était organisée en discipline –, comme le médiateur savant entre passé et présent, autour de cet objet majeur, sinon unique de la Nation ou de l'État, dans un monde qui, privilégiant désormais la dimension du présent, voire du présent seul, commençait, ici et là, à déclarer les nations dépassées et à se proclamer globalisé. Ainsi l'Allemagne, du moins jusqu'à la réunification, avait tâté de la voie du postnational et tenté le patriotisme de la Constitution. Par ailleurs, l'État, sous la forme de l'État-providence, était

---

[1]. « Le temps désorienté », *Annales, Histoire, Sciences sociales,* n° 6, 1995 ; Gérard Noiriel, *Sur la "crise" de l'histoire,* Paris, Belin, 1996.
[2]. F. Hartog, *Régimes d'historicité, op. cit.*, p. 257-271.

fortement invité à se « repenser », les néolibéraux se chargeant des régimes amaigrissants.

N'avait-on pas appris que l'historien moderne devait, avant même de commencer, poser la nette séparation du passé et du présent (quitte ensuite à très vite l'oublier). Puisque l'histoire ne devait être que la science du passé : une science pure, comme le réclamait Fustel de Coulanges, et son serviteur un œil déchiffrant des documents dans le silence des archives. Avec Fernand Braudel encore, au milieu du XXe siècle, l'historien de la longue durée se voyait doté (fût-ce implicitement) d'une position de surplomb. En Europe, un des premiers signes ou symptômes, assez vite perçu et relayé par certains historiens, que le monde issu de l'après-guerre se lézardait, a été, à la fin des années 1970, l'émergence de la mémoire. Le phénomène était à la fois une expression de et une réponse à cette montée du présent. Avec la notion de « mémoire collective », d'abord élaborée par le sociologue Maurice Halbwachs entre les deux guerres, l'historien disposait d'une entrée de choix où, par l'entremise des cadres sociaux de la mémoire, mémoire et société se trouvaient reliées.

À grands traits, quatre positions ont été occupées par l'historien au cours des XIXe et XXe siècles. En France, il s'est pensé en prophète (avec Jules Michelet en *vates* du Peuple, à l'instar du « voyant » d'Hugo) ; plus modestement, il s'est voulu « pontife » et « instituteur » (avec Gabriel Monod et Ernest Lavisse : l'historien est celui qui fait « pont » entre l'ancienne et la nouvelle France, qui raconte la lente formation de la nation et inculque la République). Il a également revendiqué « l'oubli » préalable du présent pour se vouer à la connaissance du seul passé : Fustel de Coulanges est celui qui a porté cette posture au plus loin. Il a insisté, enfin, sur la nécessité de tenir les deux bouts de la chaîne ensemble : le passé et le présent (avec les fondateurs des *Annales*). Pour Marc Bloch, l'histoire, « science des hommes dans le temps », a « sans cesse besoin d'unir l'étude des morts à celle des vivants », de se mouvoir du passé au présent et du présent vers le passé dans un constant mouvement d'aller et retour [1].

Aujourd'hui, l'historien doit-il se tenir dans le seul cercle du présent, de ce présent étendu, nouveau territoire de la mémoire. En 1867, un *Rapport sur les études historiques en France* se concluait sur ces fortes constatations : « L'histoire ne naît pour une époque que quand elle est morte tout entière. Le domaine de l'histoire, c'est donc le passé. Le présent revient à la politique, et l'avenir appartient à Dieu [2] ». L'auteur ne manquait pas de se présenter au ministre, destinataire du rapport, comme un « greffier exact ». Qu'écrit-on aujourd'hui à un ministre ? Pour être admis dans l'espace public, reconnu dans la société civile, l'historien doit-il se « présentifier », sans se « politiser » pour autant ou s'adonner à une histoire militante ? Greffier exact des choses advenues se dit aujourd'hui « expert » : doit-il se présenter comme expert au titre de la mémoire et assumer cette « responsabilité » ?

Très clairement, cette position de passeur de présent se trouve désormais occupée par nombre d'historiens du contemporain ou du très contemporain, eux qui ont tenu les premiers rôles dans l'espace public et dans la profession, eux qui ont été à la peine et à l'honneur. Fondée en 1984, la revue *Vingtième Siècle* entendait « prendre en

---

[1]. Marc Bloch, *Apologie pour l'histoire ou Métier d'historien*, Paris, Armand Colin, 1997, p. 65.
[2]. *Rapport sur les études historiques*, Paris, Imprimerie impériale, 1868, p. 356.

charge l'identité du présent ». Au même moment, Pierre Nora diagnostiquait que « le présent était devenu la catégorie de notre compréhension de nous-mêmes ». À l'historien, « il revient d'expliquer le présent au présent », lui qui se place « entre la demande aveugle et la réponse éclairée, entre la pression publique et la solitaire patience du laboratoire, entre ce qu'il sent et ce qu'il sait ». Dans les *Lieux de mémoire,* la démarche de leur concepteur était bien celle-là : partir du présent pour y revenir, après avoir convoqué et travaillé la mémoire, en la passant au crible du lieu de mémoire. Si bien que le lecteur ne trouvait, au final, ni l'épopée rétrospective de la Nation accomplie ni la marche des stades de l'Histoire. Là, le mode d'être du passé devait être, en effet, celui de son surgissement dans le présent mais sous le contrôle de l'historien. Tel était le postulat de cette ample enquête, dont le premier volume a paru en 1984 et le dernier en 1992[1]. Elle était portée par l'ambition de renouveler l'histoire, de la relancer, en aucun cas, d'en conduire le deuil[2].

À côté de cette expérience inédite d'histoire au présent, l'histoire contemporaine a gagné la partie, peut-être même au-delà de ce qu'elle espérait. Argumentant naguère encore pour défendre sa légitimité face aux autres « périodes », très vite attentive au « retour » de l'événement, elle parle aujourd'hui au nom de l'histoire. Pour le grand public et les médias, elle est devenue l'histoire, toute l'histoire, ou peu s'en faut. Le passé comme exotisme et réceptacle d'altérité des années 1970 a vécu. Mais cette incontestable réussite n'a-t-elle pas un prix ? L'histoire contemporaine, en France et ailleurs, peut-elle échapper

---

1. *Lieux de mémoire,* sous la direction de Pierre Nora, Paris, Gallimard, 1984-1992.
2. Voir *infra*, chap. II, p. 133-134.

aux calendriers des commémorations et aux agendas de la communication politique. Portée, en tout cas, par la vague du présent, ne court-elle pas le risque d'être rattrapée par elle ? Qu'en est-il, par ailleurs, des historiens des autres périodes ? Peuvent-ils vaquer à leurs occupations, forts du savoir accumulé dans leurs spécialités, comme si tous ces mouvements, pourtant de fond, ne les concernaient que lointainement ?

D'autant qu'il y a des signes contradictoires. L'histoire doit-elle encore être enseignée dans les classes terminales scientifiques ? Non, avait-on décidé, au nom de la lourdeur des emplois du temps. Mais en 2012, le ministre de l'Éducation a opté pour son rétablissement. À l'Université, les cursus d'histoire attirent moins d'étudiants, la place que lui consacrent journaux et magazines est allée en se réduisant et, sans surprise, les ventes moyennes des livres d'histoire ont baissé. Faut-il faire ou non une Maison de l'histoire de France ? Sauf exception, l'historien est redevenu une figure secondaire du paysage médiatique. Mais, dans le même temps, on parle communément d'appétit d'histoire, voire de passion française pour l'histoire. On cite alors l'audience d'une émission quotidienne, comme *La Fabrique de l'histoire* (qui a pour *motto* « le passé ici et maintenant » et entend « explorer les rapports tendus entre Histoire et Mémoire »), celle de *La Marche de l'histoire,* la remarquable longévité des *Lundis de l'histoire* ; on y ajoute « le prix du Sénat du livre d'histoire », les succès de certains romans historiques, tels ceux de Françoise Chandernagor [1], la presque vénérable revue *L'Histoire*

---

1. Dans un entretien, paru dans *Le Monde* (6 avril 2012), elle précisait que, pour elle, « l'Histoire est un récit qui exige une écriture » et que, depuis ses débuts, elle visait à mettre en lumière les grands oubliés de l'Histoire que sont les femmes et les enfants et à réhabiliter des figures, injustement décriées, comme Mme de Maintenon ou Marc Antoine (présent dans sa trilogie en cours, *Les Dames de Rome*).

(1978), les foules qui, depuis quinze ans, se pressent à Blois aux Rendez-vous de l'Histoire[1]. Chaque automne, en effet, peu après « les Journées du patrimoine », un large public curieux, intéressé, composé pour une part d'enseignants d'histoire, assiste aux conférences, aux multiples tables rondes et s'arrête devant les très nombreux stands des éditeurs. La « fête » a incontestablement pris. Elle a même fait école, puisque ont été lancées, depuis peu, à Fontainebleau des Journées de l'histoire de l'art. Plus spécialisé, il y a également le Festival international du film d'histoire qui se tient, chaque année, à Pessac. Voilà autant de manifestations, ce ne sont sûrement pas les seules, qui attestent, à tout le moins d'une présence familière de l'histoire. Il va de soi que dans toutes ces rencontres ne règne aucune orthodoxie : il est plus d'une chambre dans la maison de *Clio* ou de *Mnêmosunê* ! Sans parler des caves, greniers, et autres resserres, voire d'un espace évolutif, avec cloisons mobiles. Toutes ces productions ont même pour raison d'être de parcourir ou de déplier les différents sens du mot histoire, de donner à lire, à voir et à entendre toutes les formes d'histoire : elles sont dans l'addition et dans la démultiplication. Une éclectique *Clio* est leur raison sociale, puisque leur commun postulat est une

---

[1]. En mars 2012, *Le Figaro* a lancé un nouveau magazine bimestriel *Le Figaro Histoire,* dont le premier éditorial commence ainsi : « L'histoire est un plaisir. Elle nous apprend d'où nous venons, qui nous sommes ; ce qu'il nous est loisible d'espérer, ce que nous pouvons craindre ; ce que nous nous devons à nous-mêmes, ce qui nous appartient. Le passé constitue un immense capital d'expériences dont la méditation ne peut qu'être féconde. » La première couverture est consacrée aux secrets de la campagne de Russie de 1812. Le directeur de la publication, Michel de Jaeghere, est, par ailleurs, le vice-président d'une association, Renaissance catholique, dont l'université d'été 2012 avait pour thème : À quoi sert l'histoire ?

même croyance à l'histoire et un même goût pour elle, animés par le désir de faire partager et le souci de transmettre. À quoi s'ajoutent les demandes portées par le « devoir de mémoire [1] ».

Mais la récurrence de ces événements historiens, le fait que l'histoire soit, en somme, devenue une pratique culturelle à part entière, comme d'autres et à côté d'autres, est-ce suffisant pour en conclure que, au bout du compte, l'histoire ne s'en sort pas si mal que cela ? Pas sûr. S'il n'est pas question d'ignorer, moins encore de dénigrer, cette activité et ces productions, on peut aussi estimer que leur signification n'est pas univoque et y percevoir aussi une fonction de réassurance. « Oui, nous disons-nous, l'histoire est bien toujours là : elle nous instruit, elle nous distrait, elle est notre mémoire collective, notre patrimoine, elle concourt aussi à nous responsabiliser, nous aujourd'hui, comme citoyens. » Dans ce même registre de la réassurance, c'est-à-dire de l'expression ou de la conjuration d'une certaine inquiétude, pourraient figurer deux livres : celui, collectif, publié sous le titre *À quoi sert l'histoire aujourd'hui ?* Il rassemble les contributions d'une quarantaine d'historiens et d'historiennes, réunis par Emmanuel Laurentin [2]. L'autre, écrit par Vincent Duclert. En historien, qui, dans la lignée dreyfusarde, entend œuvrer au cœur des affaires de la cité, il s'interroge sur

---

1. L'expression « devoir de mémoire » entre dans le dictionnaire Larousse en 2003 : « L'obligation morale de témoigner, individuellement ou collectivement, d'événements dont la connaissance et la transmission sont jugées nécessaires pour tirer les leçons du passé (la Résistance ou la déportation pendant la Seconde Guerre mondiale par exemple) », voir Sébastien Ledoux, « Écrire une histoire du "devoir de mémoire" », *Le Débat,* n° 170, 2012, p. 175-185.
2. *À quoi sert l'Histoire aujourd'hui ?* sous la direction d'Emmanuel Laurentin, Paris, La Fabrique de l'Histoire/Bayard, 2010.

« l'avenir de l'histoire ». Il presse les historiens de s'en préoccuper : « de penser ce qu'ils sont et vers quoi ils vont [1] ». Pour ce faire, mieux vaut commencer par établir un diagnostic sur ce contemporain ou ce présent : de quoi est-il fait, autour de quels mots ou de quels thèmes s'articule-t-il ?

DU CONTEMPORAIN AU PRÉSENT

Quel est le rôle de l'historien, sinon d'apporter un peu plus d'intelligibilité sur le monde et un surcroît de lucidité à ses concitoyens ? Ni plus ni moins que les autres praticiens des sciences humaines et sociales, mais à sa façon à lui : en historien. D'où ce préalable : celui d'une appréhension aussi correcte et fine que possible des conditions de l'exercice du métier. Parmi elles, arrêtons-nous avant tout sur le temps. Car si le rapport au temps est, pour tout un chacun, la dimension fondamentale de l'expérience du monde et de soi, elle l'est doublement pour l'historien. Le temps, c'est d'abord celui dans lequel il vit et travaille, mais c'est aussi « sa » période, le temps sur lequel il travaille. Aussi François Bédarida l'avait-il nommé « régisseur du temps [2] ». Quels rapports se nouent entre ces deux temps ? Avec, pour l'historien du contemporain, cette question subsidiaire : qu'en est-il dès lors que l'écart entre temps vécu et temps étudié se réduit à presque rien : que « son » temps l'est doublement. Comment produire du recul et du décalage pour obtenir l'équivalent du regard éloigné que l'ethnologue créait en se déplaçant dans

---

1. Vincent Duclert, *L'Avenir de l'histoire*, Paris, Armand Colin, 2010, p. 5.
2. François Bédarida, *Histoire, critique et responsabilité*, Bruxelles, Complexe, 2003, p. 305-329.

l'espace ? Une fois abandonnées les illusoires assurances de l'évolutionnisme, ce dernier pouvait de là-bas questionner les évidences de l'ici : de plain-pied. La comparaison est une réponse possible : ce qui implique qu'il accepte de sortir de « son » temps et de son « lieu ».

« Il arrive souvent que, sous l'influence de fortes et riches traditions, une génération entière traverse sans y participer le temps d'une révolution intellectuelle [1] » : cet autre rappel, énoncé par Fernand Braudel, est une mise en garde utile. Car il y a les inerties des disciplines, les routines des écoles et des questionnaires, le poids des institutions, avec leurs rigidités mais aussi leur relative extériorité. Une bonne façon pour l'historien de se faire contemporain du contemporain est de commencer par questionner l'évidence massive de son contemporain : ce qui est tout le contraire de s'essouffler à courir après l'actualité ou de céder à l'air du temps. Comme le note Marcel Gauchet, qui parle d'expérience, « il faut vouloir être de son temps pour l'être, et il faut travailler pour y parvenir [2] ». Être de son temps n'est pas forcément se précipiter pour répondre à la question du jour. Quel est alors le travail à mener pour qui veut le faire en historien ? Comment se faire régisseur ou, mieux, dirais-je, guetteur du temps ou des temps ?

La rapide montée du « contemporain » ou du « présent » comme catégorie dominante a été le trait premier de cette conjoncture. En histoire évidemment, mais aussi en anthropologie, où le mouvement a été plus spectaculaire encore : du lointain et du traditionnel à l'actuel de nos sociétés, à l'observation ethnologique de ce qui est en train de se passer. D'où un investissement rapide des lieux

---

1. Fernand Braudel, *Écrits sur l'histoire, op. cit.,* p. 32.
2. Marcel Gauchet, *La Condition historique,* Paris, Stock, 2003, p. 60.

de la modernité, à la façon d'un Marc Augé [1] ; mais également la mise en question de la notion même de culture (dénoncée comme culturalisme) au profit de la seule contemporanéité des situations d'interlocution et d'interaction entre l'ethnologue et ceux qu'il étudie. Oublions les structures et le structuralisme, adieu *Tristes Tropiques,* et misons sur la pragmatique. C'en est bien fini des vieilles lunes évolutionnistes, mais aussi des innombrables variations sur l'altérité, dernier avatar de l'européocentrisme et du colonialisme. Nous sommes tous pareillement contemporains [2]. La sociologie n'ignore évidemment pas cette tendance, elle dont le projet a d'emblée été d'enquêter sur le présent des sociétés et leurs dysfonctionnements. Mais « l'intervention sociologique », telle que l'a proposée Alain Touraine, se voulait bien une forme de sociologie à chaud ou immédiate, au cœur du présent et pour lui. Qu'il s'agisse d'une grève, d'un conflit social plus large ou d'un conflit politique. Très vite, le sociologue est là sur le terrain : observateur participant.

Sous le nom de présent, le contemporain est devenu un impératif sociétal et politique : une évidence indiscutable [3]. De fait, une pression tout à la fois diffuse et appuyée, venue des médias, de l'édition, des bailleurs de fonds tant publics que privés, s'exerce pour que les sciences humaines et sociales se tournent davantage vers le contemporain et répondent mieux, plus vite à la « demande sociale », à

---

1. Il fut avocat d'une anthropologie des mondes contemporains.
2. Johannes Fabian, *Le Temps et les Autres, Comment l'anthropologie construit son objet,* Toulouse, Anacharsis, 2006. Alban Bensa, *La Fin de l'exotisme, Essais d'anthropologie critique*, idem, Anacharsis, 2006, p. 157-169.
3. Dans *La Dernière catastrophe : l'histoire, le présent, le contemporain* (Paris, Gallimard, 2012), Henry Rousso s'interroge sur la notion de contemporain et le statut de l'histoire contemporaine.

l'urgence des situations, des émotions, des malheurs, en sachant les mettre en chiffres et en mots. Pour traiter de cette demande, on fait appel à des experts : l'historien est alors sollicité à ce titre-là [1]. Pour être, celui qui, dans des commissions *ad hoc,* est censé donner les faits, voire rien que les faits ou, à l'occasion de certains procès, celui qui occupe une place de témoin. Expert de la mémoire, expert pour dire ce qui s'est réellement passé, expert du contexte et préposé à la compassion [2].

Les mots du présent

De quoi est-il tissé, ce présent ? Une série de mots, dont l'usage s'est imposé, sont une manière de le reconnaître et de le dire. Ils en dessinent les principaux motifs. S'il n'y a plus de grands récits, se sont mis à circuler, en revanche, des maîtres mots, qui fonctionnent comme supports de toutes sortes de récits fragmentaires et provisoires. Ils permettent des mises en forme ; ils autorisent des prises de parole ; grâce à eux des torts peuvent être articulés, des crimes dénoncés, des silences nommés, des absences évoquées. Proprement incontournables, ils se sont imposés comme les mots de passe du temps : des mots d'époque. Les prononcer suffit désormais, sans plus avoir à les expliquer. Il y a d'abord le quatuor formé par la mémoire, la commémoration, le patrimoine et l'identité, auquel il faut, au moins, adjoindre le crime contre l'humanité, la victime, le témoin, d'autres encore. Formant plus ou moins système, ces mots, qui n'ont ni la même histoire ni la

---

[1]. Olivier Dumoulin, *Le Rôle social de l'historien, De la chaire au prétoire,* Paris, Albin Michel, 2003.
[2]. Christophe Prochasson, *L'Empire des émotions, Les historiens dans la mêlée,* Paris, Demopolis, 2008, p. 211.

même portée, renvoient les uns aux autres et sont devenus des repères tout à la fois puissants et vagues, des supports pour l'action, des slogans pour faire valoir des revendications, demander des réparations. Inévitablement, ils emportent avec eux toute une charge de quiproquos. Si l'historien, moins que quiconque, ne peut les ignorer, il doit, plus que quiconque, les questionner : en saisir l'histoire, en tracer les usages et les mésusages, avant de les reprendre dans son questionnaire.

Ils ont suscité une avalanche de livres, d'articles, de dossiers, mais aussi une frénésie de déclarations, de décisions et de lois. Du côté de l'histoire, Pierre Nora en a fait le fil rouge de sa grande enquête des *Lieux de mémoire*. Depuis son texte d'ouverture « Entre histoire et mémoire » jusqu'à, dans le septième et dernier volume, celui intitulé « L'ère de la commémoration » qui boucle le parcours. Dans ce dernier texte, déjà rétrospectif, il dégageait ce qu'il nomme « l'inversion de la dynamique de la commémoration ». En moins de vingt ans, nous étions, en effet, passés d'un modèle « historique » du commémoratif à un « modèle mémoriel ». La France, qui jusqu'alors se concevait selon un modèle national unitaire, passait à une conscience de soi de type patrimonial, où venait à dominer la catégorie du présent. Mais ce présent avait lui-même cette particularité d'être chargé d'un passé qui ne passait pas, selon la formule alors en usage. Ce basculement allait de pair avec l'émergence de la thématique de l'« identité ». « La France comme *personne,* soulignait encore Nora, appelait son histoire. La France comme identité ne se prépare un avenir que dans le déchiffrement de sa mémoire [1]. » Patrimoine, identité, mémoire à certains

---

[1]. Pierre Nora, *Lieux de mémoire, Les France* III, 3, Paris, Gallimard, 1992, p. 988, 992, 1010. Dans le sillage des *Lieux,* voir Pierre Nora, *Présent, nation, mémoire,* Paris, Gallimard, 2011.

égards aussi, sont des notions pour temps d'incertitude. Le philosophe Vincent Descombes l'exprime avec une grande netteté à propos de l'identité nationale. « L'identité nationale peut signifier le passé national, c'est-à-dire les générations passées de notre pays. Elle concerne alors la situation figée puisque le passé s'est déroulé : c'est un objet historique. En revanche, le futur qui est l'autre face de l'identité nationale signifie que nous avons une identité pour autant que nous avons un futur et nous avons un problème d'identité pour autant que nous avons un problème avec notre futur. Le problème d'identité posé au niveau collectif implique la difficulté à se représenter un avenir qui soit notre avenir [1]. » On ne peut que souscrire à ce diagnostic. Le problème est avec le futur.

Mémoire

Arrêtons-nous un peu plus longuement sur deux de ces maîtres mots. Le milieu des années 1980 a coïncidé avec la pleine émergence du phénomène mémoriel dans l'espace public : littérature, art, musées, philosophie, sciences sociales, discours politique lui ont fait place, de plus en plus. La chronologie, l'extension, les diverses expressions de ce phénomène sont désormais connues et répertoriées. Après les Trente Glorieuses, Jean-Pierre Rioux, pour désigner le phénomène, a risqué l'expression les « Trente Mémorieuses [2] ». Ce glissement de l'histoire à la mémoire indiquait, on le perçoit maintenant, un changement d'époque. Depuis la Révolution, l'histoire et la mémoire

---

1. Vincent Descombes, *Identités à la dérive*, Marseille, Éditions Parenthèses, 2011, p. 55-56.
2. Jean-Pierre Rioux, *La France perd la mémoire, Comment un pays démissionne de son histoire*, Paris, Perrin, 2006.

ont avancé comme deux grands voiliers qui, naviguant de conserve, tantôt s'éloignent l'un de l'autre, tantôt sont bord à bord. Dans l'ensemble, l'histoire a imposé sa loi. Car elle était tournée vers le futur, portée par le progrès et les lois de l'évolution, composant chaque jour le récit du devenir. Mais les grandes crises traversées ont entraîné, avec un décalage variable, des remontées ou des poussées mémorielles, dont l'histoire s'est, en partie, nourrie pour les transmuer en histoires, prioritairement, nationales. On perçoit de telles poussées après 1820, autour de 1880, avant et après 1914, et depuis le milieu des années 1970. Mais la mécanique, alimentée par le régime moderne d'historicité, s'est enrayée.

Dans un temps, assez proche encore, le simple énoncé du terme « Histoire » (avec majuscule) valait explication : l'Histoire veut, juge, condamne… Aujourd'hui, quoique sur un mode différent, la Mémoire est devenue ce maître mot qui dispense d'en dire plus : elle est un droit, un devoir, une arme. Deuil, *trauma, catharsis,* travail de mémoire, piété lui font cortège. Avec elle, se trouve, pour ainsi dire, réactivé quelque chose de l'ancienne *Mnêmosunê* grecque : sa puissance d'évocation du passé dans le présent. « Elle ne reconstruit pas le temps, écrivait Jean-Pierre Vernant, elle ne l'abolit pas non plus. En faisant tomber la barrière qui sépare le présent du passé, elle jette un pont entre le monde des vivants et cet au-delà auquel retourne tout ce qui a quitté la lumière du soleil. Elle réalise pour le passé une "évocation" comparable à celle qu'effectue pour les morts le rituel homérique de l'*ekklesis* : l'appel des vivants et la venue au jour, pour un bref moment, d'un défunt remonté du monde infernal [1]. »

---

1. Jean-Pierre Vernant, *Mythe et Pensée chez les Grecs,* Paris, François Maspero, 1965, p. 58.

Aujourd'hui, dans un certain nombre de situations, on recourt à elle, non pas en complément de ou en supplément à, mais bien en remplacement de l'histoire. Elle est clairement une alternative à une histoire qui, estime-t-on, a failli, s'est tue : l'histoire des vainqueurs, et non des victimes, des oubliés, des dominés, des minorités, des colonisés. Une histoire claquemurée dans la nation, avec des historiens au service d'une histoire, au fond, « officielle ». Et l'on fait appel, ici et là, à la mémoire comme offrant une « alternative thérapeutique » à un discours historique qui n'aurait jamais été, pour finir, qu'une « oppressive fiction [1] ». Fiction, puisqu'il manquerait le réel et oppressif, puisqu'il conforterait toujours, plus ou moins, l'ordre établi.

Comme tout mot d'époque, son emprise repose sur sa plurivocité, renvoyant à une multiplicité de situations, elles-mêmes tissées de temporalités assez différentes. Selon que l'on parle du Rwanda, de l'Afrique du Sud, de la Shoah, de la traite négrière, le mot n'aura pas exactement la même signification, même s'il vient s'inscrire dans la temporalité unificatrice et inédite du crime contre l'humanité : dans ce temps qui ne passe pas, celui de l'imprescriptible. Balayer tout l'arc des usages contemporains de la mémoire et repérer la diversité des contextes et des enjeux seraient une tâche à la fois répétitive et interminable. En allant même jusqu'à cette mémoire simulée, mise en mots par Binjamin Wilkomirski qui s'inventa une identité par identification aux victimes juives [2]. Parler d'excès ou

---

1. Kerwin Lee Klein, « On the Emergence of Memory in Historical Discours », *Representations,* n° 69, 2000, p. 145. Didier Fassin, Richard Rechtman, *L'Empire du traumatisme, Enquête sur la condition de victime,* Paris, Flammarion, 2007.
2. Binjamin Wilkomirski, *Fragments. Une enfance 1939-1948,* Paris, Calmann-Lévy, 1997. Voir Régine Robin, « Entre histoire et mémoire », dans *L'Histoire entre mémoire et épistémologie. Autour de*

d'abus de la mémoire ne résout rien, et d'ailleurs qui peut être sûr d'avoir par-devers lui le bon étalon ? Ces considérations sur le bon usage de la mémoire nous conduiraient vers Paul Ricœur et ce qui a motivé son long détour philosophique : la quête d'une « juste mémoire » et, chemin faisant, la reconnaissance d'une « inquiétante étrangeté » de l'histoire [1]. Un excès de souci du passé risque, estiment certains, d'être un alibi pour ne pas voir les maux du présent [2]. Cela se peut en effet, mais, pour se préoccuper des malheurs du temps, il faut, au-delà d'une compassion sur l'instant, estimer qu'on peut agir, que l'avenir pourrait être différent, qu'il y a place pour des projets autres. Bref, il faut croire en une certaine ouverture du futur, à l'histoire donc, pour pouvoir échapper à la seule prégnance du présent. D'un présent qui n'en finit jamais, de surcroît, de se diagnostiquer comme en crise. Mais une crise qui dure et perdure, est-ce encore une crise, au sens initial et médical du terme, c'est-à-dire comme ce moment décisif dans l'évolution de la maladie : ou le malade trépasse, ou il en réchappe ?

Patrimoine

Autre grand mot d'époque, le patrimoine est là, familier désormais, habitué tant de la rhétorique officielle que de nos propos ordinaires. En France, chaque mois de septembre amène son retour sous la forme des Journées du patrimoine, appelées aussi depuis peu en France Journées

---

Paul Ricœur, sous la direction de Bertrand Müller, Lausanne, Payot, p. 62-73.
1. Voir *infra*, chap. II.
2. Emmanuel Terray, *Face aux abus de la mémoire*, Arles, Actes Sud, 2006.

européennes du patrimoine. On en parle pendant un week-end, on interviewe des « travailleurs » du patrimoine, on critique l'insuffisance des budgets, on lance des chiffres, on donne la liste des « demeures » ouvertes à cette occasion : l'Élysée (avec président, sait-on jamais ?) attire la foule. Un bilan, sous forme d'un communiqué émanant du ministère de la Culture, clôt l'affaire le lundi matin : « Succès », « Plus de douze millions de visiteurs » pour les 24e Journées ! Ce sont, dira-t-on, les petits pas de l'Europe de la culture : le même jour, à la même heure, chacun peut visiter *son* patrimoine, qui se trouve aussi labellisé « patrimoine européen ». Ainsi va insensiblement l'Europe du patrimoine et donc une Europe qu'on voudrait voir et promouvoir comme un patrimoine. Ces manifestations, devenues routinières, comme la Fête de la musique ou le retour des soldes, constituent désormais la toile de fond de toute réflexion sur l'objet patrimoine : un signe de sa présence dans nos espaces publics. On peut sûrement faire part de son agacement à l'endroit du « tout patrimoine », « ce renfort pour identité en souffrance », selon l'expression de Jean-Pierre Rioux [1].

L'intéressant est le pourquoi de cet engouement : à quoi renvoie donc la lame de fond de la patrimonialisation ? Le patrimoine a surgi, s'est rapidement imposé, avant de s'installer. Il s'est diffusé dans tous les recoins de la société et du territoire, a mobilisé, a été porté par et a porté des associations multiples, a innervé le tissu associatif, a été institutionnalisé, est devenu un *topos* du discours politique, a fait l'objet de rapports, d'enquêtes, d'entretiens et d'empoignades. En France et bien au-delà. Le valoriser est devenu une évidence et une exigence. Conçu comme une ressource, il appelle une bonne gestion. Il s'est démultiplié :

---

1. *Op. cit.,* p. 38.

l'Unesco s'en est emparé et l'a décliné de multiples façons, en l'inscrivant dans des conventions toujours plus larges et ambitieuses dont le sujet est l'Humanité, le tout à l'enseigne de la préservation et, depuis peu, du développement durable [1]. Un peu partout, il a inspiré des politiques urbaines, qui ont mis en avant la réhabilitation, la rénovation et la réappropriation des centres historiques ou des friches industrielles. Des professionnels en ont fait leur raison sociale. Des chercheurs d'horizons divers l'ont scruté, accompagnant et informant sa montée en puissance, retraçant son histoire, explorant ses significations, s'interrogeant aussi, du même pas, sur leur propre discipline. C'est ce qu'on a appelé parfois le moment réflexif : ce temps d'arrêt, de regard en arrière sur le chemin parcouru, mais aussi l'expression d'une perte d'assurance, voire d'une désorientation. Que faire maintenant ?

La phase ascendante et conquérante du patrimoine est achevée. Un reflux serait-il engagé ? Non, ou pas encore, mais on est entré dans l'ordinaire du patrimoine : de son invention à sa digestion. Son quotidien. Ce n'est plus le temps des avancées, des fronts pionniers et des manifestes, plutôt celui de la vitesse acquise et des ajustements autour de l'économie du patrimoine et des politiques de communication (des villes, des grands organismes, notamment). Est éclairant le cheminement du « patrimoine » dans des communautés scientifiques, et ses effets en retour sur ces savoirs eux-mêmes ou mieux sur la perception qu'on en a ou qu'on voudrait en donner. Faut-il détruire, conserver, classer ? Les scientifiques montrent, selon les disciplines, une attitude ambivalente à l'endroit de la patrimonialisation. Conserver, oui, mais pour autant que cela serve la

---

1. Développement durable : l'expression traduit ou, plutôt, transpose, en la temporalisant, la formulation anglaise *sustaining development*.

vie. Par définition, la science regarde en avant, pas en arrière. Conserver, oui, alors même que certaines disciplines, comme la physique, traversent une crise (identitaire). Conserver, certes, mais comme une façon de mener une opération de communication [1].

Quand, en 1937, Jean Perrin avait lancé l'idée du palais de la Découverte, il voulait un musée pour créer un lien direct avec le public, mais un musée « gardant un contact vivant avec la Science qui continuait à se créer ». On touche là au point clé des rapports au temps : comment un musée peut-il faire place au futur, pas seulement comme horizon, mais activement ? Être une machine, non pas passéiste, mais futuriste ? L'interrogation s'est trouvée relancée, dans les années 1980, autour des écomusées conçus idéalement comme passeurs et producteurs d'avenir. Qu'il s'agisse de l'écomusée d'Alsace ou du Creusot, on visait une réappropriation culturelle de lieux désertés (une usine) et de savoirs (artisanaux ou industriels), en vue de faire vivre et de transmettre une mémoire. En 1982, Max Querrien annonçait vouloir « faire passer dans notre patrimoine le souffle de la vie » ; tandis que d'autres, du côté de l'Unesco, voulaient le concevoir comme ce qui devrait « permettre à une population d'intérioriser la richesse culturelle dont elle est dépositaire », ainsi que l'exprimait un rapport québécois [2].

Le patrimoine est, on l'a bien compris, un recours pour temps de crise. Quand les repères s'effritent ou disparaissent, quand le sentiment de l'accélération du temps

---

[1]. *Patrimoine et Communautés savantes,* sous la direction de Soraya Boudia, Anne Rasmussen, Sébastien Soubiran, Rennes, Presses universitaires de Rennes, 2009, p. 61-76.
[2]. Max Querrien, *Pour une nouvelle politique du patrimoine,* Paris, La Documentation française, 1982.

rend plus sensible la désorientation, le geste de mettre à part, d'élire des lieux, des objets, des événements « oubliés », des façons de faire s'impose : il devient manière de s'y retrouver et de se retrouver. Et plus encore quand la menace déborde sur le futur lui-même (le patrimoine naturel) et que s'est enclenchée la machine infernale de l'irréversibilité. On s'emploie alors à protéger le présent pour, proclame-t-on, préserver l'avenir. C'est là l'extension récente la plus considérable de la notion qui devient opératoire à la fois pour le passé et pour le futur, sous la responsabilité d'un présent menacé, faisant doublement l'expérience de la perte, celle du passé et d'un présent qui se ronge lui-même. Nous y reviendrons [1].

Inventorier les multiples usages actuels de la notion de patrimoine en fait apparaître aussitôt la plasticité et l'élasticité. C'est le propre de toute notion qui prend au point de devenir un mot d'époque. Elle fait consensus, ou d'autant plus consensus qu'on peut l'entendre dans des sens différents. Il en va de même pour la mémoire. Nommer quelque chose patrimoine fait sens quelles que puissent être les motivations pour lesquelles on agit ainsi et les significations que l'on donne au mot. Déclarer un lieu, un bâtiment, un objet patrimoine change aussitôt le regard qu'on porte sur lui, permet et interdit un certain nombre de gestes. S'employer à repérer ses emplois, les classer, en saisir les ambiguïtés, s'attacher à produire un modèle de ce qu'est fondamentalement la patrimonialisation dans une histoire culturelle de longue durée est une démarche qui possède une pleine légitimité et toute son utilité [2].

---

1. Voir *infra*, chap. IV, p. 281-282.
2. Jean Davallon, *Le Don du patrimoine. Une approche communicationnelle de la patrimonialisation*, Paris, Hermès Sciences-Lavoisier, 2006.

Mais limitons-nous à relever la plurivocité de la notion. Pour le dire trop vite, le patrimoine aujourd'hui se trouve pris entre l'histoire et la mémoire. Il relève de l'une et de l'autre, participe du régime de l'une et de l'autre, même s'il est désormais entré de plus en plus dans la sphère d'attraction de la mémoire. De l'histoire nous est venu « le monument historique » : il a pris toute sa place dans une histoire conçue comme nationale et a induit une administration, des formes de savoir et d'intervention qui ont été celles, en France, du service des Monuments historiques. En parallèle, le musée soustrayait des objets au temps ordinaire pour les donner à voir – théoriquement, pour toujours – aux générations successives, puisque leur sélection les rendait, par définition, inaliénables. Mais aujourd'hui, au nom même d'une meilleure gestion des collections, des interrogations se font jour sur ce point. Pourquoi le musée, qui doit valoriser son patrimoine, lever des fonds en le faisant circuler, ne pourrait-il également vendre des pièces pour en acheter d'autres ?

Si cette première inscription du patrimoine dans la sphère de l'histoire n'a été en rien abandonnée, est venue s'ajouter celle de sa reprise par la mémoire. Devenu mot d'époque, patrimoine – à l'instar de mémoire, commémoration et identité – renvoie à un mal-être du présent et cherche à traduire, vaille que vaille, un nouveau rapport au temps. Celui du présentisme. Or le concept moderne d'histoire, comme nous l'avons déjà souligné, celui d'une histoire processus et développement, incorporait la dimension du futur et établissait, du même mouvement, que le passé était du passé. Il était dynamique. Selon cette perspective, le patrimoine était d'abord conçu comme un dépôt à transmettre : à préserver, pour être à même de le transmettre. Mais la perte d'évidence de l'histoire s'est traduite par une montée rapide du patrimoine (seconde manière), en particulier sous la forme de la « patrimonialisation ». Par cette opération, on vise alors moins à préserver pour transmettre qu'à rendre plus habitable le présent et à le « préserver » pour lui-même : d'abord à son propre usage. Dans cette nouvelle économie du patrimoine, on a l'impression que ce qui fait dès lors question devient la transmission elle-même. Car le futur n'est plus au rendez-vous : dès lors, la patrimonialisation tient lieu d'historisation, tout en faisant appel à toutes les techniques puissantes de la présentification, dont musées et mémoriaux font aujourd'hui un grand usage, tant dans leurs scénographies que dans le développement d'espaces interactifs ou ludiques.

MOTS ET ACTEURS DU PRÉSENT

Mémoire, patrimoine, commémoration, identité, ce réseau des mots du présent se trouve largement investi par d'autres acteurs. De cet espace, où ils sont, de longue date déjà, des occupants de plein droit, l'historien n'est qu'un tard venu. Ces acteurs ou ces occupants, quels sont-ils ? Le journaliste, le juge, le témoin, l'expert, la victime.

Le premier rôle revient assurément au journaliste, dont l'actualité est le pain quotidien. Pourtant, le voilà déstabilisé par ces deux formes d'accélération que sont l'instantanéité et la simultanéité de tout ce qui circule désormais sans jamais s'interrompre sur la Toile. Le flot est devenu flux, tandis que gagnent en extension et en présence active les réseaux sociaux. Que devient dans ces conditions son rôle de médiateur, chargé de choisir, de mettre en forme, en ordre et en perspective ? N'y aurait-il pas quelque inconséquence pour l'historien, qui est foncièrement un médiateur (un *go-between*, un passeur...), à vouloir se rapprocher toujours plus du journaliste, au moment même où la place et la fonction de ce dernier se trouvent fortement mises en question ? Au cours des dernières années, la crise générale de la presse papier a témoigné de ces transformations que personne n'était en état de maîtriser. Par ailleurs, alors que nous sommes entrés dans un temps médiatique d'historicisation, non plus même quotidienne, mais instantanée du présent, l'historien peut-il, lui aussi, « faire de l'histoire en direct », toujours plus vite, et donner immédiatement le point de vue de la postérité en un *tweet* ? Cette course, perdue d'avance, ne débouche-t-elle pas sur une situation, au sens propre, d'aporie : sans issue ? Mais renoncer à cette fuite en avant, n'est-ce pas, du coup, sortir de la course et se trouver à la traîne ? Soit être frappé d'obsolescence, avant même d'avoir écrit le premier mot.

Le deuxième occupant de plein droit rencontré par l'historien est le juge. Avec ce dernier, la rencontre peut être directe ou indirecte, réelle ou métaphorique. Les juges se voient, en effet, chargés de trancher de (presque) tout, et de « guérir » maux publics et privés, passés et présents, sinon même à venir : de juger l'Histoire, voire de faire de l'histoire. Désormais, on parle communément de « thérapie » judiciaire. D'où, en histoire, la réouverture d'un dossier (à dire vrai ancien), celui des rapports du juge et de l'historien, et de nettes interférences entre l'historique et le judiciaire [1]. Si plus personne ne parle du tribunal de l'Histoire ou en son nom, ont en revanche été réactivées les interrogations sur le juge et l'historien : celui qui rend la sentence ou, plutôt, le juge d'instruction. C'est même parce que l'Histoire n'est plus cette instance supérieure,

---

[1]. Voir, dans *Le Débat*, l'ensemble du dossier « Vérité judiciaire, vérité historique », n° 102, 1998, p. 4-51.

que la question de l'historien comme juge surgit ou resurgit. Ainsi Pierre Vidal-Naquet s'estima requis, en 1958, d'instruire la disparition de Maurice Audin. Arrêté et torturé par les parachutistes, au moment de la bataille d'Alger, ce jeune mathématicien, membre du Parti communiste algérien, n'a, on le sait, pas été revu vivant et son cadavre n'a jamais été retrouvé [1]. De ce premier travail, profondément dreyfusard, a découlé, chez Vidal-Naquet, un certain style judiciaire d'histoire, tout à fait conscient et délibéré, qui a marqué toute sa pratique d'historien du contemporain. Il reconnaissait, en effet, qu'il était « né » à l'histoire avec le récit de l'Affaire que lui avait fait son père, fin 1942 ou début 1943. Avec lui a disparu le plus dreyfusard des historiens contemporains, voire, en un sens, le dernier « contemporain » de l'Affaire [2]. « Je serai dreyfusard au même titre que je serai historien », écrivait-il encore dans ce qui fut sa dernière intervention publique et qu'il avait intitulée : « Mes affaires Dreyfus [3] ».

Démonter l'imposture et obtenir justice pour Audin : tel était le mot d'ordre. Dans cette position d'historien public, Vidal-Naquet se mettait au travail pour faire justice de, ou rendre justice à, faisant ou refaisant, dès 1958, le travail d'instruction que la justice n'avait pas fait ou mal fait [4]. Plus récemment, de cette confrontation entre le juge et l'historien sont nées des réflexions sur la preuve et la notion de contexte menées, en particulier, par Carlo

---

1. Pierre Vidal-Naquet, *L'Affaire Audin*, Paris, Éditions de Minuit, 1958.
2. François Hartog, *Vidal-Naquet, historien en personne, l'homme-mémoire et le moment-mémoire*, Paris, La Découverte, 2007.
3. Pierre Vidal-Naquet, dans *Les Événements fondateurs, L'Affaire Dreyfus*, sous la direction de V. Duclert et P. Simon-Nahum, Paris, Armand Colin, 2009, p. 277.
4. F. Hartog, *Vidal-Naquet, op. cit.*, p. 30-31.

Ginzburg, à propos des procès et de la condamnation, en Italie, d'Adriano Sofri pour l'assassinat d'un commissaire de police en 1972 qu'il a toujours nié. Quand l'historien manque de sources, il recourt aux données contextuelles. S'il écrit une biographie, il peut ainsi « faire porter un contexte » par le personnage, c'est-à-dire le lui « incorporer ». Un tel procédé (qui produit du vraisemblable) ne saurait être employé par le juge qui doit « distinguer un acte de son contexte » et doit s'interdire de reconstituer ainsi un fait dont il n'a pas de preuve par ailleurs. C'est précisément sur cette confusion que porte l'essentiel de la démonstration de Ginzburg sur le cas Sofri. Les juges ont fait jouer à des vraisemblances contextuelles le rôle de preuves, en confondant, dans l'opération, justice et histoire, avec, pour résultat, la condamnation de l'accusé sur des preuves qui, juridiquement, n'auraient pas dû être recevables [1].

En revanche, la question du jugement historique a peu retenu l'attention (sauf celle notable de Hannah Arendt, lectrice de Kant et dans la suite de son expérience du procès Eichmann). Existe-t-il un tel jugement ? Quel est-il et en quoi diffère-t-il du jugement judiciaire ? Dans la longue suite de ses réflexions sur l'affaire Dreyfus, Charles Péguy, dreyfusard et justicier s'il y en eut, avait eu le mérite d'affronter franchement la question. Pour lui, le juridique se place du côté du discontinu, puisque les délits et les peines sont gradués. Le jugement juridique « ne peut et ne doit accompagner la réalité que d'un mouvement discontinu [...] Il ne peut et il ne doit se mouvoir qu'après que la réalité qu'il accompagne a fait assez de chemin pour

---

[1]. Yan Thomas, *Les Opérations du droit*, Paris, Gallimard/Le Seuil, « Hautes Études », 2001, p. 278-279. Carlo Ginzburg, *Le Juge et l'Historien, Considérations en marge du procès Sofri*, Verdier, 1997, p. 116-120.

justifier pour ainsi dire un déclenchement, un pas, un changement de traitement, une aggravation ou un allégement ». Alors que le jugement historique « doit accompagner la réalité d'un mouvement continu ; il doit se plier à toutes les souplesses de la réalité mouvante [1] ». Aussi il n'y a nulle « tranquillité » pour l'historien, dont le rôle est moins de prononcer des jugements historiques que d'en élaborer constamment. « Sa conscience est toute inquiétude ; il ne lui suffit pas en effet d'accorder aux personnages de l'histoire, ces grands inculpés, les garanties juridiques, les garanties légales, modestes, limitées, déterminées, sommaires, précaires, grossières que le juriste et le processeur accordent aux inculpés juridiques, le juge aux inculpés judiciaires ; l'historien ne prononce pas de jugements judiciaires ; il ne prononce pas des jugements juridiques ; on peut presque dire qu'il ne prononce pas même des jugements historiques ; il élabore constamment des jugements historiques ; il est en perpétuel travail [2]. » On peut en donner acte à Péguy.

À ce point, demeurons encore un peu dans l'Affaire, comme le voulait si ardemment Péguy. « Plus cette affaire est finie, a-t-il noté dans *Notre jeunesse,* en 1910, plus il est évident qu'elle ne finira jamais. Plus elle est finie, plus elle prouve. » Que prouve-t-elle, en effet, encore par rapport à l'histoire, la mémoire et ce présent de l'historien que nous cherchons à cerner ? En juillet 2006, la Cour de cassation a organisé un colloque pour le centenaire de son arrêt de 1906, par lequel elle annulait le jugement du Conseil de guerre de Rennes : « Attendu, en dernière analyse, que de l'accusation portée contre Dreyfus rien ne

---

1. Ch. Péguy, « Bernard Lazare », dans *Œuvres en prose complètes, op. cit.,* 1987, t. I, p. 1223.
2. *Ibid.,* p. 1228.

reste debout [...] annule le jugement du conseil de guerre de Rennes... » Dans ces quelques lignes, Vincent Duclert et Antoine Garapon voient « un arrêt véritablement fondateur des droits de l'homme[1] ». Si de l'accusation rien ne restait debout, la réhabilitation, en revanche, eut longtemps quelque chose d'inachevé, ainsi que le reconnaissait le président de la République, lui-même, en 2006, lors d'une cérémonie en l'honneur de la mémoire de cet homme « à qui, sachons le reconnaître, justice n'a pas été complètement rendue [...] C'est pourquoi la nation se devait aujourd'hui de lui rendre un hommage solennel[2] ». Avec cette réparation symbolique, la réhabilitation trouvait, enfin, son plein achèvement. La République apure ses comptes, reconnaît ses torts, assume sa responsabilité.

En soulignant les traits de « la situation faite à l'histoire » par l'Affaire, on saisit à quel point la situation d'aujourd'hui est différente et autre la conjoncture historiographique. Qu'il s'agisse du rôle de l'historien, de la figure du témoin ou, plus profondément, de ce qui nous préoccupe tant aujourd'hui : le partage entre histoire et mémoire. Depuis l'Affaire, la tâche de l'historien dreyfusard s'est, en effet, compliquée. Il ne s'est plus agi seulement de repérer des faux (plus ou moins sophistiqués), mais carrément d'être confronté à l'effacement des traces (qui faisait d'emblée partie du plan d'extermination nazi[3]), voire, comme dans le cas de l'affaire Audin, à la

---

[1]. Vincent Duclert, *Dreyfus au Panthéon, Voyage au cœur de la République,* Paris, Galaade Éditions, 2007, p. 425 (article publié dans *Le Figaro* du 10 juillet 2006). Voir aussi de Duclert, *Alfred Dreyfus, L'honneur d'un patriote,* Paris, Fayard, 2006.
[2]. *Ibid.*, p. 358.
[3]. Sur le rapport (pas univoque) à l'effacement des traces de Himmler, voir les remarques de Florent Brayard, *Auschwitz, Enquête sur un complot nazi,* Paris, Le Seuil, 2012, p. 435-451.

production de vraies-fausses traces (avec la mise en scène par les parachutistes de la prétendue évasion d'Audin lors d'un transfert). D'où une histoire d'abord soucieuse de collecter des preuves, attentive aux traces, directes quand il y en a, mais aussi indirectes, en creux, par omission, par défaut. Pour approcher au plus près de l'absence. On pense à l'immense enquête, si longtemps poursuivie par Raul Hilberg sur la destruction des juifs d'Europe [1]. De l'Affaire a ainsi découlé ce style judiciaire d'histoire et un historien dans le rôle public de celui qui instruit ou reprend une instruction mal faite en vue d'établir les faits. Vidal-Naquet l'a pratiqué, Ginzburg a réfléchi sur ce qui réunit et sépare le juge d'instruction et l'historien. Paul Ricœur, quant à lui, a examiné cette position de « tiers » qu'ils occupent, à laquelle s'attache « un vœu d'impartialité ». Mais au couple du juge et de l'historien, il a été conduit à ajouter un troisième partenaire : le citoyen [2].

En 1935, un échange de lettres entre Lucien Febvre et Marc Bloch apportait un éclairage intéressant sur l'écart alors revendiqué entre l'historien et le juge. Au point que Febvre récusait vertement l'image de l'historien en juge d'instruction suggérée par Bloch. « Elle est dangereuse, écrit-il, parce qu'elle nous fait retomber dans le Seignobosisme intégral, l'historien pour affaire Dreyfus, l'histoire rapetissée aux dimensions d'un conflit entre personnes. » Et de conclure, l'instruction, non, la critique, « tant qu'on voudra ». À quoi Bloch rétorquait que, même si « la comparaison n'est pas bien flatteuse », il défendait « son » juge d'instruction. D'ailleurs, il s'agit de « l'Idée du juge » ; de

---

1. Raul Hilberg, *La Destruction des juifs d'Europe,* trad. française, édition définitive, Paris, Gallimard, 2006.
2. Paul Ricœur, *La mémoire, l'histoire, l'oubli,* Paris, Le Seuil, 2000, p. 413-436.

plus, vérification faite, le mot ne se trouve pas dans le manuel de Langlois et Seignobos ; enfin, « confrontations de témoins, interrogatoires, etc., ne veulent pas dire forcément débat sur les personnes et les menus événements. Il y a un dossier de témoignages sur la propagation de la Réforme, j'imagine. Bon gré, mal gré, vous en faites "l'instruction[1]" ». Febvre ne voulait aucune confusion entre l'historien et le juge, pas même le juge d'instruction (ce qu'il vitupérait comme Seignobosisme intégral), Bloch maintenait le rapprochement, mais l'entendait, en fait, au sens large d'enquête sur le contexte. Ce qui reconduirait vers les réflexions de Ginzburg. Mais nous étions avant l'industrialisation de l'effacement des traces.

L'historien témoin et l'expert

L'Affaire réunissait dans la même enceinte le témoin, l'historien et l'expert. Il y avait les experts officiels (Bertillon, le plus connu, était aussi le plus tordu). L'historien, quant à lui, occupait les trois positions à la fois, mais, sitôt qu'il pénétrait dans l'espace judiciaire, la seule place que le Code pénal lui attribuait était celle du témoin. Ce qui impliquait de prêter serment (à la différence de l'expert) et de respecter scrupuleusement le caractère oral des débats. Ce tour judiciaire donné à son intervention pourrait paraître proche de la judiciarisation contemporaine de notre vie tant publique que privée, voire l'annoncer. Il n'en est rien. Car, dans les configurations contemporaines, on marche à l'expertise, et l'historien est sollicité pour occuper

---

[1]. Marc Bloch, Lucien Febvre, *Correspondance*, édition établie, présentée et annotée par Bertrand Müller, Paris, Fayard, 2003, p. 348, 352.

une place d'expert [1]. Que l'on pense au développement de la *Public History* en Amérique du Nord et, en particulier, aux nombreux litiges sur la propriété des terres ancestrales, où les parties s'adjoignent des historiens. Qui possède quoi, depuis quand, à quel titre [2] ? Les procès qui ont eu lieu pour crimes contre l'humanité (en France) ne constituent pas une exception à proprement parler, puisque l'historien, témoin certes, est un témoin « d'intérêt général », chargé d'aider les jurés à se représenter ce qu'était la réalité du moment. Il vient donc pour donner du contexte.

Mais quand Gabriel Monod, le directeur de la *Revue historique,* prenait la parole en faveur de Dreyfus, c'était certes parce qu'il avait pu déchiffrer le bordereau, comme il l'aurait fait d'une charte, mais, surtout, parce qu'il était conduit par « un besoin personnel de conscience, un pur scrupule de justice [3] ». Le style judiciaire de Vidal-Naquet était de la même façon porté par une exigence morale, mais il était, en fait, orthogonal avec une intervention directe des juges dans l'histoire, à laquelle il s'était, tout comme Madeleine Rebérioux, opposé avec constance (avant même le vote de la loi Gayssot en 1990). Que ce

---

1. Olivier Dumoulin, *Le Rôle social de l'historien. De la chaire au prétoire,* Paris, Albin Michel, 2003, « Expertises historiennes », *Sociétés contemporaines,* n° 39, 2000 ; Henry Rousso, « L'expertise des historiens dans les procès pour crimes contre l'humanité », dans *Barbie, Touvier, Papon, Des procès pour mémoire,* sous la direction de J.-P. Jean et D. Salas, Paris, Autrement, « Mémoires », n° 83, septembre 2002, p. 58-70. Béatrice Fleury et Jacques Walter, « Le procès Papon, médias, témoin-expert, et contre-expertise historiographique », *Vingtième Siècle,* octobre-décembre 2005, p. 63-76.
2. Olivier Dumoulin, *op. cit.,* p. 72-91.
3. Madeleine Rebérioux, « Histoire, historiens et dreyfusisme », *Revue historique,* avril-juin 1979, p. 419 ; Vincent Duclert, « Un engagement dreyfusard : Léopold Delisle et la Bibliothèque nationale pendant l'affaire Dreyfus », *Revue de la BNF,* n° 2, 1994, p. 44-56.

fût pour la dire, la prescrire ou même condamner une façon de la faire. La judiciarisation présente pose, en des termes différents, la question des rapports entre le juge et l'historien : ce dernier est invité à répondre à une question qu'il n'a pas lui-même formulée ou qu'il ne formulerait pas dans les termes qui, nécessairement, sont ceux du droit, puisque la qualification d'un fait relève de la seule compétence du juge.

Au-delà de cette particularité dreyfusarde de l'historien en témoin de justice, ce qui a complètement changé entre 1906 et 2006, c'est la place même du témoin dans l'espace public. Péguy, là encore, est un éclairant relais. Un témoin, écrit-il dans *Clio* en 1912, croit que, pour être un bon témoin, il doit parler comme un historien. « Vous allez trouver ce vieillard. Instantanément, il n'est plus qu'historien. Instantanément, il vous récite un morceau de l'histoire de France. Instantanément, il est livre, il vous récite un morceau de livre [1]. » Si forte est alors la puissance de l'histoire, de ce qu'il nomme le « suffrage universel historique » ! Ce vieillard est l'exemple même de cette « mémoire historique » que Halbwachs décrira un peu plus tard comme un cadre vide ou artificiel [2]. Mais vous-même, poursuit Péguy, n'est-ce pas de l'histoire que vous alliez lui demander ? « À votre demande d'histoire, il répond en effet par de l'histoire. » Pourquoi ferait-il, pour vous, une « remémoration » ? À cette difficile « opération de mémoire », qui consiste à « plonger », à « s'enfoncer intérieurement dans sa mémoire », il préfère l'*appel à ses souvenirs*. « À une remémoration organique il préfère un

---

1. Péguy, *Clio, Dialogue de l'histoire et de l'âme païenne, op. cit.,* t. III, p. 1188.
2. Maurice Halbwachs, *La Mémoire collective,* édition critique établie par Gérard Namer, Paris, Albin Michel, 1997, p. 120, 129, 130, 137.

retracé historique. C'est-à-dire que comme tout le monde il faut dire le mot, il aime mieux prendre le chemin de fer. L'histoire est ce long chemin de fer longitudinal qui passe tout au long de la côte (mais à une certaine distance), et qui s'arrête à toutes les gares que l'on veut. Mais il ne suit pas la côte elle-même, il ne coïncide pas avec la côte elle-même[1]. » Bref, le témoin devait parler comme un historien, alors qu'aujourd'hui, depuis qu'on est entré dans « l'ère du témoin », ce serait plutôt l'inverse, l'historien devrait commencer par parler comme un témoin. Surtout pas comme un livre, mais en direct, en ligne ! Ce témoin, auquel on a peu à peu fait place, a eu principalement le visage d'une victime, d'un survivant, et sa présence a été inséparable de la montée de la mémoire. À laquelle il a donné une voix et un visage.

Péguy supportait mal que l'affaire Dreyfus passe de la mémoire (au sens où il l'entend) à l'histoire, et qu'elle devienne une affaire d'historiens, un souvenir historique. Elle est « au bord de la limite », note-t-il toujours dans *Clio*. « On croit qu'elle est encore texte et matière à une remémoration, à la mémoire [...] on croit qu'elle n'est point devenue historique. Rassurons-nous [...] elle est bien morte, elle ne nous divisera plus[2]. » Car tout le travail des politiciens a été de « nous réconcilier sur cette Affaire », de nous faire perdre prématurément et artificiellement le sens de cette affaire, c'est-à-dire « de nous transformer prématurément et artificiellement en historiens ». Péguy voudrait tant ne pas avoir à devenir historien. Et ce qu'il reproche à Dreyfus, c'est justement qu'il ait pris « le premier cette position d'historien. Il pouvait nous faire cette grâce de la prendre au moins le dernier » ! « Qui

---

1. Péguy, *Clio, op. cit.*, t. III, p. 1191.
2. *Ibid.*, p. 1197.

dit réconciliation en ce sens historien » dit « pacification et momification[1] ». L'histoire, note-t-il encore, est « longitudinale », elle consiste « essentiellement à passer au long de l'événement », tandis que la mémoire est « verticale », étant dedans l'événement, elle consiste « avant tout à n'en pas sortir, à y rester, et à le remonter en dedans ». Maurice Halbwachs ne dira pas autre chose.

Péguy aurait voulu ne pas sortir de l'affaire, tout en sachant que ce n'était pas possible. La réconciliation est là, l'histoire est là qui va de l'avant. Comment demeurer du côté de la remémoration, sans rallier celui de l'histoire, qui ignore la mémoire et regarde davantage vers l'avenir. Il a cette formule qui montre nettement l'écart entre l'histoire en 1906 et en 2006. « Rien n'est gai comme un historien, dit-il. D'ailleurs il est constant que rien n'est gai comme un fossoyeur. Et c'est le même métier[2]. » L'historien a bien pour métier d'enterrer le passé et d'être, au moins professionnellement, gai. C'est ainsi qu'il le voit. Pour faire de la place aux vivants, il doit faire place nette. Il est curieux que Péguy ne songe pas, ici, à Jules Michelet (qu'il place si haut quelques pages plus loin) : il est le contre-exemple même. Michelet s'est, en effet, voulu l'inlassable visiteur des tombeaux et a conçu l'historien en homme de la dette à l'endroit des décédés. Mais il est, en même temps, le mage du Peuple ou de la France, éclairant le passé à la lumière du futur. En charge du rituel de deuil, il calme les morts et trouve les mots qui n'ont pas été ou pas pu être dits. Son office ne se confond donc en rien avec le travail tout extérieur de terrassier accompli par le fossoyeur. Reprise par Michel de Certeau, puis par Paul Ricœur (qui en fait l'expression du lien entre la mémoire

---

1. *Ibid.*, p. 1199.
2. *Ibid.*, p. 1193.

et l'histoire), par d'autres aussi, cette définition du rôle de l'historien est, en revanche, très présente aujourd'hui. Non, il n'est pas un fossoyeur, mais celui qui veille les morts, voire les évoque. N'est-ce pas également la tâche que s'assignent nombre d'écrivains contemporains ? Comme si les uns et les autres, avec des contraintes différentes, faisaient leur l'antique rituel de l'*ekklêsis,* de l'appel des morts homérique, que Vernant associait à la fonction de *Mnêmosunê*.

Un autre écart apparaît sur la portée même du mot mémoire. Pour Péguy, il désigne une mémoire vive, individuelle, qui s'inscrit dans le flux de la durée. Elle semble ne pas connaître la surprise de la reconnaissance (ce temps perdu et retrouvé médité par Proust) et ne pas rencontrer la question de sa transmission. Elle s'abîme dans l'histoire. Lâchant prise, le témoin se transforme en historien, et en vieillard. Aujourd'hui, la situation s'est retournée. Tandis que s'imposait la mémoire, les doutes concernant l'histoire n'ont cessé de grandir. Cet effilochement de son évidence, naguère encore indisputée, est l'objet de ces pages. L'histoire, celle du régime moderne d'historicité, avec un grand H ou un petit *h*, avait foi dans le progrès, *marchait* au futur et renvoyait avec assurance le passé au passé. Il ne pouvait que passer. C'en est fini, et nous nous sommes retrouvés en tête à tête avec la mémoire et le présent seul.

Retenons encore, pour finir, l'écart entre la maigreur du centenaire de l'Affaire, tel qu'on l'a commémoré ou, plutôt, pas commémoré en 1994 et la vigueur de celui de 2006. C'est un témoignage de plus des transformations de la conjoncture. La Délégation aux célébrations nationales ne l'avait, en effet, pas inscrit sur ses tablettes de 1994 [1]. Tout a changé en 2006. La République parle alors

---

1. V. Duclert, *Dreyfus au Panthéon, op. cit.,* p. 251-252.

de mémoire, s'applique le devoir de mémoire, fait place aux victimes, a reconnu, en juillet 1995, avoir « commis l'irréparable » lors de la rafle du Vél d'Hiv [1]. Pour l'historien, en prise avec cette conjoncture nouvelle, il y a lieu de retourner vers les archives, d'en trouver d'autres et de rouvrir le passé de l'Affaire. Ainsi, la lecture de la correspondance échangée pendant les cinq années de séparation entre Dreyfus et sa femme, Lucie, où il est question d'amour et de résistance, fait apparaître un homme pleinement acteur de son Affaire, qui n'a jamais cédé sur son honneur : une victime certes, « malgré lui » à coup sûr, mais qui a su mobiliser, dans l'isolement et la détresse, un obstiné héroïsme au quotidien [2]. Victime *et* héros. Et ainsi l'Affaire « prouve » encore. C'est bien le sens de la campagne alors lancée par certains, dont Vincent Duclert, pour demander au président de la République de transférer la dépouille d'Alfred Dreyfus au Panthéon, au titre de « héros ordinaire », incarnant tous ceux et toutes celles qui, dans les conditions les plus terribles, ont lutté pour préserver ce qui fait la dignité et l'humanité de l'homme [3]. « Héros ordinaire », certes, mais héros véritablement. D'autres s'y sont opposés, en refusant de pousser jusqu'au bout ce renversement de la victime en héros. Pour eux, le Panthéon doit demeurer le « lieu des héros de la République ». D'ailleurs, ajoutent-ils, Zola, le « héros » de l'Affaire se trouve déjà au Panthéon. La demande n'aboutit pas.

---

1. Jean-Pierre Rioux, « Les avatars du "devoir de mémoire" », *Le Débat*, n° 170, 2012, p. 186-192.
2. Alfred et Lucie Dreyfus, « *Écris-moi souvent, écris-moi longuement...* », *Correspondance de l'île du Diable* (1894-1899), édition établie par Vincent Duclert, avant-propos de Michelle Perrot, Paris, Mille et Une Nuits, 2005.
3. V. Duclert, *Dreyfus au Panthéon, op. cit.*, p. 379-380.

Le témoin et la victime

Introduisons encore deux autres occupants de ce terrain du contemporain, également venus au premier plan : le témoin et la victime. Ou, plus exactement, une personne en deux : le témoin comme victime. L'usage public du passé s'est intensifié, selon la formule employée en 1986 par Jürgen Habermas, au moment de la querelle des historiens allemands sur le nazisme et l'histoire allemande, qui avait fait l'objet d'une controverse publique dans les principaux journaux du pays [1]. Usage du passé, c'est-à-dire du bon usage du passé ? Étant entendu qu'il s'est agi, avant tout, de ce passé récent, qui, selon la formule devenue courante, « ne passait pas », c'est-à-dire de ces années relevant de ce que des historiens français venaient de nommer l'« histoire du temps présent ». Or, pour l'établissement de cette histoire, multiples sont les acteurs et les ayants droit. Parmi eux, les témoins ont pris une place grandissante, au point que l'historienne Annette Wieviorka a pu retracer la montée de ce qu'elle a nommé « l'ère du témoin ». Elle s'est ouverte, en 1961, avec la tenue du procès Eichmann à Jérusalem [2].

Placer les témoins, les vétérans, les rescapés, les survivants en première ligne a été un trait commun des dernières grandes commémorations de la Seconde Guerre mondiale. En 2004, à l'occasion du soixantième anniversaire du Débarquement, les vétérans étaient disposés au

---

1. *Les Usages politiques du passé,* sous la direction de F. Hartog, et J. Revel, Paris, Éditions de l'École des hautes études en sciences sociales (« Enquête » 1), 2001.
2. Annette Wieviorka, *L'Ère du témoin,* Paris, Plon, 1998. François Hartog, « Le témoin et l'historien », *Évidence de l'histoire, Ce que voient les historiens,* Paris, Gallimard, « Folio histoire », 2007, p. 236-266.

premier rang. Derniers témoins directs de ce passé, ils étaient aussi les premiers spectateurs de ces cérémonies destinées à les honorer et à rappeler le souvenir de tous ceux qui étaient tombés. Mais, pris dans la machinerie de ce spectacle conçu pour les télévisions, ils devenaient aussi des acteurs d'aujourd'hui dans cette représentation. Eux qui allaient bientôt disparaître apportaient l'authenticité et l'émotion. De même, en 2005, la commémoration de la libération des camps réunissait à Auschwitz-Birkenau, autour d'un millier de survivants et de témoins directs, les dirigeants de quarante-cinq pays. Ces célébrations sont venues rythmer la vie publique, conjoignant des mémoires (oubliées, retrouvées, provoquées, etc.) et des agendas politiques.

En ces occasions, les hommes politiques parlent de « mémoire partagée », se soucient de transmission et de leçons. Une résolution du Parlement européen évoque les « enseignements à tirer de l'Holocauste ». Comme si l'on espérait remettre en marche l'ancien modèle de l'*historia magistra vitae* et sa rhétorique de l'exemple, comme si pouvait être réactivé l'ancien régime d'historicité, alors même que le régime moderne (qui savait laisser le passé derrière lui pour aller vers le futur) n'est plus opératoire. Clairement, les historiens ne sont maîtres ni du calendrier ni même des questions ou des termes des débats que suscitent ces manifestations, mais elles ont, c'est indubitable, une incidence sur les orientations de la recherche et les programmes d'édition, la mobilisation médiatique et donc la perception de la place de l'historien dans l'espace public. Devient-il un commentateur autorisé, convoqué, par les radios et les télévisions pour commémorer ces « événements » : un expert équipé d'un casque et d'un micro, chargé, en somme, d'apporter un équivalent oral des notes de bas de page ?

La mutation de la victime

Le point le plus notable est la place toute récente prise par la figure de la victime. À cet égard, les attentats de New York du 11 septembre 2001 ont eu un rôle d'accélération et d'amplification. Dans les religions antiques, la victime apparaissait dans le contexte du sacrifice offert à une divinité. Les rituels se donnaient beaucoup de mal pour conjurer la violence du sang que l'on faisait couler. En Grèce, il fallait obtenir l'assentiment de l'animal à son égorgement en l'honneur du dieu [1]. Les nombreuses théories modernes du sacrifice se sont penchées sur le statut de la victime. On en est venu, au cours du XIXe siècle, à recourir à la catégorie plus large et plus vague de sacré : victime et sacré. Du même coup, ce sacré a pu aisément glisser vers la Patrie, pour laquelle il était légitime et glorieux de *se* sacrifier. La rhétorique guerrière de la première moitié du XXe siècle l'a proclamé et chanté [2]. La patrie est en droit de réclamer le sacrifice de ses enfants, à qui elle reconnaît, en contrepartie, lors des éloges funèbres, la qualité de héros. Se retrouve là quelque chose du vieux contrat en place depuis l'épopée homérique : la mort (donnée et reçue) du guerrier contre la « gloire qui ne périt pas ». Sauf que, dans l'*Iliade,* l'affaire se jouait entre les guerriers eux-mêmes et l'aède, et nullement dans un contexte sacrificiel. On mourait sous l'œil de ses pairs et dans le face-à-face du combat singulier. Plus tard quand, dans le cadre de la

---

1. Marcel Detienne et Jean-Pierre Vernant, *La Cuisine du sacrifice en pays grec,* Paris, Gallimard, 1979.
2. Voir Thomas Macho, « Zum Bedeutungswandel der Begriffe des Opfers und des Opfertodes im 20. Jahrhundert », in *Nachleben der Religionen, Kulturwissenschaftliche Untersuchungen zur Dialektik der Säkularisierung,* M. Trem, D. Weidmer Hrsg. W. Fink, München, 2007, p. 225-235.

cité, Périclès prononce le discours d'usage en l'honneur des morts de la première année de la guerre du Péloponnèse, il se livre, en fait, à un éloge d'Athènes [1]. En mourant pour elle, ses citoyens n'ont accompli que leur devoir.

La guerre de 1914 a été grande consommatrice de sacrifices, tout en opérant un glissement de notable conséquence. Passe, en effet, au premier plan la figure du sacrifice de soi. Ces soldats-citoyens, observe Marcel Gauchet, « cessent d'être simplement les sacrifiés de la patrie en danger ; ils deviennent, aux yeux de tous aussi bien qu'à leurs propres yeux, ceux qui se sacrifient délibérément pour le salut de la patrie et qui trouvent, dans ce don d'eux-mêmes, là est le point crucial, la confirmation, l'accomplissement de leur existence d'individus [2] ». S'instaure ainsi une religion civile du sacrifice, qui va devenir une « formidable école de servitude volontaire » et, de ce fait, un des terreaux des totalitarismes à venir.

Mais, après 1945, tant l'économie de la gloire que la religion civile du sacrifice de soi ne peuvent se maintenir en l'état. Cette figure de la victime, sous les traits de celui ou de celle qui *se* sacrifiait, c'est-à-dire qui, jusqu'à un certain point, choisissait de mourir, n'est tout simplement plus tenable face à ces dizaines de millions de morts et de disparus, de déplacés et de survivants hagards à qui nul n'avait jamais songé à demander leur avis sur la question. Plus exactement, un écart se creuse entre la victime et le héros qui, jusqu'alors, marchaient (officiellement) la main dans la main et fondaient un culte des morts. Il y a certes toujours des victimes héroïques (dont on a besoin) et puis

---

1. Nicole Loraux, *L'Invention d'Athènes, Histoire de l'oraison funèbre dans la « cité classique »*, Paris, Éditions de l'EHESS, 1981.
2. Marcel Gauchet, *À l'épreuve des totalitarismes 1914-1974*, Paris, Gallimard, 2010, p. 40.

les autres, ces victimes innombrables, que l'on plaint, mais qui ont subi, qui n'ont pu que subir, n'ont *fait* que subir. Bref, jusqu'alors active et positive, la notion de victime se charge d'une connotation passive et, jusqu'à un certain point, négative. On préfère en parler le moins possible. La formule d'alors, si courante, sur les juifs menés dans les camps « comme des moutons à l'abattoir », en est l'expression à la fois la plus bien-pensante et la plus crue[1].

Si la victime tendait à se fondre, elle aussi, dans les silences de l'après-guerre, plusieurs éléments nouveaux ont rendu possible, à terme, une mutation de sa condition. Il y eut d'abord les procès : à commencer par celui de Nuremberg, avec, bien sûr, l'établissement du crime contre l'humanité, mais aussi et déjà la présence de quelques témoins. Telle Marie-Claude Vaillant-Couturier, ancienne déportée de Ravensbrück, qui, venant témoigner, veut obliger les accusés à la regarder. En mettant en place des réparations morales et matérielles, l'Allemagne du chancelier Adenauer reconnaît, ce qui est nouveau, le principe de réparations individuelles, et non plus seulement d'État à État, du vaincu au vainqueur[2].

Depuis la Charte du tribunal de Nuremberg, l'action publique est devenue, comme on le sait, imprescriptible dans le cas des crimes contre l'humanité. Inscrit finalement dans le Code pénal français en 1994, ce régime d'imprescriptibilité est désormais reconnu par une grande

---

1. Saul Friedländer rapporte dans son autobiographie, *Quand vient le souvenir…*, Paris, Le Seuil, 1978, p. 163, que cette phrase prononcée par un moniteur, en 1946, alors qu'il participait à un camp de vacances, le fit devenir sioniste.
2. Pierre Hazan, *Juger la guerre, juger l'histoire,* Paris, PUF, 2007, p. 27-28.

majorité d'États : depuis l'inauguration de la Cour pénale internationale en 2003. Imprescriptible veut dire que, en l'espèce, le temps prescrit, qui est l'ordinaire de la justice, ne vaut pas. Pas plus que ne vaut le principe de non-rétroactivité de la loi. Comme l'avait noté le grand juriste Yan Thomas, « le contraire de l'imprescriptible n'est pas le temps qui passe, mais le temps prescrit » : l'un et l'autre sont également construits [1]. Imprescriptible veut dire que le criminel demeure contemporain de son crime jusqu'à sa mort, tout comme nous demeurons ou devenons les contemporains des faits jugés pour crimes contre l'humanité. Qu'on songe au procès de Maurice Papon, l'ancien secrétaire général de la préfecture de la Gironde, où aucun des jurés n'avait directement connu la guerre.

« La question n'est pas : quels sont les effets du temps ? Mais : quels effets décidons-nous d'attribuer au temps ? » N'est donc jamais en cause qu'une « opération politico-juridique sur le temps [2] ». L'imprescriptibilité « par nature » du crime contre l'humanité fonde une « atemporalité juridique », en vertu de laquelle le criminel a été, est et sera contemporain de son crime jusqu'à son dernier souffle. Si, lors d'un procès, l'historien entre dans cette atemporalité, la seule place que lui ménage le droit pénal français est celle d'un témoin dont on sollicite oralement, comme le prévoit le code, le témoignage. De ce point de vue, l'affaire Dreyfus a eu le rôle inaugural que nous venons de voir. Mais, au-delà de la seule sphère du droit, des glissements se sont opérés entre le temps du droit et le temps social, voire des échanges entre les deux au nom de la responsabilité, aux titres du devoir de mémoire et de la repentance. Une reprise dans l'espace public du régime

---

1. Yan Thomas, *op. cit.*, p. 269-271.
2. *Ibid.*, p. 269.

de temporalité de l'imprescriptible est, en effet, une des marques de la judiciarisation de cet espace, qui est un trait majeur de notre contemporain, avec les difficultés qui en découlent. Il suffit d'évoquer les controverses, récemment ouvertes, sur la mémoire de l'esclavage et la question des réparations, qui ont été un des points de blocage lors de la conférence de Durban, en 2001. L'Unesco a déclaré l'année 2004 Année internationale de commémoration de la lutte contre l'esclavage et de son abolition. Commémorer est une chose, exiger des réparations en est une autre.

Depuis le procès Eichmann, en 1961, témoins et victimes, c'est-à-dire les témoins comme victimes, sont venus en pleine lumière. L'autorité du premier se trouve renforcée par la qualité de la seconde. Le temps des dépositions, l'accusé est face à quelques-unes de ses victimes. Pour la première fois, en effet, des témoins, c'est-à-dire des victimes, étaient appelés à témoigner, non sur Eichmann qu'ils n'avaient évidemment jamais vu, mais sur ce qu'ils avaient enduré [1]. Un témoin devenait d'abord la voix et le visage d'une victime, d'un survivant qu'on écoute, qu'on fait parler, qu'on enregistre et qu'on filme [2]. À cet égard, l'entreprise récente la plus considérable a été celle lancée par la Fondation Spielberg, avec l'objectif de recueillir *tous* les témoignages de *tous* les survivants des camps nazis, et d'avoir ainsi « en direct » *(on line)* la véritable histoire de la déportation par la voix des victimes. Notons que dans un tel dispositif, la médiation de l'historien devient non seulement inutile mais, pire, nuisible. Car, idéalement, rien ne doit venir « parasiter » le face-à-face entre le

---

1. Annette Wieviorka, *L'Ère du témoin, op. cit.,* 1998.
2. Pour ce qui concerne les victimes de la Grande Guerre, voir Prochasson, *op. cit.,* p. 117-137.

témoin et le spectateur qui est appelé à devenir, à son tour, un témoin de témoin, un témoin délégué *(a vicarious witness)*.

En France, la reconnaissance publique de cet intérêt nouveau pour les victimes s'est traduite, en 1985, par une loi créant la mention « Mort en déportation ». Jusqu'alors, il n'était question que de la « France combattante », commémorée depuis 1945 au mont Valérien, où, chaque 18 juin, le général de Gaulle se rendait pour une cérémonie au rituel dépouillé. Dans les années 1990, la montée en puissance et en évidence de la figure de la victime a été portée par l'extension de catégorie du traumatisme. Formé à partir de la notion médicale de blessure corporelle, devenue, à la fin du XIXe siècle, une catégorie psychologique, puis, à la fin du XXe, une catégorie de la nosographie psychiatrique, le traumatisme est désormais un fait social d'ordre général. Comme tel, il institue « une nouvelle condition de la victime [1] ». Pour s'en convaincre, il suffit de prêter attention aux discours prononcés, aux gestes accomplis et aux dispositifs de soutien psychologique mis en œuvre après des catastrophes. Or, dans ce cas aussi, le renversement est récent. « Il y a encore un quart de siècle, écrivent Didier Fassin et Richard Rechtman, le traumatisme n'avait guère droit de cité, en dehors des cercles fermés de la psychiatrie et de la psychologie ». Régnait plutôt le soupçon (derrière la « névrose » du soldat, on suspectait la simulation). Or on est passé, en l'espace de quelques années, du doute à la reconnaissance : le traumatisme est « revendiqué » et la victime « reconnue [2] ».

Avec le traumatisme se donne un « nouveau langage de l'événement », dans la mesure où il permet de nommer

---

1. Didier Fassin, Richard Rechtman, *L'Empire du traumatisme, Enquête sur la condition de victime, op. cit.*, p. 16.
2. *Ibid.*, p. 15.

(tant bien que mal) « un nouveau rapport au temps, à la mémoire, au deuil, à la dette, au malheur et aux malheureux [1] ». Dans la pratique de la commémoration, on passe des « morts pour » aux « morts à cause de » : non plus pour la France mais à cause d'elle [2]. Jusqu'à cette décision récente, annoncée par certaines familles de soldats français tombés en Afghanistan, d'engager une action judiciaire contre l'armée [3]. Désigner un événement comme traumatique instaure un rapport immédiat d'empathie avec celles et ceux qui en sont les « victimes ». L'appellation vaut statut avec les « droits et les devoirs » qui vont avec : se comporter « en victime ». Le déploiement instantané d'équipes de soutien psychologique et l'organisation de rituels, dans certains cas au nom de la nation tout entière, doivent permettre aux victimes de faire face, au plus vite, à la « catastrophe » survenue et d'engager sur le champ un « travail de deuil ». Ainsi, on estime à neuf mille le nombre de spécialistes de santé mentale qui sont intervenus à New York dans les jours qui ont suivi l'attentat du 11 septembre [4]. La catastrophe, avec son extrême médiatisation, a encore renforcé la visibilité et la centralité de la victime.

Victime et justice : le seul présent

Pour une victime, le seul temps disponible risque fort d'être le présent : celui du drame qui vient de survenir

---

1. *Ibid.*, p. 405.
2. Serge Barcellini, « Du droit au souvenir au devoir de mémoire », *Cahiers français de la Documentation française,* n° 303, 2001.
3. Depuis la suppression du service militaire, les engagés sont des soldats de métier.
4. D. Fassin et R. Rechtman, *L'Empire du traumatisme, op. cit.*, p. 9.

ou, tout aussi bien, qui a eu lieu il y a longtemps, mais qui, pour elle, est toujours demeuré au présent. Soit un présent figé ou un passé qui ne passe pas. Cette temporalité propre à la victime s'inscrit fortement dans la configuration présentiste dans laquelle nous sommes ; mieux, elle la travaille, la structure et la renforce.

De quelle opération sur le temps la justice transitionnelle est-elle l'instigatrice ? On entend, par justice transitionnelle, une réponse juridique (pouvant prendre différentes formes) aux méfaits d'un régime révolu. Régime juridique de transition, elle se déploie entre un avant et un après et crée ainsi un temps intermédiaire que, par son exercice même, elle entreprend de réduire. Selon les termes du rapport final de la Commission Vérité et Réconciliation d'Afrique du Sud, cette justice, qui se définit comme « restauratrice », doit permettre de « construire un pont » entre le passé et l'avenir. Elle est ce sas où, dans le présent du face-à-face provoqué entre la victime et son bourreau, peuvent s'élaborer les conditions d'une remise en marche du temps.

Créée en 1995, présidée par Mgr Desmond Tutu, elle rechercha une amnistie sans amnésie [1]. Elle « entendait les atteintes graves aux droits de l'homme » ; elle était habilitée à accorder l'amnistie, pour autant que le bourreau reconnaissait pleinement ses torts *(full disclosure)* ; elle n'avait pas de pouvoir de contrainte. Au fil des auditions, elle fut amenée à distinguer et à valider plusieurs types de vérité : parmi elles, la « vérité qui soigne » *(healing truth)*,

---

[1]. *Amnistier l'Apartheid, Travaux de la commission Vérité et Réconciliation,* sous la direction de Desmond Tutu, Paris, Le Seuil, 2004. *Vérité, réconciliation, réparation,* sous la direction de Barbara Cassin, Olivier Cayla et Philippe-Joseph Salazar, Paris, Le Seuil, « Le Genre humain », 2004.

celle qui résulte de la possibilité pour la victime de dire publiquement ce qu'elle a subi, parfois mais pas toujours, en présence de son bourreau. « Le travail de recouvrement de l'estime de soi pour la victime comme le travail d'acceptation de sa responsabilité pour le bourreau sont parallèles et coextensifs [1]. » Vingt mille victimes vinrent témoigner. La « guérison » fut-elle toujours au bout de l'épreuve ? Pas forcément, selon certaines études réalisées auprès de personnes ayant témoigné pour, en faisant don de leurs souffrances en public, contribuer à soigner les « plaies du corps social ». Ainsi que l'indique le Préambule de la nouvelle Constitution, la Commission était conçue comme le premier instrument pour « soigner les divisions du passé ». Par là, elle devait contribuer à rendre possible une réouverture du temps au-delà de l'apartheid, puisque, selon la conviction profonde de Desmond Tutu, « il n'y a pas de futur sans pardon [2] ».

Se sont aussi multipliées les commissions Vérité, avec des mandats et des compétences variables suivant les pays. On en compte une quarantaine, dont certaines en cours de constitution. La dernière créée est celle du Brésil (fin 2011), qui doit se pencher sur les atteintes aux droits de l'homme commises entre 1946 et 1975. Elle n'a pas de compétence pénale et doit œuvrer à la « réconciliation nationale ». On les associe à la justice transitionnelle. À première vue, ce n'est plus le cas du Brésil. À moins qu'il ne faille en inférer que la période de la dictature, n'ayant pas été apurée, n'est pas encore refermée ?

---

1. Antoine Garapon, *Des crimes qu'on ne peut ni punir ni pardonner*, Paris, Odile Jacob, 2002, p. 248. Près de huit mille coupables demandèrent à bénéficier d'une amnistie et vingt mille victimes témoignèrent.
2. *No Future Without Forgiveness* : c'est le titre du livre qu'il a alors publié.

Dans la série de procès pour crimes contre l'humanité qui a eu lieu en France, entre 1987 et 1998 (Barbie, Touvier, Papon), il s'agissait bien aussi du temps. On peut, en effet, les envisager comme des manifestations tardives ou décalées d'une justice transitionnelle, venant clore un temps intermédiaire qui s'était étiré jusque-là ou qui était perçu comme tel en ces années-là. Conçus comme des moments de mémoire, ils devaient permettre aux plaintes des victimes d'être dites et entendues, à nouveau ou enfin, et de recevoir une forme de réparation. Mais ils devaient aussi opérer et, surtout, rester comme des « instruments d'histoire » : les débats étaient filmés (en vue d'une diffusion future)[1]. On se situe dans le registre de l'histoire comme leçon pour l'avenir. Ces procès ont, en outre, posé la question spécifique – et qui a fait débat – de la présence de l'historien en témoin, témoin au titre de son expertise certes mais, dans la forme, « témoin » au sens du Code pénal français. Concourant à la manifestation de la vérité, il prête serment et se coule non seulement dans le présent du procès (il doit s'exprimer sans notes), mais aussi dans « l'atemporalité juridique » du crime contre l'humanité.

Personnage central du procès, l'accusé est « enfermé » dans l'imprescriptible : ce temps arrêté, taillé pour lui en quelque sorte, un temps qui ne peut passer. S'y dérober ou s'en échapper doit être son plus cher désir. Mais pour les victimes aussi, le temps, d'une manière ou d'une autre, s'est arrêté, même s'il leur aura fallu du temps pour réussir à le dire et pour pouvoir être entendues. Parmi tant d'autres, le témoignage de Jean Améry ne laisse aucun doute : « Le ressentiment bloque l'accès à la dimension

---

1. La chaîne de télévision câblée Histoire a diffusé, à l'automne 2000, une partie des enregistrements du procès de Klaus Barbie et, en 2005, de celui de Maurice Papon.

humaine par excellence : l'avenir[1]. » Et au terme du procès Papon, maître Touzet, avocat des parties civiles, observait de façon analogue : « Nous ne sommes pas dans des débats historiques. Les victimes souffrent. Après seulement viendra l'histoire. » Il voulait dire : le temps pourra se remettre en marche et ce qui s'est passé devenir enfin du passé. Car, « la souffrance, ajoute Antoine Garapon, sidère le temps : elle plonge non pas dans le passé mais dans un éternel présent, dont il n'est plus possible de se décoller[2] ».

LES POLITIQUES MÉMORIELLES

Les dernières années ont vu, un peu partout, une intensification de l'intervention des gouvernements, des institutions internationales, de grandes associations au nom de la mémoire, d'une mémoire à côté ou contre d'autres : pour sa défense, sa reconnaissance, sa transmission. Mémoire empêchée, mémoire traumatique, mémoire des victimes.

Les « lois mémorielles »

En France, le législateur s'est montré l'agent le plus à l'écoute et le plus actif. Objet de pressions et d'interventions multiples, il a déployé une grande activité[3]. Après la loi « Gayssot » du 13 juillet 1990 visant à réprimer tout

---

[1]. Jean Améry, *Par-delà le crime et le châtiment. Essai pour surmonter l'insurmontable,* Arles, Actes Sud, 1995, p. 120.
[2]. A. Garapon, *Des crimes qu'on ne peut ni punir ni pardonner, Pour une justice internationale, op. cit.,* p. 169.
[3]. Sur les différentes « lois mémorielles », on peut commodément consulter le site Internet de l'association Liberté pour l'histoire.

acte raciste, antisémite ou xénophobe, le Parlement français a voté coup sur coup, en 2001, deux lois dites mémorielles. La première, du 18 janvier 2001, sur le génocide arménien comportant un article unique : « La France reconnaît publiquement le génocide arménien de 1915. » Avec cet attendu : « Notre pays et les démocraties, est-il écrit, ont un impérieux devoir de mémoire. Cette mémoire ne saurait se limiter à l'histoire de chaque nation. Elle doit aussi s'élargir à la mémoire de l'humanité tragiquement affectée au cours de ce siècle par plusieurs génocides. » On va du particulier à l'universel par l'impératif du devoir de mémoire : de la mémoire des Arméniens à la mémoire de l'humanité par le relais de la loi française. En l'occurrence, le législateur se voyait moins en historien qu'en gardien et pédagogue de la mémoire, au nom de l'universalité des droits de l'homme.

La seconde, en mai 2001, a été la loi sur « la reconnaissance de la traite et de l'esclavage en tant que crime contre l'humanité ». Il s'agissait que la France « s'incline devant la mémoire des victimes de ce crime orphelin ». Si ce crime n'a pas de père reconnu, il a eu une longue postérité. Sans comprendre de volet pénal, la loi fixait le devoir de mémoire, en qualifiant le crime.

Ces textes ont aussi valeur de symptôme : c'est la façon dont le législateur comprend, reprend et, pour ainsi dire, s'applique d'abord à lui-même (dans un esprit de repentance laïque) « le devoir de mémoire »[1]. En février 2005, enfin, est promulguée une loi concernant les rapatriés

---

[1]. L'Assemblée nationale avait voté à l'unanimité (28 février 2000) une proposition de loi visant à créer « un titre de Juste de France » pour toute personne ayant aidé et sauvé des juifs pendant la guerre, et à instaurer « une journée nationale à la mémoire des victimes des crimes racistes et antisémites de l'État français et d'hommage aux Justes de France ».

d'Algérie, dont le deuxième alinéa de l'article 4 prônait une reconnaissance dans les programmes scolaires du « rôle positif » de la colonisation [1]. On passait là, sans le dire vraiment et sans même vouloir le reconnaître, du devoir de mémoire à la prescription d'histoire. La protestation monta lentement, jusqu'à la publication, en décembre 2005, d'une pétition « Liberté pour l'histoire », signée par dix-neuf historiens réputés. Soucieux de rappeler qu'« il n'appartient ni au Parlement ni à l'autorité judiciaire de définir la vérité historique », ils se constituèrent en association, d'abord présidée par René Rémond puis par Pierre Nora. Leur position était simple : face à un usage à tout-va de la notion de devoir de mémoire, ils préfèrent faire valoir un droit à la mémoire et promouvoir un devoir d'histoire. « Émus par des interventions politiques de plus en plus fréquentes dans l'appréciation des événements du passé et par des procédures judiciaires touchant des historiens et des penseurs, ils entendaient rappeler que l'histoire n'était ni une religion ni une morale ; qu'elle ne devait pas être l'esclave de l'actualité ni s'écrire sous la dictée de la mémoire ; que la politique de l'État n'était pas la politique de l'histoire [2]. »

Cette démarche n'a pas manqué d'être taxée par certains de défense corporatiste, visant à défendre l'histoire comme l'apanage des seuls historiens professionnels. Fondé dans les mêmes circonstances, le « Comité de vigilance face aux usages publics de l'histoire » faisait valoir un autre point

---

1. Adopté par voie d'amendement, le deuxième alinéa de l'article 4 de la loi était ainsi rédigé : « Les programmes scolaires reconnaissent en particulier le rôle positif de la présence française outre-mer, notamment en Afrique du Nord… » Il a été abrogé.
2. Françoise Chandernagor, Pierre Nora, *Liberté pour l'histoire*, Paris, CNRS Éditions, 2008.

de vue[1]. N'étant pas contre le principe de lois mémorielles, il entendait se prononcer au cas par cas. Si le Comité « a refusé d'entonner l'hymne de la liberté pour l'histoire, c'est que certaines de ces lois parvenaient à faire entendre l'héritage d'un passé malmené. De notre point de vue, le temps était venu de répondre aux attentes en réhabilitant la mémoire des héritiers des victimes des exactions passées auxquelles l'État français avait pris largement sa part. Le Comité n'a jamais pris parti en faveur des lois dites mémorielles, il s'est seulement préoccupé de tous ceux qui, dans l'histoire, telle qu'elle avait été écrite jusque-là, ne retrouvaient pas trace des expériences douloureuses du passé[2]. »

Sur ce terrain de l'histoire et de la mémoire, les simplifications sont tentantes et loin d'avoir été toujours évitées. L'histoire, écrite par ceux qui ont les moyens de se faire entendre, est aisément qualifiée d'officielle, tandis que la mémoire est la fragile ressource des sans-grades et le seul recours des oubliés de l'histoire : des victimes et de leurs descendants. Or, en France aujourd'hui, ce n'est plus la Shoah, mais la traite, l'esclavage et, plus largement, le passé colonial qui, pour tout un ensemble de raisons, sont venus au premier plan du débat public, avec ses moments de tension, son lot de faux débats et ses entreprises d'instrumentalisation. Les historiens ne peuvent l'ignorer, sans renoncer, pour autant, à montrer qu'on ne peut tout simplement opposer à une histoire (toujours suspecte) une mémoire (toujours juste). Discréditer l'une ne renforce pas la légitimité de l'autre. Authenticité et véracité ne coïncident pas forcément.

---

1. Les fondateurs sont Gérard Noiriel, qui en est le président, Michèle Riot-Sarcey, Nicolas Offenstadt.
2. cvuh.blogspot.com/2011/12/la-loi-sur-les-genocides-le-cas.html

Le Parlement allait-il continuer à légiférer en la matière ? L'accélération des dernières années, le fait que plusieurs projets de loi étaient en attente ou s'annonçaient pouvaient le faire craindre. Comment une Assemblée, aux pouvoirs réduits en matière de commémoration nationale, peut-elle s'exprimer sur « les événements significatifs » et être associée à la définition de la « politique de la mémoire » ? Pour répondre à ces questions, le président de l'Assemblée nationale a réuni, en 2008, une Mission d'information sur les questions mémorielles, dont le rapport, fort bien fait, débouchait sur une liste de recommandations. La première stipule que « le rôle du Parlement n'est pas d'adopter des lois qualifiant ou portant appréciation sur des faits historiques, *a fortiori* lorsque celles-ci s'accompagnent de sanctions pénales »[1]. Ce qui annonçait un arrêt de la procédure législative. On le crut. Mais la politique a ses raisons…

Si bien qu'en décembre 2011 et janvier 2012, le Parlement fut brusquement saisi d'une proposition de loi « visant à réprimer la contestation de l'existence des génocides reconnus par la loi ». De quoi s'agissait-il ? De compléter la loi de 2001, en punissant « ceux qui contestent ou minimisent de façon outrancière un génocide reconnu comme tel par la loi française », donc la négation du génocide arménien. Pourquoi cette formulation, alors même que la loi française ne reconnaît que deux génocides : celui des juifs et celui des Arméniens ? Or, la négation du génocide juif tombait déjà sous le coup de la loi Gayssot. De l'art de la généralisation en trompe l'œil, certes, mais c'était aussi l'occasion de faire d'une pierre deux coups, en transposant une décision-cadre européenne.

---

1. Assemblée nationale, *Rapport d'information* n° 1262, novembre 2008, « Rassembler la Nation autour d'une mémoire partagée », p. 181.

Car, depuis novembre 2008, les États membres sont censés adopter les mêmes dispositions de « lutte contre certaines formes et manifestations de racisme et de xénophobie au moyen du droit pénal ». Deux types d'infractions sont visés : les actes racistes et xénophobes et « l'apologie, la négation ou la banalisation grossière publiques des crimes de génocide, crimes contre l'humanité et crimes de guerre ». Le vague de la formulation ne laisse pas d'inquiéter. À partir de quel seuil et par qui la banalisation peut-elle être déclarée grossière et, surtout, qui décide de la qualification des crimes ? Aussi, dès 2008, la France avait-elle formulé une réserve : la pénalisation ne pourrait s'appliquer que pour des crimes « établis par une décision définitive rendue par une juridiction internationale ». Ce qui en excluait, du même coup, le génocide arménien. En revanche, la loi de décembre 2011, en stipulant qu'il s'agissait des génocides reconnus par la loi française, réintroduisait le génocide arménien et ne visait, en réalité, que lui, tout en transposant la décision-cadre. Mais tout ce montage a été mis à bas par le jugement du Conseil constitutionnel, en date du 28 février 2012. Méconnaissant « la liberté d'expression et de communication », méconnaissant également « le principe de la séparation des pouvoirs », la loi a été jugée « contraire à la Constitution ». Mais la question n'est sans doute pas close, puisque les deux candidats à la présidence de la République, François Hollande et Nicolas Sarkozy, s'étaient engagés à la rouvrir…

Vie et mort de la Maison de l'histoire de France

Polémique il y a eu tout au long de la courte vie de ce qui a d'abord été présenté comme un musée, avant de recevoir l'appellation de Maison de l'histoire de France.

Annoncé en 2010 par un Président de la République toujours pressé, le projet témoigne plus de nos incertitudes que de nos assurances. Il devait, en outre, prendre forme, alors même que, la crise régnant, le prince était fort impécunieux. Or, nous savons bien que, dans notre monarchie républicaine, les grands projets culturels sont le fait du prince. C'est sa manière d'entrer dans l'Histoire. On est là dans un sens très ancien du mot Histoire, qui nous ramène aux considérations de d'Alembert. Mais comment faire, et faire vite, l'œil rivé à la courbe des sondages avec pour horizon les prochaines échéances électorales, sans avoir les moyens de faire, et sans savoir vraiment quoi faire. Voilà qui ajoutait encore à la confusion d'un projet qui, dès ses premières formulations, mêlait ou télescopait plusieurs registres. Celui de la politique immédiate ou de la communication politique, on est alors en plein dans la « saison » de l'identité nationale. Mais aussi ceux qu'emportent avec eux ces maîtres mots, devenus notre ordinaire : patrimoine, mémoire, commémoration, dont nous avons rappelé qu'ils n'avaient ni la même histoire ni la même portée. Et bien sûr, histoire, le grand mot carrefour, dont on ne sait plus trop d'où il vient ni où il va, et qui fait l'objet de cette enquête.

Naguère encore, Histoire et Musée marchaient ensemble : l'histoire éclairait le chemin parcouru, le musée le donnait à voir, par un choix d'objets significatifs, les critères de leur sélection pouvant varier. On a d'abord opté pour l'appellation, musée : musée de l'Histoire de France. On se situait alors plus du côté du patrimoine ancienne manière. Mais qui dit musée dit aussi collections. Un musée sans collections propres, serait-ce encore un musée ? Oui, mais…, ou non, mais… ! Nommons-le alors ce lieu sans lieu, maison : Maison de l'histoire de France. Tout change : une maison est un espace divisé en plusieurs pièces. Il y a, de fait, plus d'une chambre dans la demeure de *Clio*. La mémoire pourrait avoir son étage. Une maison, ordinairement, n'est pas une citadelle : elle est ouverte sur l'extérieur. On y accueille des hôtes : des historiens venus d'autres horizons peuvent y faire halte et parler de ce qu'ils ont vu. À entendre ainsi le mot maison, on irait plutôt du côté du patrimoine nouvelle manière : un lieu de passage, où se donnent à voir et à entendre des histoires d'ordres divers et des mémoires, proches ou lointaines, ignorées ou blessées, lieu de transmission aussi. Lieu d'accueil également pour des expositions temporaires et en charge de produire des événements. : « Rendre accessible au plus grand nombre la connaissance de l'histoire de la France » stipulait le décret fixant la mission de l'établissement. Avec Maison, on passe du singulier collectif, l'Histoire, au pluriel : les histoires, les mémoires et, pour finir, toutes les façons de faire place, à un moment donné, à du passé. Mais que devient, dans ces conditions, le singulier du national : « histoire de France » ? Si Maison implique le pluriel, peut-on pluraliser le national ? Non pas histoire de France, ni de la France, ni en France, mais des France : histoires des France ? Pierre Nora avait déjà intitulé le dernier volume des *Lieux de mémoire* : *Les France*.

Quand, en 1837, Louis-Philippe inaugurait le Musée historique de Versailles, il n'avait guère de doute sur le sens de l'entreprise[1]. Dédié à « toutes les gloires de la

---

1. Thomas W. Gaehtgens, « Le musée historique de Versailles », dans *Les Lieux de mémoire,* sous la direction de P. Nora, II, *La Nation 3*, Paris, Gallimard, 1986, p. 143-167. Ariane James-Sarazin, « La création du musée de l'Histoire de France aux Archives nationales au XIXe siècle », *Quel musée d'histoire pour la France ?*, J.-P. Babelon, I. Backouche, V. Duclert, A. James-Sarazin (dir.), Paris, Armand Colin, 2011, p. 108-121.

France », le musée, avec l'élément central qu'était la galerie des Batailles, devait récapituler une histoire qui culminait et s'achevait avec le « roi-citoyen ». Pour construire le récit, on mêla tableaux anciens et commandes nouvelles. Mais à 1830 succéda 1848, et le sens s'était obscurci. Quand Louis-Napoléon décidait, en 1852, de la création du musée des Souverains au Louvre, il n'avait guère de doute non plus : « Louis-Napoléon […] considérant qu'il est d'un grand intérêt pour l'art et pour l'histoire de réunir dans une seule et même collection tous les objets ayant appartenu, d'après constatation authentique, aux différents souverains qui ont régné sur la France, décrète qu'il est créé […] un musée spécial. » L'histoire est celle des souverains qui ont fait la France, mais évoquée, désormais, à travers des objets, dont il est important d'attester de l'authenticité. Pour le reste, il n'y a pas de mystère, on est dans l'histoire généalogique où le neveu vient naturellement prendre sa place. Mais Sedan passa par là, et Napoléon-le Petit disparut.

La troisième tentative de création d'un musée de l'Histoire de France fut d'un caractère différent : elle n'émanait pas du prince, connut des débuts modestes, comme musée des Archives dans l'hôtel de Soubise, et reçut une impulsion décisive d'un homme, qui fut un bâtisseur d'institutions, Léon de Laborde. Il prit la tête des Archives en 1857, mais le musée ne fut ouvert qu'en 1867. Musée de documents, où les « actes parlent d'eux-mêmes », il présentait « un abrégé des preuves de l'histoire de France », selon une expression de Laborde, « à travers les monuments écrits de la Patrie ». Science et Patrie marchent donc main dans la main dans ces salles, où les élèves de l'École des chartes peuvent compléter leur formation par un contact direct avec les documents originaux, mais où Laborde a constamment exprimé le souci de « vulgariser le goût de l'histoire de notre pays ». Bref, on n'oublie pas qu'on se mesure à la Prusse, en faisant valoir, notamment, l'ancienneté de l'unité de la nation. Suivez mon regard ! En 1938, « le musée revendiqua le titre de musée d'Histoire de France, concurremment aux collections du château de Versailles », qu'il a conservé jusqu'aujourd'hui. Toujours adossé aux Archives, dont il est une section, le musée s'est lancé, à la fin des années 1980, dans une politique de grandes expositions temporaires et a étoffé son service éducatif, qui avait pour vocation de mettre l'élève « face aux documents d'archives ».

François Mitterrand accorda ses soins au Louvre et à la Grande Bibliothèque. On était là plus dans le patrimoine que dans l'histoire, mais aussi dans l'histoire au sens de d'Alembert, puisque la Bibliothèque s'appelle désormais François Mitterrand. Jacques Chirac se consacra aux arts premiers, avec le musée du Quai Branly, donc à un ailleurs de l'histoire nationale ou à une autre mémoire réclamant d'être reconnue : celle de l'humanité. Là, le devoir de mémoire s'élargit ou s'universalise. Mais, dès la campagne électorale de 2007, Nicolas Sarkozy crut devoir revenir à l'histoire, en s'efforçant de réactiver, dans ses discours, des bribes d'un récit national de tonalité plutôt IIIe République, mais sans le futurisme qui lui était consubstantiel. Le musée de l'Histoire de France devait en être la mise en mots et en images : un espace pour apprendre à « aimer la France ». Un lieu d'apprentissage et de réassurance pour temps de doutes, pas si éloigné, au fond, du projet de Laborde, la Prusse en moins et l'Internet en plus. Nicolas Sarkozy n'est plus président, mais doutes et incertitudes demeurent. Et le défi de montrer ce que l'histoire a été et n'est plus, tout en nourrissant une interrogation sur ce qu'elle pourrait être dans le monde du XXIe siècle : de quel nouveau concept son vieux nom pourrait-il être porteur ?

Apparemment, le défi devra se relever ailleurs et autrement, puisque la ministre de la Culture a annoncé, à la fin du mois d'août 2012, l'abandon de ce projet « coûteux ». Le prince, on le sait, est plus impécunieux que jamais, et son prédécesseur avait pris des engagements, dont il avait omis de prévoir le financement. *Exit* donc la Maison, qui renvoie, a-t-elle dit, à une vision muséographique « un petit peu datée » et « un petit peu contestable idéologiquement » de raconter l'histoire, en faisant croire qu'il n'y en a qu'une seule. Qu'il puisse y avoir une différence entre Musée et Maison importe peu, foin des détails ! Mais il n'y a pas eu de rédemption pour le Musée-Maison, venu au monde marqué par le « péché originel » de l'identité nationale, pour reprendre la formule de Pierre Nora. On n'a pas voulu considérer qu'il pouvait devenir un instrument pour reformuler une question mal posée. On a préféré, en le supprimant, faire disparaître la question. Mais celle de savoir ce que peut bien être une histoire de la France au XXIe siècle demeure.

Changement d'échelle

Si la France a une façon bien à elle de les concevoir et de les mener, les politiques mémorielles débordent largement les cadres nationaux. Elles se traitent au niveau de l'Europe sinon du monde, avec, depuis 2003, la mise en place de la Cour pénale internationale. La mémoire est devenue un nouveau champ d'action publique internationale, dans lequel la Shoah occupe une place centrale[1]. En

---

1. Henry Rousso, « Vers une mondialisation de la mémoire », *Vingtième Siècle, Revue d'histoire,* n° 94, 2007, p. 3-10 ; « Les dilemmes d'une mémoire européenne », *Historicités,* sous la direction de Ch. Delacroix, F. Dosse, P. Garcia, Paris, La Découverte, 2009, p. 203-221. Sarah Gensburger, « L'émergence progressive d'une politique internationale de la mémoire : l'exemple des actions publiques

1998, était créé le Groupe d'action internationale pour la coopération sur l'éducation, la mémoire et l'étude de l'holocauste, qui est une véritable organisation internationale. « Nous nous identifions aux victimes et à leurs souffrances et nous puisons notre inspiration dans leur lutte », affirme leur manifeste. La Conférence des Nations unies contre le racisme, tenue à Durban en septembre 2001, s'était donné pour objectif de « réparer » les crimes de l'histoire et de « guérir » le passé, rien de moins, selon les mots de Mary Robinson, la secrétaire générale de la Conférence, en affrontant les questions de l'esclavage et de la traite des Noirs. Ce scénario d'une justice transitionnelle, à l'échelle mondiale et sur plusieurs siècles, déboucha sur un échec, par suite d'une surenchère victimaire de la part de certaines ONG et d'une focalisation sur l'ennemi sioniste, coupable de l'holocauste des Palestiniens [1]. En novembre 2005, l'ONU votait une résolution intitulée « Mémoire de l'Holocauste ».

L'Ouest l'a découvert avec retard, mais c'est aujourd'hui à l'Est qu'ont été noués les conflits de mémoire les plus vifs, voire les plus inextricables, là que s'affrontent le plus durement, dans les mêmes villages, voire à l'intérieur de mêmes familles, des mémoires incompatibles, là aussi que les politiques de la mémoire sont les plus décidées et les plus directement liées à des revendications identitaires et à des affirmations nationales. Donc à des incertitudes sur le futur. Ainsi en va-t-il de l'*Holodomor* en Ukraine : les famines de 1931-1933 ; littéralement, *Holodomor* signifie « laisser mourir de faim ». Le Parlement ukrainien a voté

---

de "partage" de la mémoire », *Traumatisme collectif pour patrimoine,* sous la direction de Vincent Auzas et Bogumil Jewisewicki, Québec, Presses de l'Université Laval, 2008, p. 25-41.
1. Pierre Hazan, *Juger la guerre, juger l'histoire, op. cit.,* p. 95-138.

en 2006 une loi qui reconnaissait l'*Holodomor* comme génocide envers le peuple ukrainien et qui en condamnait la négation publique. Elle suscita immédiatement des controverses, avec pour enjeu le passé communiste et les objectifs de Staline. S'agissait-il, comme l'a affirmé le président Iouchtchenko, « d'anéantir la mémoire nationale », en sapant les fondements de « la spiritualité ukrainienne (la famille, la foi en Dieu et l'amour de la terre ») ? Finalement, la pénalisation de la négation ne fut pas retenue, non plus que le caractère spécifique du crime contre le peuple ukrainien. L'*Holodomor* ne s'est pas moins transmué en haut lieu de l'identité ukrainienne, avec expositions, commémorations et monuments, etc. La catastrophe se trouve métabolisée en un patrimoine autour duquel devrait pouvoir se reconstruire une identité collective. Puisque son inscription dans la loi permet de se reconnaître comme ukrainien, c'est-à-dire comme victime.

Le fait que l'Union soviétique n'existe plus, en tant qu'État, n'a pas facilité la reconnaissance des torts subis. Comme l'a écrit Arseni Roginski, responsable de l'Association russe Mémorial : « Parmi les conflits de mémoire, on évoque souvent la question de l'*Holodomor*, que les Ukrainiens définissent comme un génocide du peuple ukrainien perpétré par les Russes. Or toutes ces intrigues autour de l'histoire et de la mémoire ressemblent un peu à un jeu de cartes. Quelqu'un qualifie un événement de crime. Le suivant le couvre avec l'atout du crime de guerre. "Non, réplique-t-on, c'est un crime contre l'humanité." Finalement, on sort le joker du génocide. Le génocide est devenu une sorte de joker[1]. » Certes, mais la partie est engagée, même si la Russie de Vladimir Poutine

---

[1]. Arseni Roginski, « Mémoire du stalinisme », *Le Débat*, n° 155, 2009, p. 130.

refuse de s'asseoir à la table, voire s'emploie à la renverser, tout en développant une active et musclée « politique de la mémoire » contre ceux qu'on nomme désormais les « falsificateurs du passé [1] ». Qui sont-ils ? Ceux qui voudraient « réhabiliter le nazisme », bien sûr, mais aussi tous ceux qui tenteraient de falsifier l'histoire « au détriment des intérêts de la Russie ». Pour le pouvoir, il s'agit, en fait, de mettre à l'abri des critiques la Grande Guerre patriotique, promue au rang de « mythe d'origine » du régime.

RETOUR AU TEMPS ET AU PRÉSENT

Au milieu de tous ces occupants de bonne foi du terrain du contemporain, comment l'historien peut-il se faire entendre, lui qui ne se confond avec aucun d'entre eux ? Quelle place occuper ou négocier ? Pour dire quoi ? Alors que nos expériences quotidiennes sont celles d'un monde qui privilégie le direct et l'interactif, le temps réel, *live,* et en ligne, l'immédiat et non le recul (l'humanitaire compassionnel des politiques, la pratique du remords instantané et du travail de deuil en vingt-quatre heures), qui parle plus volontiers de « passé » (catégorie floue) que d'histoire, qui fait grand cas de la commémoration, de sa mise en scène, et de toutes les techniques de présentification plus que de l'explication, qui valorise l'affectif plus que l'analyse distanciée, qui fait appel au témoin, se centre sur la victime et sur le *trauma,* qui oscille entre le « trop » et le « pas assez » de mémoire, pour reprendre l'interrogation, placée par Paul Ricœur à l'orée de sa méditation

---

1. Nikolay Koposov, « Le débat russe sur les lois mémorielles », *Le Débat,* n° 158, 2010, p. 50-59.

sur *La Mémoire, l'Histoire, l'Oubli* ; un monde, enfin, qui construit des mémoriaux et les visite[1]. Le devoir de mémoire est d'abord un droit, pour moi, à *ma* mémoire et à sa reconnaissance publique. Le patrimoine, démultiplié lui aussi, est désormais porté par des milliers d'associations qui y recherchent une manière d'habiter le présent, le leur. Ce sont autant de revendications éclatées et de stratégies pour retrouver ou se donner une « histoire à soi », dire qui nous sommes et, plus encore, qui *je* suis aujourd'hui (hier étant inaccessible et demain impossible à envisager).

La chute du mur de Berlin, en novembre 1989, n'a pas « libéré » l'avenir. Si, à l'Est, le temps a été décongelé, tout le monde était vacciné, de longue date déjà, contre « l'avenir radieux ». Le futur était encore là, mais alors que nos moyens de connaissance s'accroissaient dans des proportions gigantesques (avec la révolution de l'information), il devenait plus imprévisible que jamais. Ou, plutôt, on y a renoncé : plan, prospective, futurologie sont passés à la trappe. De plus en plus, nous sommes concentrés sur la réponse immédiate à l'immédiat : il faut réagir en temps *réel*, jusqu'à la caricature chez les politiques. Autre attitude, inverse à première vue, mais qui ramène aussi sur le présent : le futur n'est que trop prévisible, sinon déjà joué. La catastrophe, sous de multiples visages, est déjà (presque) là. Nous sommes entrés, lit-on de plus en plus souvent, dans « le temps des catastrophes ». Car nous sommes confrontés à une irréversibilité dont nous sommes

---

[1]. Parmi les principaux : Mémorial de Caen (1988), mémorial de la Résistance du Vercors (1994), Centre de la mémoire d'Oradour-sur-Glane (1999), mémorial des guerres d'Indochine de Fréjus, mémorial du Débarquement allié du Mont-Faron. À quoi il faut ajouter les nombreux musées et centres qui se veulent autant de « chemins » ou de « parcours de mémoire ».

les initiateurs. Sous ce titre, la revue *Esprit* y a consacré un dossier en 2008. Le philosophe Jean-Pierre Dupuy développe une réflexion sur ce qu'il propose de nommer le « catastrophisme éclairé ». Le problème n'est pas de savoir si une catastrophe (climatique, sanitaire, nucléaire ou autre) va se produire, mais d'y croire et d'agir en conséquence. Nous savons mais ne croyons pas. Il faut « se projeter, dit-il, dans l'après-catastrophe » comme si elle avait déjà eu lieu, pour arrêter, s'il se peut, l'horloge de l'apocalypse. Pour lui, loin de laisser le champ libre à l'irrationnel, cette pédagogie de la catastrophe doit inviter à plus de rationalité puisque le train ou le *trend* de l'Histoire tend vers la catastrophe.

De cette transformation de notre rapport au futur, témoigne aussi le développement incroyablement rapide qu'a connu le principe de précaution au cours des vingt dernières années : jusqu'à se retrouver inscrit dans la Constitution française. Par l'usage qu'en font les politiques et, de proche en proche, le moindre responsable de quelque chose, ce principe (traduction d'une incertitude qui, en l'état des connaissances dont on dispose, ne peut être levée) peut se transformer en simple principe d'abstention : une justification pour ne pas faire, au nom du « on ne sait jamais » et de la quête du « risque zéro ». Recourir au principe de précaution, c'est, dit-on, se projeter dans un futur potentiellement dangereux et l'empêcher d'advenir ou, au moins, retarder son advenue. On peut aussi l'envisager comme une opération d'extension du présent et d'arrêt du temps : demain est déjà aujourd'hui.

Loin de moi l'idée de simplifier ces questions complexes, mais elles ne sont pas séparables d'une profonde transformation de la catégorie du futur. Une autre expression de ce déplacement se manifeste dans la place de plus en plus grande donnée à la prévention, notamment en matière pénale, et à la thématique de la sécurité[1]. Ainsi la loi française relative à la rétention de sûreté (25 février 2008) « permet de maintenir un condamné en détention, après exécution de sa peine, pour une durée d'un an, renouvelable indéfiniment, sur le seul critère de sa dangerosité[2] ». On évalue, à partir de calculs de probabilités, la « dangerosité » d'une personne et l'on décide, par exemple, de la maintenir enfermée (même après l'accomplissement de sa peine), en la privant ainsi d'un futur. Ces approches conduisent à considérer le futur comme menace et, en un sens, à supprimer l'histoire, plus exactement sa possibilité, au nom de l'urgence du présent et au titre de sa protection[3]. Plus largement, certains dangers planétaires « ont des effets potentiellement illimités dans le temps. Selon qu'ils sont liés à la violence interhumaine (terrorisme global) ou à la surpuissance de l'homme sur la nature (dangers écologiques ou biotechnologiques) […], ces dangers conduisent à diverses formes de sécurité anticipée : tantôt c'est l'instant qui se prolonge quand l'urgence devient permanente, tantôt c'est le futur que l'on intègre au droit positif, par des techniques allant de la prévention à la précaution, des générations présentes aux générations futures[4]. » Ce sont autant de décisions, de dispositions, de manières d'être qui renforcent le caractère omniprésent

---

1. Frédéric Gros, *Le Principe sécurité* (Paris, Gallimard, 2012). L'auteur présente une typologie des « régimes de sécurité » depuis l'Antiquité jusqu'à aujourd'hui.
2. Mireille Delmas-Marty, *Libertés et sûreté dans un monde dangereux*, Paris, Le Seuil, 2010, p. 7.
3. Antoine Garapon, « La lutte antiterroriste et le tournant préventif de la justice », *Esprit*, mars-avril 2008, p. 151-154.
4. M. Delmas-Marty, *Liberté et sûreté dans un monde dangereux*, *op. cit.*, p. 188.

du présent comme horizon indépassable de notre contemporain.

Le futur, enfin, est devenu un fardeau dont personne, entreprises ou institutions, ne veut plus se charger. « On n'a pas de visibilité ou pas assez, pour... embaucher, investir, prendre une décision... » : la formule revient très souvent. En revanche, on sait faire tourner des ordinateurs de plus en plus vite – gagne celui qui peut acheter ou vendre une fraction de seconde avant les autres –, quant à comprendre au-delà, on y a plus ou moins renoncé [1]. Les seuls plans dont on parle encore sont les plans sociaux (qui ne font qu'accompagner ce qui est déclaré avoir eu lieu : la faillite de l'entreprise) et la prévision se limite au très court terme. Il faut être réactif, toujours plus mobile et flexible. Du futur faisons table rase, ou peu s'en faut ! Et pour le passé, il y a la mémoire (avec le patrimoine et la commémoration) ainsi que la justice : pour juger l'histoire d'hier, d'avant-hier ou même d'aujourd'hui.

Au-delà des procès phares, expression retardée d'une justice transitionnelle inaboutie et réactivée, s'est produit, depuis les années 1990, un déplacement du centre de gravité des procès : de l'accusé vers la victime. « L'histoire se lit désormais à travers les yeux de la victime », note encore Garapon, observateur attentif de ce basculement, dont il repère les conditions de possibilité, trace les contours et dégage la signification [2]. S'il participe du mou-

---

1. Hervé Juvin, « La crise d'un monde fini ? », *Le Débat,* n° 155, 2009, p. 4-22. Il décrit, p. 11-12, ce qu'il appelle « la liquidation du futur » : « la valorisation permanente, [...] permise par la cotation électronique en continu des titres d'une entreprise, est une incitation à la liquider, c'est-à-dire à la convertir en argent ». Plus fort encore, les opérations à effets de levier, les options ne sont rien d'autre que « cette capacité inouïe à réaliser dans le présent des gains futurs ».
2. A. Garapon, *Peut-on réparer l'histoire ? op. cit.,* p. 61.

vement général d'extension de la judiciarisation, le phénomène marque un passage du droit pénal au droit civil, soit de la sanction à la réparation ou à l'indemnisation. « En réclamant réparation de leur préjudice [...], les demandeurs postulent que l'histoire ne sera pas finie tant qu'on ne l'aura pas purgée de ses crimes impunis et de ses dettes impayées. Ces demandes judiciaires – même si elles n'aboutissent pas – inaugurent un nouveau rapport au temps [1]. » Tout préjudice est convertible en dette, susceptible d'une évaluation ; en acquittant la dette, on « liquide l'histoire » ; on met fin au ressentiment et on peut repartir de zéro. On « purge » le temps, comme on purge une dette.

Mais cette justice, d'inspiration très libérale, qui ne connaît que le présent, ignore l'histoire et se passe de la politique, débouche sur une situation paradoxale. À la différence du régime de l'imprescriptible, limité à la vie d'un suspect, le temps de cette justice civile est lié à celle des « victimes potentielles », qui peuvent se manifester sur des générations. S'il est vrai qu'une des pierres de touche retenues est « l'actualité de la souffrance », se pose dès lors la question de déterminer jusqu'où l'on peut remonter dans le temps ou, tout aussi bien, descendre à partir du traumatisme initial ? Alors même que cette justice entend clore les comptes et faire l'économie de l'histoire, ne risque-t-elle pas de nous faire passer de l'imprescriptible à l'interminable, se muant, sans même l'avoir vraiment voulu, en un instrument présentiste [2] ? Si le temps de l'imprescriptible est bien un temps construit par le droit, une « fiction juridique » nécessaire, nous avons tendu à le « naturaliser », en en faisant un temps social, un équivalent justement de l'interminable qui, lui, est un temps inassignable,

---

1. *Ibid.*, p. 62.
2. *Ibid.*, p. 169-172.

détemporalisé et, à tout moment, réactivable dans le présent de la plainte et de la dette.

De toutes ces transformations rapides et profondes, les historiens peinent à prendre la mesure. Aussi donnent-ils souvent l'impression de défendre pied à pied un territoire menacé, tout en tentant parfois de reprendre l'initiative. Ainsi à la mémoire a répondu l'histoire de la mémoire, avec *Les Lieux de mémoire* en modèle de *Blitzkrieg*. Mais pour la majorité d'entre eux, ils continuent, jour après jour, et selon leurs spécialités, à faire de l'histoire, sans trop se prononcer sur ce que pourrait être la « tâche » de l'historien dans un monde présentiste. Je ne crois pas qu'il en aille bien différemment pour les autres disciplines des sciences humaines et sociales, pas plus que dans le domaine de l'art. Ne reproche-t-on pas fréquemment aux politiques de ne plus « avoir de vision », sans vouloir comprendre que ce n'est pas leur médiocrité (supposée ou réelle) qui est en cause ? Aussi longtemps que nos sociétés marchaient au futur (comme une voiture au super) et disposaient d'un concept d'histoire (sûrement vague mais opératoire), même le plus médiocre des politiques pouvait se draper dans le drapeau de « sa vision ».

Pour l'heure, il convient que, plus que jamais, l'historien se fasse avec constance guetteur du présent, de son présent. Ce qui n'implique, en rien, tout au contraire, qu'il cède aux injonctions du présent, à commencer par celle, forte dans les institutions d'enseignement et dans les médias, selon laquelle la seule histoire désormais serait celle du contemporain ou du très contemporain. Comme si, par un rapide renversement de la situation, il n'y avait plus de salut ou de légitimité en dehors d'elle. En revanche, il est important pour tout historien de chercher à comprendre (en historien) de quelle façon et, si possible, pourquoi le contemporain en est venu à s'imposer à ce point. Quelles ont été, quelles sont les incidences, sur la discipline historique, de ces changements profonds qui voient l'Europe sortir sous nos yeux de ce que Fernand Braudel appelait « la grande histoire » ? De plus, l'Histoire, le concept moderne d'histoire, sur lequel l'Europe vécut deux siècles, peine à appréhender le nouveau cours du monde. Certes toujours là, familier encore, il n'en a pas moins perdu de son évidence : mis en question, il a perdu de sa puissance (et de sa superbe), et, concrètement, de l'efficace opératoire que, naguère encore, on s'accordait à lui reconnaître [1]. En forgeant sa sémantique historique, Reinhart Koselleck avait su repérer la formation du concept moderne d'histoire depuis la fin du XVIIIe siècle. Cette interrogation, encore incomplète, sur le présent de l'historien montre un effritement, un délitement, en tout cas, une éclipse de ce concept, tandis qu'une série de termes, qui fonctionnent comme les signes de reconnaissance du présent, sont venus occuper les premiers rôles dans nos sociétés et dans nos têtes. À commencer par le *quatuor*, évoqué plus haut, formé par la mémoire, la commémoration, le patrimoine et l'identité. Avec le présent en chef d'orchestre.

La montée en puissance de la mémoire, qui est aussi celle des doutes, a fait émerger une question de fond. Avons-nous troqué l'autorité de l'Histoire pour celle de la Mémoire ? Nos sociétés d'histoire sont-elles devenues des sociétés de mémoire ? Sommes-nous passés d'une religion à une autre, d'un évangile à un nouvel évangile, ou ne s'agit-il que d'un *aggiornamento* ? Avant de pouvoir nous prononcer, il faudrait d'abord comprendre pourquoi la mémoire, cette mémoire toute volontaire, bien davantage

---

1. Voir *infra*, chap. IV.

reconstruction qu'évocation ou surgissement du souvenir, s'est trouvée investie, dans nos sociétés, d'une charge si lourde et multiforme. L'histoire moderne avait rompu avec l'ancien modèle de l'*historia magistra,* le moment-mémoire apporterait-il avec lui celui d'une *memoria magistra vitae,* sinon *magistra mundi,* en lieu et place de l'ancienne « maîtresse du monde », reconnue par Péguy ? Pour mieux répondre à ces interrogations, il convient de repartir de plus loin et de débats, à première vue assez éloignés, qui se sont noués, dans les années 1960, autour des termes d'histoire, de rhétorique, de poétique, ou autour du couple des notions histoire et fiction. Par là aussi, l'histoire s'est trouvée questionnée, sinon bousculée. Son évidence antérieure en a été entamée.

CHAPITRE 2

Une inquiétante étrangeté

Les années 1960 ont vu le développement d'une approche qui s'est nommée, d'abord aux États-Unis, *linguistic turn,* avant de devenir une appellation générique, utilisée un peu à tort et à travers, et le plus souvent sur un mode critique par les historiens. En France, le terme établi était structuralisme. Tout s'est engagé quand un « je parle » ou, mieux, « je suis parlé » est venu se substituer au « je pense », qui, depuis que Descartes l'avait lancé, n'avait cessé d'être interrogé par la philosophie. Dès lors, débats et controverses ont tourné autour de la question de l'être du langage [1]. Aujourd'hui, le tournant linguistique n'est plus qu'un thème d'oraison funèbre : il est apparu, il a séduit (certains), a ouvert des questions nouvelles (parfois), fait écrire des sottises (pas mal), a reflué, et l'on est passé à autre chose. Comme l'avait relevé Charles Péguy dans *Clio,* il en va ainsi de l'histoire intellectuelle : on s'acharne sur une question pendant quinze ou vingt ans, et « tout d'un coup on tourne le dos ». « On ne sait plus de quoi on parlait [2]. » D'ailleurs, on n'en parle plus ! Les

---

1. Voir, entre autres, les numéros des revues : *Esprit,* novembre 1963 et mai 1967, *Les Temps modernes,* 1966, *Annales,* III et IV, 1971.
2. Charles Péguy, *Clio, op. cit.,* III, p. 1206.

étudiants n'ont plus qu'une vague idée de ce dont il a bien pu s'agir, même aux États-Unis, lieu d'apparition du fameux tournant. Dans les départements d'histoire, leurs professeurs leur parlent désormais surtout d'archives [1].

Mon propos n'étant pas de retracer les parcours de ces tournants, non plus que d'inventorier leurs alentours, il suffit de relever, ici, ce point de basculement ou ce coup d'arrêt qu'a marqué, en 1992, la parution du volume collectif *Probing the Limits of Representation,* édité par Saul Friedländer [2]. L'objectif du colloque était d'interroger les conséquences du relativisme postmoderne et de scruter les équivoques qu'il entretient sur la question du réel et de la vérité historique, à propos de « cet événement aux limites » qu'a été la Shoah. C'est à cette occasion que Carlo Ginzburg mena l'assaut final contre les positions de Hayden White, à l'encontre de qui Arnaldo Momigliano avait, le premier, ouvert les hostilités en 1981 [3]. Le récit

---

1. Deux historiennes américaines de renom, s'interrogeant dernièrement sur l'état de leur discipline, prenaient acte du reflux, ce court moment où une vague, avant que la suivante ne se brise, achève de se retirer. Dans son discours sur l'état de l'histoire, Gabrielle Spiegel, présidente pour l'année 2009 de l'American Historical Association, commençait par rappeler que le terme *(linguistic turn)* était apparu en 1965, sous la plume du philosophe Richard Rorty, avant d'évaluer ce qu'avait été son impact et de s'interroger sur ce qu'il en restait dans les questionnaires et les manières de travailler des historiens aujourd'hui. De même, Caroline Baynum, professeure d'histoire médiévale à l'Institut d'études avancées de Princeton, se livrait à un rapide inventaire de tous les *turns* et *returns* proposés ou proclamés depuis le premier de la série, celui linguistique des années 1960.
2. *Probing the Limits of Representation,* Nazism and the "Final Solution", ed. by Saul Friedländer, Harvard University Press, 1992.
3. Arnaldo Momigliano, « The History of Rhetoric and Rhetoric of History : on Hayden White's tropes », *Settimo contributo alla storia degli studi classici e del mondo antico,* Roma, Edizioni di Storia e Letteratura, 1984, p. 49-59.

historique est, pour White, un système discursif de production de sens. Selon que l'on mobilise la métaphore, la métonymie, la synecdoque ou l'ironie, le récit se trouve préfiguré d'une manière ou d'une autre. À quoi rétorquait Momigliano, peu m'importe que les historiens usent de la métonymie ou de la synecdoque, ou de tout autre trope, seul compte que « leurs histoires doivent être vraies [1] ». Quant aux rapports entre rhétorique et histoire, s'ils ont débuté avec Isocrate, au IVe siècle avant notre ère, il faudrait au moins tenir compte du fait qu'ils ont été ambivalents au cours de l'Antiquité et qu'est arrivé un moment, à l'époque moderne, où ils ont été coupés. Bref, sans l'appui préalable d'une histoire sérieuse de la rhétorique, les considérations sur rhétorique et histoire demeurent bien éthérées. En tout cas, l'association entre Hayden White et la rhétorique sort encore renforcée par son inscription dans une lignée qui débute avec Isocrate. En fait, White se réfère moins à Isocrate qu'à Vico, dont il est un lecteur. Pour lui, en effet, la rhétorique est le foyer de créativité du langage et le *troping* est, dit-il, comme « l'âme du discours ». Aussi, sa *Metahistory* aurait-elle pu s'intituler aussi *Pre-History,* dans la mesure même où le recours à tel trope plutôt qu'à tel autre préfigure un type de récit possible. Si bien que de la dispersion de ce qui n'a pas encore été narré émergent une forme et un sens : une narration et une explication. Mais, en dépit des efforts qu'il a déployés ensuite, Hayden White n'a pu sortir des apories de sa position : des conséquences ou des inconséquences de son pantropologisme. Au point que Paul Ricœur, peu suspect de méfiance à l'égard des approches narrativistes, a conclu à une « impasse » et à une « suspicion légitime quant à la

---

1. A. Momigliano, « The History of Rhetoric », *ibid.*, p. 51.

capacité de cette théorie rhétorique à tirer une ligne franche entre le récit historique et le récit de fiction [1] ».

À dire vrai, cette question, dite aussi de l'histoire et de la fiction, n'est qu'une expression locale et relativement tardive d'un mouvement beaucoup plus ample conduisant à s'interroger sur cette « faculté la plus haute et la plus mystérieuse de l'homme » qu'est le langage [2]. Commencé, en France au moins, avec Mallarmé (qui tentait de « céder l'initiative aux mots ») et Rimbaud, relayé par Maurice Blanchot (lecteur de Kafka et ami de Lévinas), chez qui tant de fils se nouent, il s'est étendu sur un siècle environ et a pris des formes diverses jusqu'au structuralisme des années 1960 et aux *post-* qui ont suivi. Même si assez vite les principaux protagonistes prennent leur distance par rapport à ces appellations, reste que le langage, ce langage qui toujours échappe, demeure au centre. « C'est le langage qui enseigne la définition de l'homme, non le contraire », écrivait Roland Barthes, en 1967, ajoutant « le langage est l'être de la littérature, son monde même [3] ».

Qu'est-ce donc qui a fait qu'en Europe le langage a été méthodiquement, passionnément scruté, qu'est-ce qui a fait qu'après la publication du *Cours* de Ferdinand de Saussure, en 1916 (en pleine guerre), la linguistique, avec la distinction entre *langue* et *parole,* est progressivement devenue la « science-pilote » des sciences humaines ? Célébrant Saussure, en 1963, à l'occasion du cinquantenaire de sa mort, Émile Benveniste soulignait « la portée du principe du signe instauré comme unité de la langue […].

---

1. Paul Ricœur, *La Mémoire, l'histoire, l'oubli, op. cit.,* p. 328.
2. Émile Benveniste, *Problèmes de linguistique générale,* Paris, Gallimard, 1966, p. 45.
3. Roland Barthes, *Essais critiques IV, Le Bruissement de la langue,* Paris, Le Seuil, 1984, p. 14, 23.

Or nous voyons maintenant ce principe se propager hors des disciplines linguistiques et pénétrer dans les sciences de l'homme qui prennent conscience de leur propre sémiotique. Loin que la langue s'abolisse dans la société, c'est la société qui commence à se reconnaître comme "langue[1]" ». D'où les temps presque heureux d'une herméneutique conquérante : tout est structuré comme un langage.

Qu'est-ce qui a fait encore qu'après 1945, le langage, toujours lui, a été tenu pour presque tout, sans cesser d'être associé au manque, à l'absence, au silence et à la mort ? « Ce qu'on ne peut pas dire, il faut le taire », disait Wittgenstein, « il (ne) faut (pas) le taire, rature Jacques Derrida[2]. À quoi font écho ces derniers mots de Maurice Blanchot, dans *Après coup*, « même sur la mort sans phrases, il reste à méditer, peut-être sans fin, jusqu'à la fin[3] ». Répondre à ces questions exigerait une enquête bien plus ample que celle menée ici, mais je crois qu'à négliger ce mouvement profond, complexe, on court le risque, comme le disait Péguy, de ne plus comprendre de quoi on parlait, par exemple, quand Barthes écrivait qu'« un fait n'a jamais qu'une existence linguistique ». Faute de quoi le propos, de plus sorti de son contexte, oscille entre trivialité et absurdité. Barthes cherchait à cerner ce qu'il désignait comme le « paradoxe » du discours historique : « Le seul où le référent soit visé comme extérieur au discours, sans qu'il soit pourtant jamais possible de l'atteindre hors de ce discours[4]. »

---

1. *Ibid.*, p. 43.
2. Lettre de Jacques Derrida à Roger Laporte [1965], citée dans B. Peeters, *Derrida,* Paris, Flammarion, 2010, p. 204.
3. Maurice Blanchot, *Après coup,* Paris, Minuit, 1983, p. 100.
4. Roland Barthes, « Le discours de l'histoire » repris dans *Le Bruissement de la langue,* Paris, Le Seuil, 1984, p. 164. Rétrospectivement, il est curieux d'avoir fait de ce texte une référence majeure du narrati-

RÉCIT, RHÉTORIQUE, HISTOIRE

Pour en revenir à l'histoire et à ses façons de faire face au tournant linguistique, il peut être éclairant de mettre en parallèle deux approches, à coup sûr bien différentes, mais qui ont eu en commun d'interroger les pouvoirs du récit. Non pas à partir de la littérature ou de la linguistique, mais à partir de l'histoire. Nous sommes dans le cours des années 1980, déjà donc avec un certain recul. Paul Ricœur publie *Temps et récit* entre 1983 et 1985. À partir de 1984, Carlo Ginzburg s'engage dans un combat, jamais relâché, contre ceux qu'il nomme depuis lors les sceptiques, car, à l'instar des anciens sceptiques ou des pyrrhoniens, ils doutent que l'on puisse jamais atteindre le réel et le dire [1]. Point de méprise : le seul but de ce coup de projecteur est d'inviter à considérer leurs démarches comme deux manières de saisir une conjoncture et d'y répliquer, nullement de les apparier, moins encore de les opposer : l'un, le tenant du réalisme, face à l'autre, l'avocat du récit [2] !

Par rapport à l'histoire, le premier est un *outsider*. Il trace son chemin philosophique, et pousse au plus loin l'enquête sur les capacités du récit, non pas par une quelconque

---

visme, alors qu'il s'achève sur l'annonce – c'était en 1967 – de l'effacement de la narration historique. « On comprend que l'effacement (sinon la disparition) de la narration dans la science historique actuelle, qui cherche à parler de structures plus que de chronologies, implique bien plus qu'un simple changement d'école : une véritable transformation idéologique ; la narration historique meurt parce que le signe de l'Histoire est désormais moins le réel que l'intelligible. » (P. 166.)

[1]. Voir sa Préface à Nathalie Davis, *Le Retour de Martin Guerre*, republiée en annexe du *Fil et les Traces*, Verdier, 2010, p. 447-480.
[2]. Bérenger Boulay, *Poétique et Rhétorique du récit historiographique. Pour un nouveau discours de l'histoire*, thèse soutenue en 2012.

complaisance envers une mode, mais par souci d'approcher au plus près sa question, celle des apories du temps, et d'éprouver, du même coup, les limites du récit. Il mobilise ce savoir renouvelé et récent, encore en pleine élaboration, en vue d'en explorer les potentialités. Il est aussi l'*outsider* qui s'est le plus approché de l'histoire. Il a lu les historiens, non pour les annexer ou faire de la philosophie de l'histoire sur leur dos, mais en vue, grâce à eux, d'avancer son questionnaire philosophique. S'il doit être vrai qu'il n'est de temps pensé que narré, il devient impératif de démontrer que même l'histoire, qui prétend avoir rompu avec le récit, celle des *Annales* (pour aller vite), a, si l'on y regarde de près, conservé un lien, fût-il ténu, avec lui. Et tel est bien le cas, montre Ricœur, de ce « manifeste » qu'a été la *Méditerranée* de Braudel. Il suffisait d'oser le dire pour que cela devînt aveuglant !

Le second est un *insider* : au cœur de la discipline, historien de l'époque moderne, il s'est vite trouvé en position de parler pour elle et en son nom. Avec cette particularité : il est loin d'être l'ennemi du récit sans plus. Réaliste, oui, mais en rien positiviste. Eût-il été un historien préoccupé surtout de compter, il aurait eu, il est vrai, nettement moins de raisons de se soucier des façons de lire. Dans ses livres et dans ses articles, il n'a, de fait, cessé de se confronter à la question du récit, qu'il s'agisse de la façon d'interroger ses sources (les archives des procès de sorcellerie) ou de cerner ce qu'il nomme, dans *Le Sabbat des sorcières,* « le noyau narratif élémentaire qui a accompagné l'humanité pendant des millénaires[1] ». Avec constance, il se veut attentif aux « possibilités cognitives de n'importe quelle narration, y compris toutes les formes

---

1. Carlo Ginzburg, *Le Sabbat des sorcières,* trad. française, Paris, Gallimard, 1992, p. 284.

d'historiographie ». À propos de *L'Éducation sentimentale*, il s'emploie ainsi à mettre en valeur la « richesse cognitive de l'œuvre de Flaubert[1] » ; ou, étudiant une *Histoire des îles Mariannes*, publiée, en 1700, par un jésuite, il note que les textes recèlent des « fêlures » d'où l'on voit « sortir le réel » et que « parler de réalité située au-delà du texte aurait été pure ingénuité positiviste[2] ». Davantage encore, et en se plaçant cette fois en amont du texte achevé, il estime qu'une place doit être faite aux « interactions entre données empiriques et contraintes narratives à l'intérieur du processus de recherche[3] ». Si l'on en vient à la façon de concevoir son rôle d'historien, le titre même de son dernier livre l'exprime : *Le Fil et les Traces*. Par fil, il faut clairement entendre, précise-t-il, le « fil » du récit. « J'essaie, en effet, de raconter des histoires vraies (qui ont parfois le faux pour objet) en me servant des traces[4]. »

L'un comme l'autre rencontrent la question de la représentation, celle de la lancinante interrogation sur le rapport entre le passé réel et la connaissance historique, celle sur quoi la formule rankéenne, mille fois répétée, du *wie es eigentlich gewesen* (« comment ça s'est réellement passé ») a fini par dispenser de réfléchir. Ricœur s'y arrête longuement dans *Temps et récit* ; Ginzburg y consacre un article : « Représentation, le mot, l'idée, la chose », d'abord publié dans les *Annales* en 1991. Questionner l'usage du mot et tous « les jeux de miroir » qu'il permet entre absence et présence, à un moment où l'on se réclame volontiers d'une histoire des représentations, notamment dans les

---

1. C. Ginzburg, *Rapports de force*, trad. française, Paris, Gallimard/Le Seuil, « Hautes Études », 2000, p. 97
2. *Ibid.*, p. 82.
3. *Ibid.*, p. 95.
4. C. Ginzburg, *Le Fil et les Traces, op. cit.*, p. 7.

Annales et autour, est évidemment de bonne guerre. Suit un parcours virtuose qui mène, en quelques pages, le lecteur ignorant, de la première apparition du mot dans le *Dictionnaire* de Furetière, où « représentation » s'emploie dans le cadre des funérailles royales (pour désigner soit un mannequin du roi défunt, soit un lit funéraire vide et simplement recouvert d'un linceul), jusqu'à des interrogations sur les effets de la présence réelle dans l'Eucharistie, en passant par le *kolossos* grec [1]. Insatisfait, de son côté, du concept de représentation, Ricœur en forge un autre, celui de « représentance », dont il reconnaît qu'il est « difficile ». Pour approcher au plus près ce rapport qu'il qualifie d'« énigme », il recourt, en effet, successivement aux catégories du Même, de l'Autre et de l'Analogue qui sont trois façons de décomposer puis de synthétiser la visée du discours historique sur son « vis-à-vis » révolu, qualifié tout à la fois d'« élusif » et d'« impérieux [2] ». Si l'historien est un maître d'intrigues, insiste fortement Ricœur, il est, en même temps, « un serviteur de la dette à l'égard des morts ». C'est bien ce « en même temps » qu'il faut tenir.

Sur ces chemins menant du Même, à l'Autre, à l'Analogue, Ricœur rencontre, inévitablement, Hayden White, le maître ès tropes, dont le livre vite fameux, *Metahistory,* est qualifié par lui de « poétique de l'historiographie ». Le seul point à retenir ici est que, ce faisant, White englobe la poétique dans la rhétorique ou fait de la poétique « l'âme » de la rhétorique. Ce qui, du point de vue du récit historique, a pour première conséquence d'enjamber

---

1. C. Ginzburg, *À distance,* trad. française, Paris, Gallimard, 1998, p. 73-88. Sur le *kolossos,* pierre dressée et double du mort, médiation entre le visible et l'invisible, voir Jean-Pierre Vernant, *Mythe et pensée chez les Grecs,* Paris, Maspero, 1965, p. 251-264.
2. P. Ricœur, *Temps et Récit, op. cit.*, III, p. 269.

le vieil interdit posé par Aristote, pour qui l'histoire, n'étant pas un art mimétique, ne relève pas de la *poiesis*.

Pour Ginzburg, la rencontre avec les thèses de White s'est faite *via* l'article de Momigliano, tout juste mentionné, qui lui a ouvert les yeux sur les conséquences des positions de l'auteur de *Metahistory*. Ginzburg estimait alors qu'il serait plus exact de parler de « tournant rhétorique » que de « tournant linguistique ». Sans qu'il soit nécessaire de nous étendre davantage ni sur les positions propres de Hayden White ni sur la lecture serrée qu'en a donné Ricœur ni sur les critiques réitérées de Ginzburg, le lecteur aura bien compris que le White de Ricœur se situe plus du côté de la poétique, alors que celui de Ginzburg est d'abord du côté de la rhétorique. À ce point, le lecteur aura également saisi que celui qui, depuis le début, se trouve à l'arrière-plan et rend, en fait, possible ce parallèle esquissé n'est autre qu'Aristote, comme auteur de la *Poétique,* bien sûr, mais aussi de la *Rhétorique*. Tous deux lui font, en effet, place, mais ils ne s'adressent pas au même Aristote. Ricœur commence par reconnaître d'emblée que « l'impulsion initiale » de *Temps et récit* est venue de la *Poétique*. Ce qui ne va nullement de soi, puisque du temps il n'y est en aucune manière directement question ! Retient, en revanche, toute son attention « la mise en intrigue élevée par Aristote au rang de catégorie dominante dans l'art de composer des œuvres qui imitent une action ». Ce qui lui permet d'« extraire de la *Poétique* le modèle de mise en intrigue » qu'il va se proposer « d'étendre à toute composition que nous appelons narrative [1] ». Y compris donc à l'histoire.

---

1. P. Ricœur, *Temps et Récit, op. cit.*, I, p. 317, p. 61.

LA POÉTIQUE ET L'INQUIÉTANTE ÉTRANGETÉ DE L'HISTOIRE

Temps et récit

Dans le cours de ses réflexions, Ricœur applique à l'histoire la notion d'« inquiétante étrangeté » *(Unheimlichkeit)* qu'il emprunte à Freud. Dans *La Mémoire, l'histoire, l'oubli,* ce trouble ou ce malaise dans l'histoire prend successivement les noms de Maurice Halbwachs (« La mémoire fracturée par l'histoire »), de Yosef Yerushalmi (« Malaise dans l'historiographie ») et de Pierre Nora (« Insolites lieux de mémoire »), et d'abord celui de Platon [1]. Mais déjà *Temps et Récit* proposait une approche peu ordinaire de l'histoire, au moins pour le commun des historiens. Car, viser au cœur de l'opération historiographique contemporaine, en commençant par méditer Aristote et Augustin, produit un effet d'*estrangement* garanti. Si Ricœur lit les historiens, et chacun sait qu'il l'a fait la plume à la main, c'est avec une question à leur poser, précise, philosophique (celle des apories du temps). Pour réfléchir sur l'histoire, il commence par ne pas en partir, pour d'autant mieux y arriver à un moment donné de sa réflexion ou méditation : parce qu'elle est un point de passage obligé d'un parcours, qui n'est jamais monodique, mais mélodique. L'histoire n'est jamais son seul objet, sa seule cible. *La Mémoire, l'histoire, l'oubli* ne se réduit pas à un traité de la méthode historique et n'est pas seulement une critique de la raison historique. Le philosophe s'élève contre une double *hubris* ruineuse, celle d'une histoire visant à réduire la mémoire et celle d'une mémoire collective tendant à « vassaliser » l'histoire, alors qu'il cherche

---

1. P. Ricœur, *La Mémoire, op. cit.,* p. 512-534.

à conduire son lecteur-citoyen vers la *phronêsis,* soit une conscience éclairée [1]. Nous voilà en Grèce et du côté de l'éthique.

Dans *Temps et Récit,* l'histoire à laquelle il doit se confronter en priorité est celle pratiquée par les historiens qui, depuis les railleries de Lucien Febvre, ont tourné le dos à l'histoire narrative. Cette histoire conjugue, en effet, trois éclipses : celles du récit, de l'événement, de l'individu. Mais, pour lire la *Méditerranée* de Braudel, tenue par Ricœur pour le « manifeste » des *Annales,* pour reconnaître pour ce qu'ils sont les fameux trois étages temporels et en arriver à formuler, au terme de l'ouvrage, les notions de quasi-récit, quasi-intrigue, quasi-événement, il faut commencer par… méditer les réflexions d'Aristote sur la poésie tragique ! Si l'on n'est pas encore dans l'inquiétante étrangeté, il y a bien d'emblée de quoi s'étonner !

Reparcourir tout le chemin qui l'a mené d'Aristote à Braudel nous éloignerait de mon propos. Il suffit de faire état du point de départ et du point d'arrivée. « Poétique », selon Aristote, s'entend comme art de composer des intrigues ; dynamique, cet art relève de la *mimesis.* Et le but (avoué par Ricœur) de ce recours à la *Poétique* est de reconnaître, répétons-le, que « la mise en intrigue est élevée par Aristote au rang de catégorie dominante dans l'art de composer des œuvres qui imitent une action », puis d'« extraire de la *Poétique* le modèle de mise en intrigue que nous nous proposons [moi Ricœur] d'étendre à toute composition que nous appelons narrative [2] ».

Dans ce jeu (grec) du *poros* et de l'aporie, le philosophe s'emploie à trouver le *poros,* c'est-à-dire le chemin qui permet d'avancer jusqu'aux limites de la narrativité posées

---

1. *Ibid.,* p. 511.
2. *Temps et Récit, op. cit.,* vol. I, p. 317 et 61.

alors comme réplique à l'inscrutabilité (ultime) du temps. S'établit ainsi « le caractère ultimement narratif de l'histoire ». Par là, cette dernière contribue, à sa façon, à la refiguration du temps qui, pour Ricœur, est « l'œuvre conjointe » du récit de fiction *et* du récit historique. De même qu'il y a représentation, il y a refiguration : ou mieux la refiguration du temps est le *telos* de la représentation. Mais, avant de parvenir à cette conclusion (qui valide la thèse de fond de l'enquête), l'interrogation sur la réalité du passé historique a rencontré l'« énigme », déjà évoquée, du rapport entre passé réel et connaissance historique. C'est d'abord pour faire face au « réalisme spontané » de l'historien que Ricœur a proposé le concept de représentation.

Ainsi, de ce premier moment, retenons l'étrangeté d'une démarche, doublée de la reconnaissance d'une « énigme » autour du réel, qui, par la reconnaissance de la dette, fait en même temps du « maître en intrigues » « un serviteur de la mémoire des hommes du passé [1] ». Énigme, ajoute-t-il, qui ne se résout pas, mais que l'on peut, au mieux, « structurer ».

La mémoire, l'histoire, l'oubli

Quand paraît *La Mémoire, l'histoire, l'oubli*, nous sommes quinze ans plus tard mais, pas plus cette fois que la précédente, l'histoire ne paraît seule. Au moment où Ricœur achevait la publication de *Temps et Récit* (en 1985), la mémoire s'installait au premier plan dans l'espace public [2]. Prenons trois témoignages marquants : *Les Lieux de mémoire* en 1984, *Shoah* de Claude Lanzmann en 1985,

---

1. *Ibid.,* vol. III, p. 227.
2. Voir *supra*, chapitre premier, p. 51 sqq.

Les Assassins de la mémoire de Pierre Vidal-Naquet en 1987. Existe donc un décalage entre la pleine émergence du phénomène mémoriel et sa forte reprise philosophique. Cet écart, Ricœur le nomme « lacune » de sa problématique, qui l'avait conduit à mettre « en prise directe » l'expérience temporelle et l'opération narrative, en faisant du coup « l'impasse sur la mémoire et l'oubli », conçus désormais comme « ces niveaux médians entre temps et récit [1] ». Le titre de l'ouvrage l'indique déjà, l'histoire est placée entre la mémoire (qui lance tout le questionnement) et l'oubli (qui clôt l'enquête sur la condition historique) : ce dernier est vu comme porteur d'une « inquiétante menace » et emblématique de la fragilité de cette condition. Vient, pour finir, l'épilogue ouvrant sur l'*eschaton* du pardon, qui introduit une autre dimension.

L'inquiétante étrangeté, déjà soulignée, est d'emblée là. Et elle se dit, dans le grec de Platon, *pharmakon*. « Je me suis amusé à ma façon [...] à réinterpréter, sinon à réécrire le mythe du *Phèdre* racontant l'invention de l'écriture. La question de savoir si le *pharmakon* de l'histoire-écriture est remède ou poison [...] ne cessera d'accompagner en sourdine l'enquête [2]. » Car, dans ce mythe de l'origine de l'écriture, Ricœur s'amuse à voir ou se risque à lire, par extension, le mythe de l'origine de l'histoire. Pour quelle raison ? Parce que son enjeu est le destin de la mémoire. Voilà, en effet, l'histoire saisie d'emblée par la mémoire : à partir d'elle et par rapport à elle. Avec, Platon oblige, la mémoire vive, authentique, vraie, menacée par cette drogue de l'écriture, présentée par Theuth comme le *pharmakon* (remède) de la mémoire et de la *sophia*. Il va de soi que le *Phèdre* ne fait pas la moindre mention de

---

1. P. Ricœur, *La Mémoire, op. cit.*, p. 1.
2. *Ibid.*, p. 172.

l'histoire. C'est Ricœur, et non Platon, qui lie mémoire, écriture, histoire. Aux arguments de l'inventeur, le roi répond, en opposant la (simple) mémorisation *(hupomnêsis)*, grâce à cette béquille qu'est l'écriture, à la remémoration *(anamnêsis)*, discours vivant et animé, qui s'écrit dans l'âme (276*a*).

Insolite, et autant que je sache unique, est cette entrée en scène de l'histoire, d'emblée dévaluée, car à la remorque d'une mémoire qu'elle fige et trahit. Certes, si on lit le *Phèdre* jusqu'au bout, il y a bien, rappelle Ricœur, une réhabilitation prudente de l'écriture qui, dans la transposition ricœurienne du mythe, pourrait correspondre à un état, je le cite, « où viendrait se recouvrir parfaitement, d'une part, une mémoire instruite, éclairée par l'historiographie, d'autre part, une histoire savante devenue capable de réanimer la mémoire déclinante (à même de réeffectuer le passé, pour reprendre Collingwood) ». Certes, il n'en demeure pas moins que « ne peut être exorcisé le soupçon que l'histoire reste une nuisance pour la mémoire » : remède, poison ou les deux [1]. *Pharmakon* est bien déjà le nom de l'inquiétante étrangeté.

Pas plus que nous n'avons déployé toute la puissance configurante de la *Poétique* accompagnant, nourrissant, informant toute la réflexion dans *Temps et récit*, nous n'allons suivre pas à pas l'effet configurant du mythe de Theuth sur tout le cours de la problématique de la mémoire et de l'histoire. Ces quelques points suffiront : le témoignage est appréhendé comme ce qui transmet à l'histoire l'énergie de la mémoire déclarative (la force du « j'y étais » du témoin) ; la mémoire, est-il rappelé, est la « matrice de l'histoire », car elle est « gardienne du rapport entre le ne plus et l'ayant été ». En sens inverse, quand le

---

1. *Ibid.*, p. 179.

témoignage devient archive et source, qu'il est transmuté en écriture, il est repris par les *grammata,* ces « empreintes étrangères » (275*a*) et passe, pour ainsi dire, sous la coupe du paradigme indiciaire ; ensuite, dans toute la phase explicative de l'histoire, l'écart entre mémoire et histoire va aller se creusant, jusqu'à mener à cette situation récente où, au nom même d'une histoire de la mémoire, la mémoire se trouve, en réalité, réduite à un simple objet d'histoire. À procéder ainsi, répète Ricœur, l'histoire s'aveugle sur elle-même et cède à l'*hubris*. Mais, une fois ce rappel dûment adressé à l'historien de métier, demeure inentamée « l'inquiétante étrangeté de l'histoire, qui voit l'impossibilité de trancher au plan gnoséologique la compétition entre vœu de fidélité de la mémoire et la recherche de vérité en histoire ». Car il y a et ne peut y avoir qu'« indécidabilité » de la priorité de la visée de l'une ou de l'autre [1]. Si bien que la charge de la décision revient, en dernier lieu, au destinataire du texte historique : à ce dernier, qui est aussi « le citoyen avisé » « de faire la balance entre l'histoire et la mémoire [2] ». Voilà qui réduit passablement les prétentions à un magistère nourries, parfois, par les historiens. S'ils font de l'histoire, le dernier mot ne leur appartient pas. Les modalités du croire à ou en l'histoire sont, au final, l'affaire du citoyen.

LES DERNIERS ÉCHOS

Après le dégagement, *via* Platon, d'une inquiétante étrangeté, en rien circonstancielle mais foncière, Ricœur en repère des relances et des reformulations ultérieures. Telles

---

1. *Ibid.,* p. 502.
2. *Ibid.,* p. 648.

ont été les attaques de Nietzsche contre les abus de la culture historique, dans la *Deuxième intempestive*[1]. Nettement plus près de nous, Ricœur en saisit un « dernier écho » dans les témoignages de quelques « historiens notoires[2] » : Nora, Yerushalmi, mais aussi Halbwachs, qui, pourtant, n'est pas un historien ! Pourquoi les réunir sous cette même « inquiétante étrangeté », alors qu'il va sans dire qu'aucun d'entre eux ne se réfère à Platon ? Mais tous, qu'ils partent de la mémoire ou de l'histoire, se heurtent au problème de ce qui sépare l'une et l'autre, des écarts de l'une à l'autre, ou des lignes de faille qui, avec le temps, jouent ou rejouent entre elles. Cette zone est aussi celle de quiproquos, qui ne cessent de resurgir : qui parle pour qui, qui à la place de qui ?

Maurice Halbwachs

Pourquoi ouvrir cette séquence avec Halbwachs ? Parce qu'il est devenu le père moderne des études sur la mémoire[3]. En quoi est-il, pour l'oreille de Ricœur, comme un écho lointain de l'inquiétante étrangeté platonicienne, dont il donnerait une version moderne ? Parce qu'il part de la mémoire et qu'en un sens il n'en sort plus. Quand on s'installe dans la mémoire collective, qui va de l'individu aux multiples groupes, d'aujourd'hui comme d'hier, par l'entremise desquels s'opère la transmission, on n'a, à la limite, plus besoin de l'histoire. Entre elle et

---

1. Friedrich Nietzsche, *Seconde considération intempestive*.
2. *Ibid.*, p. 648.
3. Ainsi, dès 1978, Nora proposait de « faire jouer à la mémoire collective, pour l'histoire contemporaine le rôle qu'a joué pour l'histoire moderne l'histoire dite des mentalités », « Mémoire collective », dans J. Le Goff, R. Chartier, J. Revel (dir.), *La Nouvelle Histoire,* Paris, Retz, 1978, p. 401.

l'histoire, inévitablement en position d'extériorité, il y a un hiatus. Une fois établi que, pour se souvenir, on a besoin des autres, une fois admis que chaque mémoire individuelle est un point de vue sur la mémoire collective[1], on arrive à ce qu'on nomme « mémoire historique », à laquelle Halbwachs consacre un chapitre entier, et dont le statut va se révéler, au total, incertain. Soit, en effet, mémoire historique désigne une part (encore) vivante de l'histoire pour un groupe, et elle se confond alors avec la mémoire collective, soit ce n'est plus le cas, et elle n'est dès lors plus qu'un cadre vide. Elle se confond avec une histoire tout extérieure réduite à une maigre chronologie. On pense au témoin qui se fait aussitôt historien, croqué par Péguy dans *Clio*. Vous allez trouver un vieillard pour l'interroger sur sa jeunesse et il se met à parler comme un livre : en historien[2].

Mémoire historique : l'expression n'est donc, pour Halbwachs, « pas heureusement choisie[3] ». Ou l'on est dans la mémoire ou l'on est dans l'histoire. Et l'histoire, envisagée depuis la mémoire, ne peut apparaître qu'en position d'extériorité. Ses praticiens ont d'ailleurs établi qu'elle commençait là où la mémoire s'arrêtait. Halbwachs ne dit rien d'autre, mais il insiste sur l'hiatus qui les sépare. La mémoire collective s'attache aux ressemblances, alors que l'histoire, procédant par raccourcis, fait ressortir les différences. Elle « extrait les changements de la durée », alors que la mémoire est dans le continu. Après les crises,

---

1. M. Halbwachs, *La Mémoire collective, op. cit.*, p. 151.
2. Voir *supra*, chapitre premier, p. 69.
3. M. Halbwachs, *La Mémoire collective, op. cit.*, p. 130. Pour sa part, Jean-Pierre Vernant parlait de mémoire individuelle, mémoire sociale, historienne : *La Traversée des frontières,* Paris, Le Seuil, 2004, p. 127-132.

elle s'emploie à « renouer le fil de la continuité » et, même si « l'illusion » ne dure pas, pendant quelque temps au moins, « on se figure que rien n'a changé [1] ». À la limite, pour l'historien qui ne se place « au point de vue d'aucun des groupes réels et vivants », l'histoire penche naturellement vers l'histoire universelle : il n'y a pour finir qu'une histoire universelle.

À ce point, Halbwachs introduit une notation curieuse, en faisant de Polymnie la muse de l'histoire ! Ce qu'elle n'a jamais été. Elle est traditionnellement en charge de la poésie lyrique ainsi que de l'éloquence. Alors pourquoi cette confusion ? Dans le nom Polymnie, il entend probablement celle aux multiples chants, celle qui les réunit. Car il le glose ainsi : « L'histoire peut se présenter comme la mémoire universelle du genre humain. Mais il n'y a pas de mémoire universelle. Toute mémoire collective a pour support un groupe limité dans l'espace et dans le temps [2]. » Chaque groupe a « sa durée propre », et il n'y a pas « un temps universel et unique [3] ». *Exit* donc l'histoire. Ce faisant, il laisse de côté le projet intellectuel des *Annales* qu'il a pourtant connu de près. Certes, les fondateurs ne parlaient pas de mémoire mais, en liant délibérément passé et présent, pour en faire le ressort d'un questionnement renouvelé, ils réintroduisaient l'historien dans l'histoire et récusaient du même coup qu'il fût nécessairement en position d'extériorité.

Si Ricœur relève bien les réserves et les réticences de Halbwachs « aux frontières de la discipline historique », il conclut qu'« à l'horizon se profile le souhait d'une mémoire intégrale regroupant mémoire individuelle,

---

1. M. Halbwachs, *La Mémoire collective, op. cit.,* p. 166, 134.
2. *Ibid.,* p. 137.
3. *Ibid.,* p. 189.

mémoire collective et mémoire historique[1] ». Ce qui est souhait (au moins) chez Halbwachs est, en tout cas, avéré dans la conception de la mémoire proposée par Ricœur. Pour ce dernier, en effet, « il y a continuité et relation mutuelle entre la mémoire individuelle et la mémoire collective, elle-même érigée en mémoire historique au sens de Halbwachs[2] ». À moins qu'il ne faille dire au sens de Ricœur, lecteur de Halbwachs. On retrouve la fin du *Phèdre*. Mais, dans le même temps, Ricœur ne veut, en aucune façon, renoncer à l'histoire dont « les architectures de sens excèdent les ressources de la mémoire, même collective[3] ». S'il ne veut ni d'une histoire impuissante ni d'une histoire toute-puissante, il s'oppose résolument à une mémoire qui serait réduite à un objet d'histoire, alors que par sa « puissance d'attestation » que le passé a été, elle doit être indéfectiblement tenue pour la « matrice » de l'histoire[4].

Yosef Yerushalmi

Lecteur de Halbwachs, Yerushalmi ouvre la phase contemporaine de l'inquiétante étrangeté. Mort en 2009, il a longtemps occupé la chaire d'histoire juive à l'université Columbia. Après ses travaux sur les marranes, son essai sur l'histoire et la mémoire juives est devenu un repère dans les débats des années 1990. Par une claire allusion à Freud, il intitule le dernier chapitre de son *Zakhor* (dont la traduction française a paru en 1984), « Malaise dans

---

1. P. Ricœur, *La Mémoire*, *op. cit.*, p. 515.
2. *Ibid.*, p. 618.
3. *Ibid.*, p. 647.
4. Voir les objections de K. Pomian, « Sur les rapports de la mémoire et de l'histoire », *Le Débat*, n° 122, 2002, p. 32-40.

l'historiographie » pour conclure que jamais l'historiographie juive contemporaine ne remplacera la mémoire juive, soulignant que nul ne sait si cette vaste entreprise qu'est devenue aujourd'hui la recherche historique se révélera durable ou s'il faut estimer, selon la formule gravée dans l'anneau du roi Salomon, que « cela aussi n'aura qu'un temps [1] ». L'histoire juive moderne, contemporaine de la *Wissenschaft* et de l'assimilation, et, au-delà, l'histoire moderne, l'histoire science, telle que le XIXe l'a développée et que le XXe siècle l'a, plusieurs fois, reformulée, ne sont nullement reniées, mais nettement mises en perspective. Puisque ont eu longtemps cours d'autres modalités d'organisation du passé collectif, il n'y a nulle raison de tenir cette forme-là pour « le triomphe ultime du progrès de l'Histoire [2] ». Yerushalmi ne congédie pas l'histoire dont il est un grand professionnel, mais il n'a pas abandonné la mémoire. Il voudrait, en somme, pouvoir se tenir des deux côtés : celui de la mémoire et celui de l'histoire, posant ainsi une question de fond à toute démarche historienne, tout en s'interrogeant sur le « choc en retour » de toute histoire sur la mémoire.

À cette courte liste de Ricœur, j'ajouterais volontiers cet autre intempestif notoire, souvent rencontré ici, qu'a été Charles Péguy et, pour aujourd'hui, les noms de Claude Lanzmann et de Pierre Vidal-Naquet. Avec *Shoah* (1985), Lanzmann a fait le choix de la mémoire. Donnant à voir la remémoration qu'il fait surgir, il se tient, en un sens, au plus près de l'anamnèse du *Phèdre*. Alors que l'histoire,

---

1. Yosef Yerushalmi, *Zakhor, Histoire juive et mémoire juive*, trad. française, Paris, La Découverte, 1984, p. 119. Voir aussi *L'Histoire et la Mémoire de l'histoire. Hommage à Yosef Yerushalmi*, sous la direction de Sylvie-Anne Goldberg, Paris, Albin Michel, 2012.
2. *Ibid.*, p. 15.

par son projet même d'expliquer, manque, a-t-il dit et répété, la radicalité de ce qui a eu lieu. Il est peu douteux que, pour lui, la part du « poison » l'emporte sur celle du « remède ». L'histoire est forcément longitudinale ou extérieure, pourrait-il dire comme Péguy et Halbwachs.

Venu de l'autre côté de l'arc, Pierre Vidal-Naquet aborde la mémoire par l'histoire. À quelques mois d'intervalle, sa lecture de *Zakhor* puis sa découverte de *Shoah*, où il voit un chef-d'œuvre de « mémoire pure », sont deux expériences qui ont puissamment compté dans sa reconnaissance de l'importance de la mémoire pour l'histoire. Risquant même l'image d'un « Proust historien », il invite, dès lors, l'historien à « intégrer » la mémoire à l'histoire. Il songe moins à une histoire de la mémoire qu'à une histoire saisie par la mémoire. Prêchant d'exemple, il se lance bientôt lui-même dans la rédaction de ses *Mémoires*, mais en historien. Devient enfin possible cette écriture de soi dans le temps qu'il a jusqu'alors différé. Mais il aura fallu au préalable l'épreuve du révisionnisme qui est, à sa racine, négation de la mémoire des disparus et des survivants. *Les Assassins de la mémoire* ont paru en 1987. Depuis le début de sa vie active d'historien, Vidal-Naquet s'est voulu historien et témoin. Il le demeure plus que jamais, mais en un sens quelque peu différent. Avec l'affaire Audin, en 1958, il était, en effet, un témoin, au sens du mot latin *testis* : celui qui intervient en tiers. Désormais, il se reconnaît témoin, au sens du latin *superstes*, le témoin comme celui qui a traversé, le survivant. À ce titre, il lui revient de dire l'histoire de ses parents, gazés à Auschwitz en juin 1944, celle qu'ils n'ont pu dire à personne et celle qui l'a brisé. Il lui revient de trouver les mots pour « intégrer » la mémoire à l'histoire, « évoquer », « incarner » : transmettre [1].

---

1. F. Hartog, *Vidal-Naquet, historien, op. cit.*, p. 91-93, 116.

Pierre Nora

Viennent, enfin, Pierre Nora et ses « insolites lieux de mémoire », publiés entre 1984 et 1992. En quoi sont-ils insolites pour Ricœur ? Nora entend aussi intégrer la mémoire à l'histoire, mais d'une autre façon. La problématique du « lieu » permet d'abord de montrer comment le récit national s'est cristallisé à partir d'une mémoire républicaine en une histoire-mémoire, dont Ernest Lavisse a été l'ordonnateur et le dispensateur. Dans son texte d'ouverture, intitulé significativement « Entre Mémoire et Histoire [1] », Nora posait un diagnostic sur la conjoncture. De cette analyse, il tirait la première formulation de la notion de lieu de mémoire, grâce à quoi pouvait s'engager cette longue retraversée du genre de l'histoire nationale. Il s'agissait de faire apparaître, dans un même mouvement de la réflexion, les premiers contours de ce moment-mémoire (dont l'extension demeurait encore incertaine), de prendre la mesure du basculement d'un type de mémoire (celui qui ne fonctionne plus, caduc, de la transmission) vers un autre (celui, nouveau, d'une reconstruction volontaire, historienne, menée à partir de traces), et de proposer le *lieu de mémoire* comme instrument d'investigation. Nora voulait à la fois éclairer ce moment d'entre-deux et se servir de la dynamique mémorielle pour proposer une forme d'histoire renouvelée : au second degré. Si le XIXe est allé de la mémoire à l'histoire par le creuset de la République, la fin du XXe siècle, après les « sombres temps » et les décolonisations, semble accomplir un chemin inverse, alors même que la République et la Nation tendent à perdre pied.

---

[1]. Pierre Nora, « Entre Mémoire et Histoire. La problématique des lieux », dans Pierre Nora (dir.), *Les Lieux de mémoire*, I, *La République*, Paris, Gallimard, 1984, p. XV-XLII.

Mais cette reprise historienne d'une mémoire, elle-même largement informée par l'histoire, a-t-elle suffi pour clarifier le débat et les enjeux ? A-t-elle permis à l'historien de reprendre la main ? Le succès public des *Lieux de mémoire* invitait à le croire, mais ce succès même les a emportés, en un sens, au-delà d'eux-mêmes, rattrapés qu'ils ont été par la commémoration. On a assisté à une capture patrimoniale de l'idée de lieu de mémoire, écrit Ricœur. Pour désigner cette nouvelle forme de la mémoire, Nora parlait de mémoire « saisie » par l'histoire (une mémoire « historisée »). Mais n'a-t-on pas eu, en sens inverse, l'histoire saisie par la mémoire (pénétrée, voire subjuguée par elle : une histoire « mémorisée ») ? « Le passé n'est plus la garantie de l'avenir : là est la raison principale de la promotion de la mémoire comme champ dynamique et seule promesse de continuité. » Il y a solidarité du présent et de la mémoire. « La France comme personne appelait son histoire. La France comme identité ne se prépare un avenir que dans le déchiffrement de sa mémoire[1]. » Les *Lieux,* enfin, s'achevaient au futur antérieur : ils auront correspondu, annonçait déjà Nora en 1992, à ce moment-mémoire, dont la parenthèse se sera refermée. C'est au total une histoire bousculée, dont l'offensive de reconquête se retourne contre elle, tout en lui donnant un triomphe apparent : familiarité, traversée d'inquiétude, de cette histoire se faisant et se regardant déjà au futur antérieur. Vingt ans plus tard, sommes-nous toujours dans ce futur antérieur ? C'est aussi une des questions que pose ce livre.

---

1. P. Nora, « L'ère de la commémoration », *ibid.*, III, 3, p. 1009, 1010.

INQUIÉTANTE ÉTRANGETÉ
OU INQUIÉTANTE FAMILIARITÉ

Si le mythe du *Phèdre* a été souvent lu, abondamment interrogé et commenté, jusqu'à la justement célèbre « pharmacie de Platon » de Jacques Derrida, il n'avait, je crois, jamais été retenu comme point de départ d'une réflexion sur l'histoire, encore moins traité comme mythe de fondation de l'historiographie. Et quand Thucydide, certes un peu antérieur à Platon, comparait les usages respectifs de la mémoire et de l'écriture, il se plaçait sans hésiter du côté des *grammata* contre une mémoire, qui non seulement oublie, se trompe, mais qui, toujours encline à répondre à l'attente des auditeurs, déforme. Elle se fait plaisir et cherche à faire plaisir. Jamais cette méfiance à l'égard de la mémoire n'abandonnera l'histoire. Mais Platon n'en a cure : tout autre est sa visée. À la différence d'Aristote, il ne fait nullement partie, du moins directement, de la cohorte de ces *outsiders* qui ont compté pour l'histoire.

Revenons, un instant encore, à Aristote. N'est-il pas étrange qu'il ait dernièrement encore tant compté dans les interrogations sur l'histoire, alors qu'il en a, au total, fort peu parlé (en quelques lignes aux chapitres IX et XXIII de la *Poétique*), et jamais pour elle-même (puisqu'elle intervient comme vis-à-vis et faire-valoir de la poésie tragique) ? Faisons un pas de plus. N'y a-t-il pas quelque chose d'étrange ou, du moins, qui ne va pas de soi dans le traitement de la *Poétique* par Ricœur ? Il y voit, rappelons-nous, le modèle de mise en intrigue qu'il se propose d'étendre à *toute* composition narrative, qu'il s'agisse d'histoire ou de fiction. C'est son droit le plus strict. Mais dans la *Poétique,* Aristote indique, de la manière la plus claire qui soit, que l'histoire, celle des historiens, ne relève ni de la *poiesis* ni de la *mimesis*. Il revient à l'historien de *legein ta genomena*, de dire ce qui s'est passé, et non de *poiein ta genomena*, de « faire ». Il ne saurait donc être, véritablement, un « maître d'intrigues ». Le partage est net, et il le demeurera durant toute l'Antiquité. Lucien de Samosate le réaffirmera encore dans les mêmes termes au IIe siècle de notre ère. Pour l'historien, les seules questions pertinentes sont celles du choix des *genomena* et de la manière de dire les faits. Mais avec le comment, on entre dans le domaine de la rhétorique et du grand partage du fond et de la forme.

Tout autre est le cheminement de Ricœur qui, démultipliant la *mimesis* (de la configuration à l'appropriation par le lecteur, en passant par la refiguration), pousse au plus loin le rapprochement entre fiction et histoire, pour éprouver son hypothèse initiale selon laquelle il n'y a de temps pensé que narré. Pour prouver que même l'histoire récente, qui se prétend non narrative, relève finalement d'une analyse en termes de quasi-intrigue, on ne peut partir du partage initial d'Aristote entre *poiesis* et histoire, qui supprime la question. Qu'on m'entende bien, cela n'est pas à prendre comme une objection à Ricœur, mais comme une remarque qui ajoute encore un peu d'étrangeté à l'étrangeté et invite à revenir vers le texte d'Aristote !

Dans l'Antiquité, celui qui, dans un mélange d'audace et de naïveté, a essayé de se hisser sur les épaules d'Aristote et de se présenter comme un maître d'intrigues, c'est Polybe. De reprendre la *Poétique*, en la retournant au bénéfice de l'histoire. Puisqu'elle est, selon lui, supérieure à la tragédie et qu'elle a pleinement accès au général. Avec la conquête de la Méditerranée par Rome, l'histoire du monde a pris, en effet, un cours tout nouveau. Pour le saisir et le dire, il faut donc un nouveau concept d'histoire. Le *muthos* aristotélicien, défini comme intrigue ou « système des faits », lui permet de concevoir cette nouvelle histoire universelle, qui excède toute autopsie possible de la part de l'historien. Mais, qui dit *muthos* devrait dire aussi *mimesis* et *poiesis* : si l'on accorde l'un, les autres en découlent. Et, finalement, conclure : non, le nouvel historien n'est pas confiné au seul *legein* de ce qui s'est passé, il doit avoir un accès au *poiein,* et pouvoir être un *poiète* des *genomena.* En aucune façon, se défendrait alors Polybe, qui sentait d'autant mieux la difficulté, qu'il se voulait, par ailleurs, un disciple de stricte obédience de Thucydide : « N'allez pas croire que je sois, en rien, *poiète,* c'est la Fortune qui mène tout. Elle seule est l'auteur tragique, je suis seulement celui qui, comme au théâtre, a accès à sa loge et voit le monde de son point de vue. De là, j'acquiers cette vue synoptique qui est la sienne, et je suis son scribe. Je vois ce qu'elle voit ou je vois comme elle. » Tout est donc réglé ? Bien sûr que non, puisque sur tous ces points le débat n'a plus cessé jusqu'aujourd'hui. Mais la tentative (un peu confuse et sans lendemain) de Polybe est intéressante en elle-même et par rapport au présent propos. Car tout se passe un peu comme si, dans son usage (passablement grossier) d'Aristote, il s'autorisait (comme par avance) d'une lecture de la *Poétique* dont seul Ricœur saura tirer et nouer tous les fils[1].

RHÉTORIQUE ET PREUVE

De la *Poétique* à la *Rhétorique* ou de Ricœur à Ginzburg. Ce dernier, s'il connaît bien évidemment les brèves notations de la *Poétique* sur l'histoire, se montre, en fait, plus intéressé par la *Rhétorique.* Pourquoi ? Pour deux raisons

---

1. F. Hartog, *Évidence de l'histoire, op. cit.,* p. 128-132.

au moins. La première, parce que White, à la suite de Roland Barthes, a bruyamment rouvert la question des liens entre rhétorique et histoire. La seconde, parce qu'à côté de la rhétorique d'Isocrate, il y a celle d'Aristote, pour qui la question de la « preuve » est centrale[1]. Autrement dit : contrairement à ce que s'imaginent les sceptiques et autres postmodernes, la rhétorique ne se réduit pas à l'art de persuader[2]. Dans un article, significativement intitulé « Aristote et l'histoire, une fois encore », Ginzburg s'emploie à montrer que l'archéologie (au sens de Thucydide explorant les premiers temps de la Grèce) et la rhétorique (au sens d'Aristote) partagent un même souci de la preuve et recourent l'une comme l'autre à l'enthymème, qui est le « syllogisme de la rhétorique » (1356 *b* 4). Pour Aristote, en effet, l'enthymème est un syllogisme d'une certaine espèce. Mais il diffère du syllogisme logique en ce que ses prémisses ne relèvent pas du nécessaire mais, seulement, du « plus fréquent ». L'enthymème est au syllogisme logique ce que l'exemple est à l'induction : l'exemple est si, l'on veut, l'induction de la rhétorique (1356 *b* 11). Il en résulte que les orateurs ne disposent que de deux moyens, et deux seulement, de démonstration : l'enthymème et l'exemple. Certes, rhétorique et preuve sont liées, certes l'enthymème est, pour Aristote, la « démonstration rhétorique », mais qu'en est-il de l'histoire (dont il ne fait nulle mention) et suffit-il d'introduire Thucydide pour conclure que « rhétorique, histoire et

---

[1]. Aristote dit *pisteis* qu'il vaudrait peut-être mieux traduire par raisons probantes, puisqu'on n'est pas dans le domaine du syllogisme, mais de l'enthymème (syllogisme inférieur propre à la rhétorique).
[2]. C. Ginzburg, *Rapports de force, op. cit.*, p. 52 : « J'ai cherché à montrer que le sens du terme chez Aristote est très différent de celui que nous lui donnons aujourd'hui. »

preuve sont étroitement liées dans la Grèce du IVe siècle [1] » ?

Quand, en continuateur d'Hippias (le sophiste moqué par Platon), établissant une première liste des vainqueurs olympiques, Aristote se fait épigraphiste et compile une liste des vainqueurs aux Jeux pythiques, il pratique, à son tour, l'archéologie (cette histoire qu'on nommera bien plus tard antiquaire). Quand on constate, par ailleurs, que Thucydide, dans sa propre archéologie (ses premiers chapitres), a eu recours « à plusieurs reprises » à l'enthymème, ne peut-on supposer « que la dimension archéologique de l'œuvre de Thucydide peut avoir suscité l'intérêt d'Aristote » ? Si bien que « l'attitude de ce dernier à l'égard de l'histoire pourrait être réexaminée à la lumière des allusions à une connaissance inférentielle du passé présentes dans la *Rhétorique* [2] ». La *Rhétorique* pourrait donc permettre de réviser le jugement (apparemment définitif) de la *Poétique* sur l'histoire. Vient alors cette conclusion (surprenante, à première vue) : « L'œuvre où Aristote parle le plus longuement de l'historiographie (ou tout au moins de son noyau fondamental) au sens où nous l'entendons n'est pas sa *Poétique* mais sa *Rhétorique* [3]. »

Arrêtons-nous alors un instant sur ces premiers chapitres de Thucydide qui occupent une place importante dans le raisonnement de Ginzburg. De fait, ils tiennent du tour de force, dans la mesure où ils sont à la fois la tentative la plus réfléchie et aboutie pour retracer les temps anciens de la Grèce et la démonstration sans appel qu'une histoire scientifique (pour employer un mot moderne) du passé est, en fait, impossible. En se fondant

---

1. *Ibid.,* p. 51.
2. *Ibid.,* p. 51.
3. *Ibid.,* p. 43.

sur des indices *(semeia)*, en rassemblant et confrontant des éléments de preuve *(tekmêria)*, l'historien peut retrancher du faux, circonscrire du mythique *(muthôdes)*, « trouver » des faits et, au mieux, arriver à une conviction *(pistis)*, mais non à une connaissance claire et distincte. « De fait, pour ce qui est de ce qui précéda et de ce qui fut encore plus ancien, il était impossible de trouver une claire connaissance *(saphôs heurein)* du fait de la masse du temps, mais d'après les indices qui me permettent à l'examen sur une très longue période d'aboutir à une conviction, je pense que ce ne fut pas important relativement aux guerres ni aux autres domaines[1]. » *Pistis* : s'agit-il de conviction, selon les traductions habituelles, ou bien de preuve ? Quelque chose comme une raison probante entraînant l'intime conviction. On est, en tout cas, nettement du côté du juge et des « preuves » qui lui permettent de se forger une conviction.

L'objectif poursuivi par cette reconstruction est donc double : prouver que, par rapport à la guerre présente, dont Thucydide a tout de suite reconnu qu'elle serait la plus grande de toutes, les conflits du passé sont inférieurs (on est dans le registre de l'amplification dont la *Rhétorique* d'Aristote fera le trait caractéristique du discours épidictique) ; convaincre par l'exemple que seule l'histoire contemporaine importe vraiment, parce qu'elle est la véritable science politique[2]. Ajoutons encore que le modèle, qui sert d'étalon pour la reconstruction des temps lointains, est celui de la puissance *(dunamis)* athénienne actuelle, avec ses trois composantes (l'argent, la flotte et les remparts). Depuis Agamemnon jusqu'à Polycrate, le

---

1. Thucydide, 1, 1, 1 (trad. M. Casevitz).
2. Thucydide n'emploie pas le mot d'*historia* ni au sens d'Hérodote ni au sens qui sera celui d'Aristote.

tyran de Samos, en passant par le roi Minos, c'est donc une même histoire d'argent, de flotte et de remparts, étant entendu que l'Empire athénien en représente la version la plus accomplie. Athènes est le *telos* : on va du présent vers le passé (inférieur), en déployant un modèle d'intelligibilité qui, au total, relève plus d'une théorie de la puissance que de l'archéologie ou de l'histoire antiquaire, celle qu'Aristote nommera justement *historia*.

L'enthymème, défini comme le noyau central de la preuve, suffit-il à lier l'histoire et la rhétorique au point de soutenir que c'est dans la *Rhétorique* qu'Aristote parle le plus longuement d'histoire [1] ? Certes, l'enquête de type historique apparaît, mais seulement quand il s'agit, sur un sujet qui vient en discussion, de se pourvoir en arguments. Ainsi, en matière de revenus de la cité, il est nécessaire d'étendre son expérience, en menant une enquête historique sur ce qui s'est pratiqué ailleurs (1359*b* 32). De même, en ce qui concerne la guerre et la paix, il est nécessaire d'avoir examiné *(theôrein)* les guerres menées par la cité mais aussi par les autres (1360*a* 4). Pour ce qui touche, enfin, à la Constitution et aux lois, il est, non seulement utile d'avoir une connaissance « théorique » de ces sujets, mais aussi d'avoir mené des enquêtes de terrain à l'étranger. « Les relations de voyage sont donc manifestement utiles pour la législation [...], comme les enquêtes *(historiai)* de ceux qui écrivent sur les actions humaines le sont pour les délibérations politiques » (1360*a* 33-37). Voilà la part reconnue à ces enquêtes, conçues comme des collectes de données et destinées à fournir des prémisses, permettant d'argumenter correctement dans le cadre des

---

[1]. Dans *Rhétorique,* 1, 1358*a*31, Aristote indique : « Les enthymèmes s'approprient au genre judiciaire, c'est l'acte sur lequel la lumière n'est pas faite qui admet surtout la recherche de la cause et de la démonstration. »

délibérations de l'assemblée. Elles contribuent à la formation des enthymèmes : d'enthymèmes valides. Et Aristote de conclure, avec cette précision, qui n'est pas dénuée d'importance : « Mais tout cela [ces enquêtes], c'est l'affaire de la politique, non de la rhétorique » (1360*a* 37). Elles visent à fournir des prémisses instruites en vue de formuler des conseils, qui sont la finalité même du genre délibératif. On est donc loin d'Hérodote, mais aussi bien de Thucydide, et pas franchement dans l'archéologie, mais tout proche, en revanche, du recueil des cent cinquante-huit Constitutions, collectées par Aristote et ses élèves.

Pour Ricœur, nous venons de le voir, le texte central de sa méditation sur le récit et donc sur l'histoire, est assurément la *Poétique,* d'où il dégage le modèle de mise en intrigue qu'il se propose d'étendre à toute composition narrative, qu'il s'agisse d'histoire ou de fiction. Cette extension est son droit le plus strict. Mais il enfreint, du même coup (tout comme Hayden White), l'interdit aristotélicien. Car Aristote (et je me limiterai ici à ces seuls points) indique, de la manière la plus claire qui soit, répétons-le, que l'histoire, celle des historiens *(historikoi),* n'accède ni à la *poiesis* ni à la *mimesis,* qui sont réservées au poète. Rappelons, à nouveau, que, dans la *Poétique,* l'histoire n'est pas là pour elle-même, mais seulement comme vis-à-vis, sinon comme faire-valoir de la tragédie. Est poète, non tant celui qui s'exprime en vers que celui qui compose des récits *(muthoi),* des intrigues (selon la traduction de Ricœur) : « Il est clair, d'après ce que nous avons dit, à la fois que ce n'est pas dire ce qui est arrivé qui est la tâche du poète, mais que c'est dire ce qui pourrait arriver, et que le possible l'est selon le vraisemblable ou le nécessaire [1]. » À l'évidence, de l'historien on ne doit

---

1. Aristote, *Poétique,* 9, 1451*a* 36-38, trad. M. Casevitz, dans *L'Histoire d'Homère à Augustin,* Paris, Le Seuil, 1999.

rien attendre de tel : il dit et ne peut dire que ce qui s'est passé. Il dit les faits *(legei ta genomena),* au mieux dans leur succession, comment pourrait-il les « faire » *(poiein ta genomena)* ? Pas au sens de les forger de toutes pièces, naturellement, mais au sens de composer un récit représentant une action une et qui forme un tout, dont on ne puisse ni déplacer ni ôter aucun élément.

Aristote apporte une preuve supplémentaire de ce partage, en imaginant le cas suivant. Supposons un poète « composant un poème sur des événements réellement arrivés, il n'en est pas moins poète ; car rien n'empêche que certains événements réels ne soient de ceux qui pourraient arriver dans l'ordre du vraisemblable et du possible, moyennant quoi il en est le poète [1] ». Aristote écrit exactement un poète « faisant » des *genomena*. Mais ce qui compte n'est pas que les événements soient arrivés, mais qu'ils répondent aux exigences (non négociables) du vraisemblable et du possible. Certains commentateurs tirent argument de ce passage pour suggérer que la *poiesis* n'est ni complètement ni définitivement interdite à l'histoire [2]. Je ne le crois pas du tout. Aristote se préoccupe du poète, et non de l'historien, et ce qui vaut pour l'un, ne vaut pas pour l'autre. Car le poète ne s'intéresse pas à ce qui est arrivé en tant que tel. Il n'est susceptible de s'y intéresser que dans la mesure où s'y laisse reconnaître un ordonnancement selon le vraisemblable ou le nécessaire, alors que l'historien, tout au contraire, est requis par ce qui est

---

1. *Ibid.,* 9, 1451*b* 29-33, trad. R. Dupont-Roc et J. Lallot, Paris, Le Seuil, 1980.
2. En dernier lieu, Claude Calame, qui voit là une « porosité » entre le métier de poète et celui de l'historien, « Vraisemblance référentielle, nécessité narrative, poétique de la vue, l'historiographie grecque classique entre factuel et fictif », *Annales, Histoire, Sciences sociales,* n° 1, 2012, p. 86.

arrivé. Qu'on puisse y trouver, le cas échéant, du vraisemblable ou du possible, voire du nécessaire n'est, littéralement, pas son problème. Il passe la main. Pour Aristote, l'historien n'est donc pas un « maître d'intrigues », et Lucien de Samosate le répétera encore : les seules questions auxquelles il doit répondre sont celles du choix des *genomena* et de la manière de les dire [1]. Rien de moins, rien de plus.

Autre est évidemment le cheminement de Ricœur. Car, pour valider sa grande hypothèse selon laquelle il n'y a de temps pensé que narré, il doit prouver « le caractère ultimement narratif de l'histoire », en commençant par scruter cette histoire qui prétendait un peu vite avoir renoncé au récit. Il ne peut donc repartir du partage initial d'Aristote qui, en excluant l'histoire de la *mimesis* et de la *poiesis,* tranchait trop brutalement la question. Et il se doit d'accorder à l'histoire autant de *poiesis* qu'il est possible, sans compromettre, pour autant, le « primat » de sa visée référentielle. C'est bien là tout l'enjeu du concept (« difficile ») de représentance qu'il s'est employé à cerner.

LA RHÉTORIQUE ET L'HISTOIRE APRÈS ARISTOTE

Avec Ginzburg, la *Rhétorique,* celle d'Aristote, a été réintroduite dans le jeu des réflexions sur l'histoire, mais en mettant l'accent sur ce qui, selon lui, en constitue le cœur : l'attention portée, à travers l'enthymème, à la preuve. À cette raison de repartir de la *Rhétorique,* s'en ajoute une autre, d'ordre plus général, dans la mesure où c'est là qu'Aristote distribue l'ensemble des discours en

---

[1]. Lucien, *Comment écrire l'histoire,* trad. française André Hurst, Paris, Les Belles Lettres, 2010, chap. 39 et 51.

trois genres, en vertu du fait qu'il « n'y a que trois sortes d'auditeurs ». L'auditeur est, ou bien un « spectateur », ou bien un « juge ». S'il est un juge, il se prononce, ou bien sur l'avenir (dans le cas où il est membre de l'assemblée), ou sur le passé (s'il est juge dans un procès) ; mais comme spectateur, il ne se prononce qu'au présent sur le talent de l'orateur. Le premier genre est le délibératif, le deuxième le judiciaire, et l'épidictique est le troisième. Dans ce partage qui va s'imposer, être repris à Rome et durer au-delà, on voit tout de suite que l'histoire, comme telle, n'a pas de place [1]. Elle n'a pas de lieu à elle. Aussi lui est-il même arrivé de se proposer, mais sans succès, comme quatrième genre [2]. Elle aurait aussi pu se réjouir d'échapper, du coup, à la mainmise de la rhétorique. De fait, nous venons de noter qu'Aristote la convoque au titre de fournisseuse d'exemples et de prémisses, mais c'est là un rôle bien limité et par trop ancillaire qui, de plus, relève de la politique et non de la rhétorique. Ensuite, Cicéron va adopter, dans ses traités sur l'art oratoire, une position, à première vue, paradoxale, en soutenant tout à la fois que l'histoire ne relève pas de la rhétorique et qu'il revient, plus qu'à quiconque, à l'orateur de l'écrire.

Comment concilier ces deux propositions ? L'histoire ne relève pas des luttes du *forum*. Or l'éloquence judiciaire est l'objet premier de la rhétorique. L'histoire n'est donc pas dans le périmètre direct de la rhétorique. C'est une affaire entendue. D'ailleurs, ainsi que le fait remarquer Antoine dans *De l'orateur*, les rhéteurs n'en ont jamais fait l'objet de préceptes spéciaux. Les règles, tout un chacun

---

1. Adriana Zangara, *Voir l'histoire, Théories anciennes du récit historique*, Paris, Vrin/EHESS, 2007, p. 137-151.
2. Laurent Pernot, *La Rhétorique de l'éloge dans le monde gréco-romain*, Paris, Institut d'études augustiniennes, 1993, p. 113.

les connaît, elles sont « sous les yeux » de qui veut : ne rien oser dire de faux, oser dire tout ce qui est vrai, éviter jusqu'au moindre soupçon de faveur ou de haine (2, 15, 62). En revanche, l'histoire, ainsi que les éloges, les discours d'apparat appartiennent, dit Cicéron dans *L'Orateur*, au genre qu'on nomme en grec « épidictique », « parce qu'il est fait en quelque sorte pour la montre et en vue de la délectation de l'auditoire [1] ». En réalité, il n'y a pas véritablement trois genres, mais plutôt deux plus un : d'un côté, le genre judiciaire et le genre délibératif (le *forum*), de l'autre l'épidictique qui rassemble tout le reste, et dont l'histoire, selon Antoine, a d'emblée constitué une part importante en Grèce [2]. Dans ce partage, l'histoire se retrouve tout entière du côté de l'*otium*, du loisir : Antoine en lit « pour le plaisir » *(delectationis causa)*.

Mais, dans la mesure où l'épidictique est le « berceau » *(nutrix)* de l'éloquence, ainsi qu'en témoignent les grands discours d'Isocrate, dans la mesure aussi où l'épidictique relève, malgré tout, de la rhétorique (comme troisième genre depuis Aristote), l'orateur veut affirmer son emprise sur l'épidictique, et donc sur l'histoire. Pour l'orateur, dans son acquisition de la maîtrise du dire, le genre épidictique peut jouer le même rôle que la palestre pour la préparation au combat. Or, l'on sait qu'avec la fin de la République et l'instauration du principat, les combats du *forum* ne vont cesser de perdre de leur substance, tandis que l'épidictique, lui, va prendre de plus en plus de place : jusqu'à devenir le milieu de naissance de la « littérature ». Aussi la

---

1. Cicéron, *L'Orateur*, 11, 37. Dernier des grands traités sur l'art oratoire, il a été rédigé neuf ans après le *De l'orateur*.
2. Au point que la digression sur l'histoire, dans le *De l'orateur*, 12, 51-62, est consacrée à l'historiographie grecque et tient lieu d'exposé sur le genre épidictique.

rhétorique va-t-elle se trouver tiraillée entre deux programmes : celui de sa défense comme combat (sur le *forum*), comme arme dans la sphère du *negotium*, ou celui de sa promotion comme théorie générale du style : du bien dire [1]. Face à l'expansion croissante de l'épidictique, qui risquait d'absorber l'histoire, en la réduisant à n'être guère plus qu'une forme plus ou moins travaillée du discours d'éloge, les historiens n'ont cessé de chercher à prendre leur distance, à installer des barrières, en plaidant la spécificité de leur démarche et l'utilité de leurs résultats.

Si l'on suit Aristote : exclue de la *mimesis*, cantonnée au particulier, l'histoire reconnue comme pratique d'enquête est à même d'apporter un complément ou un supplément d'expérience pour aider à prendre de bonnes décisions. C'est bien l'*historia*, au sens technique presque, d'Aristote. Si l'on suit Cicéron : exclue du *forum*, cantonnée à la sphère de l'*otium*, elle vaut d'abord pour le plaisir du style. Un siècle plus tard, Quintilien, qui reçoit de Vespasien la première chaire de rhétorique, réaffirme la traditionnelle distinction du *forum* et du reste. Puis, comme son sujet est la formation de l'orateur, il indique quel profit on peut attendre de la lecture des historiens. « L'histoire peut aussi [comme la poésie] procurer à l'orateur un certain suc abondant et agréable ; mais il faut la lire […], de façon que nous sachions que la plupart de ses qualités sont à éviter par l'orateur. En effet, très proche des poètes, elle est en quelque sorte un poème en prose et elle est écrite pour raconter *(ad narrandum)*, non pour prouver *(ad probandum)*, et, de plus, la totalité de l'œuvre est composée non pour accomplir une chose ou pour un

---

[1]. Adriana Zangara, *Voir l'histoire, op. cit.,* p. 144. Roland Barthes, « L'ancienne rhétorique. Aide-mémoire », *Communications*, n° 16, 1970, p. 182.

combat immédiat, mais pour rappeler les faits à la mémoire de la postérité et pour la renommée du talent [de l'historien] [1]. » Rien là de bien neuf, sauf cette façon de mettre les points sur les *i*. N'étant pas dans le combat, elle n'a ni à prouver *(probare)* ni à toucher *(movere)*. Ne la concernent, en effet, ni les preuves objectives, mobilisées dans ces parties de la plaidoirie que sont la *confirmatio* et la *refutatio,* ni les preuves subjectives, celles qui font appel au sentiment et à la passion, qu'on présente au moment de conclure *(peroratio).*

Mais on mesure l'écart considérable qui s'est creusé depuis la *Poétique,* quand on voit Quintilien la présenter comme une sorte de poème en prose, alors que, pour Aristote, Hérodote, même mis en vers, serait resté de l'histoire. Comment exprimer plus clairement que la *mimesis* propre à la poésie ne résidait pas dans la forme mais se logeait tout entière dans le *muthos,* l'intrigue, lui-même construit selon le possible et le nécessaire. Déjà, Denys d'Halicarnasse, homme de lettres du Ier siècle avant notre ère, indiquait tranquillement : « Je voudrais quant à moi qu'un traité historique, loin d'être sec, brut, trivial, ait un air poétique ; sans être d'un bout à l'autre poétique, qu'il sorte de temps à autre du style habituel ; il est désolant en effet d'éprouver de la satiété, même pour des choses très agréables ; c'est l'équilibre qui partout rend service [2]. » La poésie est désormais affaire de mètres et d'images et le moment aristotélicien de la poétique est déjà loin, au

---

1. Quintilien, *Institution oratoire,* 10, 31, trad. M. Casevitz. Il ajoute un peu plus loin, 10, 34 : « Il y a un autre avantage qu'on tire des histoires – et c'est à dire vrai le principal, mais il ne concerne pas la question présente –, il tient à la connaissance des faits et des exemples dont l'orateur doit principalement avoir été informé. »
2. Denys d'Halicarnasse, *Opuscules rhétoriques,* IV, Paris, Les Belles Lettres, 1991, *Thucydide,* 7, 51, 4.

point qu'il fait plutôt figure d'*hapax*. Autre est désormais le partage des genres, mais la question de la place de l'histoire n'en demeure pas moins posée, elle qui n'a jamais réussi à se faire reconnaître comme un genre à part entière. Du moins jusqu'à l'époque moderne : jusqu'à l'émergence du concept moderne d'Histoire.

Depuis Polybe au moins, une des manières pour les historiens de lutter contre l'emprise de l'épidictique a consisté à insister sur les qualités que requiert la pratique de l'histoire. Il faut être prêt à payer de sa personne, car elle exige « souffrance et dépense [1] ». Faire de l'histoire coûte, à tous les sens du mot : voyager, enquêter, visiter les champs de bataille, courir des risques, et engager des dépenses importantes. Il faut se donner de la peine *(ponos)*. Pour Polybe, le véritable historien n'est pas celui qui passe sa vie dans les bibliothèques, mais celui qui, tel Ulysse, va y voir. L'historien n'est pas un homme de lettres, mais de terrain. Quatre siècles plus tard, Lucien se croira obligé de répéter qu'existe une « muraille » entre l'histoire et l'éloge. Contrairement au genre épidictique qui recourt systématiquement à l'amplification, les historiens ont pour premier souci les faits *(erga)* qui, ou parlent d'eux-mêmes et n'ont pas besoin de discours *(logoi)* pour les célébrer, ou excèdent tout ce qu'on pourrait en dire. Ce qui, au fond, revient au même. C'est Thucydide qui, le premier, a engagé l'histoire dans cette voie, en critiquant les exagérations des poètes et des logographes et en la défendant comme discours simplement vrai. Et le très thucydidéen Lucien rappellera que la tâche de l'historien est de dire les choses « comme elles se sont passées ». De ces choses, il n'est pas l'auteur, le « poiète », écrit-il exactement, mais le simple « montreur [2] ».

---

1. Polybe, *Histoires,* 12, 27, 6.
2. Lucien, *Comment écrire l'histoire,* 39.

Malgré les dix-sept siècles qui les séparent, s'entend encore dans le fameux *motto* rankéen (« simplement montrer comment ça s'est passé ») un écho de la formule de Lucien. L'adversaire de Ranke n'est plus le discours d'éloge mais le roman historique. Il ne s'agit évidemment pas de prétendre que Ranke repartirait directement de Lucien et ne ferait que le gloser, mais de suggérer seulement que, pendant très longtemps, la grande affaire de l'histoire aura été de se positionner par rapport à ce genre en expansion continue qu'a été l'épidictique : à la fois dehors et dedans, et à la recherche d'une rhétorique non rhétorique pour dire « comment ça s'est fait » *(hôs eprachthe)* [1]. Bref, d'une rhétorique qui se présente comme son refus. Ranke récuse autant l'histoire qui juge que celle qui prétend donner des leçons. Dans cette veine, on aboutira aux maigres considérations sur le style, telles que développées par les historiens méthodiques, comme Langlois et Seignobos, qui invitaient l'historien à faire la chasse aux métaphores et à écrire sans jamais « s'endimancher [2] ».

Mais la rupture entre l'épidictique et l'histoire s'était produite sensiblement plus tôt, quand, à la fin du XVIIIe siècle, s'était opérée une jonction entre l'histoire antiquaire et l'histoire philosophique. Ce fut la contribution, décisive selon Arnaldo Momigliano, d'Edward Gibbon dans son *Déclin et chute de l'Empire romain*[3]. L'histoire avança hardiment, en combinant souci des sources et recours à la méthode de la philologie, avant de se vouloir de plus en plus une science, à l'instar des

---

1. Lucien, *ibid.*, 39.
2. F. Hartog, *Le XIXe siècle et l'histoire. Le cas Fustel de Coulanges*, *op. cit.*, p. 159.
3. Arnaldo Momigliano, *Problèmes d'historiographie ancienne et moderne,* trad. française, Paris, Gallimard, 1983, p. 334.

sciences de la nature, et en quête de lois : lois économiques, lois de l'évolution, lois de l'Histoire elle-même. Puis, quand, dans les années 1930, on commença à murmurer contre les illusions de cette histoire science, qui, pour un observateur comme Paul Valéry, n'était, au fond, que de la littérature qui s'ignorait, certains, tel Lucien Febvre, appelèrent à un *aggiornamento* scientifique. Ce qu'il fallait n'était pas moins de science mais plus, et surtout une science vivante, et non pas périmée. Celle d'Einstein plutôt que celle de Claude Bernard, souligna-t-il alors : non plus la méthode expérimentale, mais le drame de la relativité, qui réintroduisait l'historien dans l'histoire [1]. De son côté, Valéry diagnostiquait que l'histoire, à la différence des sciences, n'était pas (encore) entrée dans l'âge des « conventions nettes [2] » : elle demeurait une forme (naïve) de la littérature.

D'autres, en consonance avec les grandes interrogations sur le langage évoquées à l'ouverture de ce chapitre, vont, vers la fin des années 1960, rouvrir le dossier de la rhétorique, mais justement pas celle d'Aristote revue par Cicéron. La rhétorique qu'ils revendiquent est d'abord dans le *poiein,* elle est force créatrice du langage, et n'est pas réduite au registre du dire, du bien dire, du persuasif ou même de la preuve. Pour Hayden White, sa généalogie est à chercher du côté de Vico. La notion de « mise en intrigue » *(emplotment),* au cœur de la thèse de sa *Metahistory,* proposait une poétique de l'historiographie [3]. Mais de

---

1. Lucien Febvre, *Combats pour l'histoire,* Paris, Armand Colin, 1992, p. 26-29.
2. Paul Valéry, *Regards sur le monde actuel, op. cit.*, p. 12.
3. Hayden White, *Metahistory. The historical Imagination in Nineteenth-Century Europe,* Baltimore, The Johns Hopkins University Press, 1973 et *supra* p. 26, 113.

« l'intrigue » *(muthos)* d'Aristote à la « mise en intrigue » *(emplotment)* et aux « tropes » *(troping)* de White, on glisse du contenu à la forme ou, plus exactement, la forme emporte inévitablement avec elle un certain contenu : ce que White a nommé « le contenu de la forme [1] ». Puisque le recours par l'historien à tel ou tel trope préfigure un récit possible. Mais, du même coup, la *poiesis* se loge dans la rhétorique ou la rhétorique devient proprement *poiesis*. Et ainsi, en conjoignant (sans même toujours le savoir clairement) ce que le vieil Aristote avait nettement disjoint, on ouvrait un nouveau champ qui, pendant quelque temps, parut sans limites. Mais, bientôt, mises en garde, objections et mises en question se multiplièrent, il arriva même au débat d'être très sérieux (comme lors du colloque organisé par Saul Friedländer), et l'on passa à autre chose.

---

[1]. C'est le titre d'un autre livre de Hayden White, *The Content of the Form, Narrative Discourse and Historical Representation*, Baltimore, The Johns Hopkins University Press, 1987.

INTERMÈDE

Sur trois allégories de l'Histoire [1]

---

[1]. Les trois allégories dont il est question dans cet intermède sont reproduites dans le cahier photos au centre du livre.

CLIO ET LA GLOIRE DE NAPOLÉON

Un tableau, un parmi tant d'autres, peint à la gloire de Napoléon, montre bien l'emprise nouvelle de l'Histoire. Assez peu connu, je crois, il a été exécuté par Alexandre Veron-Bellecourt, un peintre académique, qui a peint plusieurs scènes de la geste impériale. Son absence même d'originalité le rend intéressant ici. Déployant les procédés de l'allégorie, le tableau a pour titre : « *Clio* montre aux nations les faits mémorables de son règne » ; il fut présenté au Salon de 1806[1]. On y voit *Clio*, indiquant du doigt ce qu'elle vient d'inscrire sur une grande stèle, à savoir les hauts faits de Napoléon, ses victoires, à un groupe d'hommes en costumes plus ou moins exotiques, Indiens d'Amérique, Orientaux, Chinois, qui sont réunis là comme autant d'élèves devant un tableau noir. À l'arrière-plan, le Louvre. Napoléon est présent, sous la forme de son buste en empereur romain, avec l'inscription « *Veni, vidi, vici* », qui l'identifie comme un nouveau César. Classique, la mise en scène obéit encore aux canons de

---

1. Ce tableau, de bonnes dimensions (3,380 m x 2,750 m), est conservé au Louvre.

l'*historia magistra vitae*, et met en avant l'exemplarité du grand homme à la manière de Plutarque.

Mais il y a quelque chose de plus : Napoléon n'est pas seulement un héros à l'antique, il est aussi une incarnation de l'Histoire, il est cette force qui va, dont les effets se font sentir jusqu'au bout du monde. Celui en qui Hegel a cru reconnaître l'Esprit du monde, alors qu'il traversait Iéna à cheval. Dans ses *Mémoires d'outre-tombe*, Chateaubriand disait de lui que, pendant seize ans, il avait été le Destin, et un Destin jamais en repos, sans cesse à courir pour remodeler l'Europe. Il était « ce conquérant qui enjambait la terre[1] ». En lui, deviennent manifestes deux traits de l'Histoire moderne : son emprise sur le sort des pays et des hommes et sa vitesse d'exécution, elle ne demeure jamais en repos. Napoléon surgit, alors qu'on l'attend ailleurs ou plus tard.

Ces années sont celles d'un sentiment, largement partagé, d'une accélération de l'Histoire. Sous l'effet d'un temps, devenu acteur et processus, s'opère une synchronisation du monde : jusqu'en Chine. Ce que *traduit*, par la composition de son tableau, Veron-Bellecourt. Le régime moderne d'historicité galope. Pour s'écrire, l'Histoire passe des synchronismes (indispensables pour établir de l'avant et de l'après) à la synchronisation, qui établit, selon une échelle du temps, du « plus tôt que », du « plus tard que », de l'avance et du retard, et circonscrit de l'anachronique. Le conquérant est aussi le grand synchronisateur. Ses rapides chevauchées à travers l'Europe, avec ses trains d'artillerie et le Code civil dans ses bagages, expriment aussi un heurt des temporalités.

---

1. Chateaubriand, *Mémoires d'outre-tombe*, édition critique de Jean-Claude Berchet, 2e éd. revue et corrigée, Paris, Le livre de poche/Classiques Garnier, 2003-2004, vol. I, p. 1219, 1131.

Veron Bellecourt, *Allégorie à la gloire de Napoléon Ier*.
Clio montre aux nations les faits mémorables de son règne,
huile sur toile, XIXe siècle.

© RMN-Grand Palais (Musée du Louvre) / René-Gabriel Ojéda

Anselm Kiefer, *L'Ange de l'Histoire (Pavot et Mémoire)*, 1989, 2,5 x 6,3 x 6,5 m. Plomb, verre et pavot.
© Anselm Kiefer

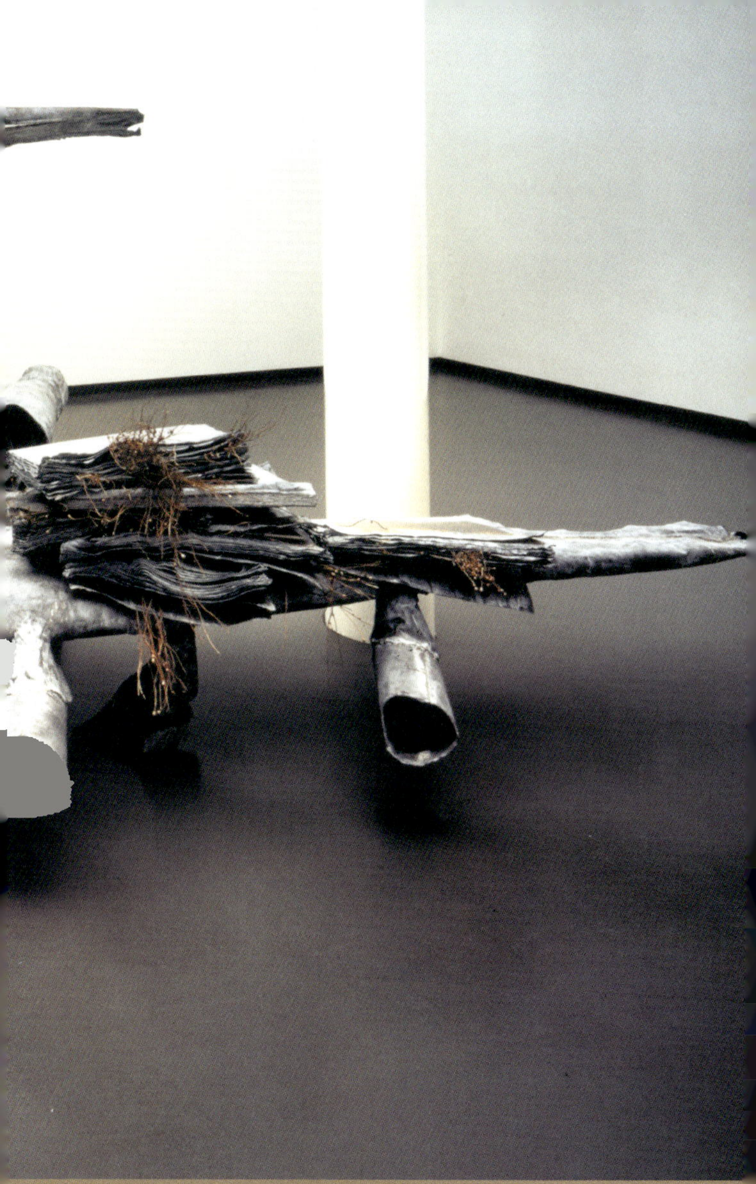

Paul Klee, *Angelus Novus*, 1920, encre de Chine, craie de couleur et lavis brun sur papier. The Israel Museum, Jérusalem.

© The Israel Museum, Jerusalem, Israel / Carole and Ronald Lauder, New York / Bridgeman Images

L'ANGE DE L'HISTOIRE

En regard de ce premier tableau, plaçons l'aquarelle peinte en 1920 par Paul Klee et intitulée *Angelus Novus*. Walter Benjamin, comme on le sait, voulut y voir l'Ange de l'histoire. De ce tableau, dont il avait fait l'acquisition en 1921, il ne se sépara plus. Il l'avait encore avec lui lors de son exil en France. La toile revint à son ami Gershom Scholem, qui la conserva chez lui à Jérusalem. Elle se trouve désormais au musée de Jérusalem. Avec cet ange-là, on passe du génie conquérant au regard d'aigle à l'ange impuissant, contemplant l'accumulation des ruines. On n'est pas dans le régime de l'*historia magistra*, mais pas non plus dans celui du régime moderne, celui de l'histoire qui va incessamment de l'avant. Plus exactement, on en voit les effets destructeurs.

Fasciné par cette figure, Benjamin a écrit ces quelques lignes, si souvent reprises désormais, qui forment la neuvième de ses thèses, *Sur le concept d'histoire*. Pour lui, le tableau « représente un ange qui semble être en train de s'éloigner de quelque chose auquel son regard reste rivé. Ses yeux sont écarquillés, sa bouche ouverte, ses ailes déployées. Tel est l'aspect que doit avoir nécessairement l'ange de l'histoire. Il a le visage tourné vers le passé. Où se présente à nous une chaîne d'événements, il ne voit qu'une seule et unique catastrophe, qui ne cesse d'amonceler ruines sur ruines et le jette à ses pieds. Il voudrait bien s'attarder, réveiller les morts et rassembler ce qui fut brisé. Mais du paradis souffle une tempête qui s'est prise dans ses ailes, si forte que l'ange ne les peut plus renfermer. Cette tempête le pousse irrésistiblement vers l'avenir auquel il tourne le dos, cependant que jusqu'au ciel devant lui s'accumulent les ruines. Cette tempête est ce que nous appelons le progrès[1]. » Là où nous voulons percevoir une chaîne d'événements, un temps linéaire et une suite de causes et d'effets, l'ange a cette vision synoptique, détachée, qui lui permet de percevoir une catastrophe unique. Emporté par le vent du progrès, il ne peut accomplir les rites funéraires appropriés et ouvrir l'ère messianique de la future société sans classes.

Nous sommes au début de 1940 : après le pacte germano-soviétique et le déferlement des troupes allemandes. Peu après, alors qu'il tente d'échapper à la police de Vichy et à la Gestapo, Benjamin, en fuite, va se donner la mort à la frontière espagnole. Publiées une première fois, dans *Les Temps modernes,* en 1947, et en Allemagne, en 1950, par les soins d'Adorno, les brèves thèses de Benjamin passèrent d'abord inaperçues. C'est seulement dans les années 1960 et après, que l'ange devint une figure familière de la mise en question de l'Histoire et les *Thèses* un point de passage obligé. Plus le futurisme du régime moderne d'historicité s'effilochait, plus Benjamin devenait une ressource pour comprendre ce qui s'était passé, voire un prophète pour inspirer ce qu'il fallait faire. Ses thèses aphoristiques brillaient, un peu énigmatiquement, comme un manifeste pour une autre histoire, portée par un autre concept d'histoire, c'est-à-dire un autre temps où présent, passé et futur se conjoindraient autrement pour ouvrir un nouveau temps messianique et « dénouer » les apories du présent[2].

---

1. Walter Benjamin, « Sur le concept d'histoire », édition de Michael Löwy, *Avertissement d'incendie, Une lecture des thèses « Sur le concept d'histoire »,* Paris, PUF, 2001, p. 71-77. Je suis le commentaire de M. Löwy. Gershom Scholem, *Benjamin et son ange,* traduit et préfacé par Philippe Ivernel, Paris, Rivages, 1995.
2. Stéphane Mosès, *L'Ange de l'Histoire, Rosenzweig, Benjamin, Scholem,* Paris, Le Seuil, 1992, p. 171-181.

À la fin de *La Mémoire, l'histoire, l'oubli*, Paul Ricœur a repris, à son tour, l'image, mais avec un commentaire, qui en déplace le sens. « Quelle est pour nous, se demande-t-il, cette tempête qui paralyse à ce point l'ange de l'histoire ? N'est-ce pas, sous la figure aujourd'hui contestée du progrès, l'histoire que les hommes font et qui s'abat sur l'histoire que les historiens écrivent ? Mais alors ce n'est plus de ces derniers que dépend le sens présumé de l'histoire, mais du citoyen qui donne suite aux événements du passé. Demeure, pour l'historien de métier, en deçà de cet horizon de fuite, l'inquiétante étrangeté de l'histoire, l'interminable compétition entre le vœu de fidélité de la mémoire et la recherche de la vérité de l'histoire[1]. » Je le dirai d'une autre façon encore : quand la figure du progrès n'était pas contestée, l'histoire qu'écrivaient les historiens éclairait l'histoire que les hommes faisaient, en donnant à voir celle qu'ils avaient faite. Désormais ou pour l'heure, c'en est fini de ce régime historiographique. Si l'Histoire, le concept moderne d'histoire, sur lequel l'Europe a vécu deux siècles, est toujours là, familier encore, il a perdu de son évidence et de l'efficace que naguère encore on s'accordait à lui reconnaître (avant que ne s'impose la mémoire). Pris dans les rets d'un présent présentiste, il peine à reconnaître le cours nouveau du monde : sa familiarité se charge d'étrangeté. Oui, étrange familiarité de l'histoire.

---

1. P. Ricœur, *La Mémoire, l'histoire, l'oubli, op. cit.*, p. 650.

PAVOT ET MÉMOIRE

C'est aussi celle d'un « ange de l'Histoire », mais, cette fois, sans visage. Celui créé par Anselm Kiefer, en 1989 [1]. Nommée *Pavot et mémoire* et *Ange de l'Histoire*, cette sculpture fait référence, en particulier, à Paul Celan et à Benjamin. D'ange il n'est plus question que sous la forme d'un lourd bombardier, en plomb, matériau abondamment utilisé par Kiefer (du plomb provenant du toit de la cathédrale de Cologne, dont il s'était procuré une grande quantité). De grande taille, l'avion, carlingue et ailes froissées, semble plutôt exhumé d'une fouille archéologique que prêt à prendre son envol. L'histoire dont il était le porteur, celle de morts et de destructions, a eu lieu. Sur les ailes, à gauche et à droite, sont disposés d'épais livres, également en plomb, d'où émergent des fleurs de pavot. D'où le titre de l'œuvre qui renvoie au recueil de Paul Celan, *Pavot et mémoire,* publié en 1952, où il s'agit, à propos de la Shoah, de mémoire et d'oubli. Le pavot, a indiqué Celan, « implique l'oubli ». Sa fleur, qui tout à la fois apporte l'oubli et empêche la mémoire, provoque, au total, un oubli impossible à oublier. Sur le nez de l'avion, Kiefer a porté une inscription en polonais, sorte de dicton, disant : « silencieux comme ensemencé de pavot [2] ».

---

1. Daniel Arasse, *Anselm Kiefer,* Paris, Éditions du Regard, 2001, p. 216-217 ; Anselm Kiefer, Daniel Arasse, *Rencontres pour mémoire,* Paris, éditions du Regard, 2010. Kobi Ben-Meir, *Dialectics of Redemption, Anselm Kiefer's The Angel of History : Poppy and Memory,* Working Paper 68 (2009), Center for Germanic Studies, The Hebrew University of Jerusalem. Kiefer a offert cet Ange au musée de Jérusalem en 1990.
2. Je remercie vivement Bogumil Jewsiewicki pour sa traduction et les précisions qu'il m'a fournies. « L'expression vient probablement, écrit-il, de la vieille pratique paysanne de donner à sucer aux petits enfants des bouts de tissu remplis d'une sorte de pâte de pavot écrasé

Sans entrer ni dans l'exégèse de la poésie de Celan ni dans celle des usages qu'en a fait Kiefer, retenons seulement l'image d'une histoire figée : l'ange ne reprendra plus son vol. Le temps est arrêté et flotte un silence de mort. Le spectateur est confronté à un passé qui ne passe pas ou à un présent sans date, avec lequel n'a pu s'instaurer qu'un rapport où mémoire et oubli se mêlent ou, plutôt, s'entrechoquent et dont le silence, avec ses multiples valences, a, de fait, été, l'expression majeure. Né en 1945, Kiefer a dit à propos de lui-même : « I need to know where I came out of. There was a tension between the immense things that happened and the immense forgetfulness. I think it was my duty to show what is and what isn't [1]. » Orgueilleux vecteur des avancées de la technique, l'avion, cloué au sol, est lui-même un témoignage en ruines. Désormais, il appartient aux ruines qu'il a fait surgir, tandis que nous, nous n'en avons pas encore fini avec le silence qui s'était installé alors.

---

un peu sucrée. Légèrement drogués ainsi, les enfants ne pleuraient pas. Somnolents, ils étaient silencieux. Déjà avant la Seconde Guerre mondiale, les médecins essayaient de la combattre puisqu'ils considéraient que l'usage abusif de ce "tranquillisant" était responsable du sous-développement intellectuel de nombreux enfants des milieux pauvres. »
1. Steven Henry Madoff, « Anselm Kiefer : A Call to Memory », *Art News,* 86/8 (1987), p. 127.

Chapitre 3

Du côté des écrivains : les temps du roman

La croyance en l'histoire et la croyance en la littérature ont grandi de pair. L'histoire moderne et la littérature moderne, sous la forme du roman, triomphent ensemble. Au point de faire oublier que l'histoire du roman a commencé bien plus tôt, tout comme celle de l'histoire, d'ailleurs, qui débuta bien avant la formulation du concept moderne d'histoire. Dire le monde pour les grands romanciers du XIXe siècle, en percevoir le caractère inédit, c'est justement donner à lire un monde saisi par l'histoire, traversé, pétri par elle. À commencer par une Europe bouleversée par les années de la Révolution et de l'Empire. Le XIXe siècle, siècle de l'histoire comme du roman, a ainsi vu s'imposer cette double évidence : celle de l'histoire, conçue comme processus, portée par un temps acteur, et se vivant sur le mode de l'accélération ; celle du roman, appelé à dire ce monde nouveau. Il y a donc deux « côtés » : celui, d'une part, des historiens et de l'histoire devenant discipline ; celui, d'autre part, des écrivains et du roman s'imposant comme le genre majeur. Reconnu depuis longtemps et largement exploré par la critique littéraire, le côté des écrivains va, pour prendre deux repères commodes, de Balzac à Sartre.

Mais une telle évidence ne s'est pas imposée en un jour. Entre la Révolution et la Restauration, on peut en suivre le cheminement. À plusieurs reprises encore, Chateaubriand a tenté la voie de l'épopée ; Balzac n'a définitivement saisi son sujet que le jour où il a reconnu qu'il devait écrire une histoire de la société française. Walter Scott a pu être invoqué tant par Balzac que par Augustin Thierry, qui a également reconnu une dette à l'égard des *Martyrs* de Chateaubriand, alors que, pour Ranke, Walter Scott représentait ce qu'il ne fallait surtout pas faire. En somme, au cours de cette période, croyance en l'Histoire et croyance en la littérature (notamment sous la forme du roman), ont avancé de concert tandis que s'imposait une nouvelle histoire, portée par un temps progressif.

Attentif aux rapports du roman et de l'Histoire, Milan Kundera souligne que le romancier n'est pas « le valet des historiens [1] ». Ne serait-ce pas, d'ailleurs, se faire le valet d'un valet, puisque l'historien a longtemps marché lui-même sur les talons du prince ou du politique, du philosophe, voire du poète ? Que l'on pense à Hérodote face à Homère ou aux discussions, déjà plus boutiquières, sur poésie et histoire, rencontrées au chapitre II. De plus, l'écrivain, celui du moins qui se donne pour tâche de dire le monde, s'il marche, c'est en tête. Et il ne s'agit pas là d'avant-garde, mais de ceci seulement : l'historien vient après, pas seulement chronologiquement, mais cognitivement. Cela est vrai de tous les praticiens des sciences humaines et sociales, dont on attend qu'ils réunissent, autant que faire se peut, des preuves de ce qu'ils avancent. Ils sont inévitablement comme la chouette de Minerve, qui prend son vol à la tombée du jour : la démarche

---

1. Milan Kundera, *L'Art du roman, Œuvre II*, Paris, Gallimard, « Bibliothèque de la Pléiade », 2011, p. 990.

réflexive circonscrit leur domaine. Alors que l'écrivain peut s'en affranchir pour saisir ce qui n'a pas encore de mots pour se dire et que, livre après livre, il va tenter d'approcher avec ses mots à lui. C'est ce qu'on peut appeler travailler sans filet.

Régime moderne d'historicité et roman marchent-ils, pour autant, main dans la main ? Oui et non : c'est ce que nous nous efforcerons de comprendre dans ce chapitre. Oui, car tout commence par cette expérience irréfutable et commune des sociétés européennes saisies par un temps nouveau. Non, car la littérature va s'attacher de préférence aux failles du régime moderne, à saisir ses ratés, à appréhender l'hétérogénéité des temporalités à l'œuvre pour en faire un ressort dramatique et l'occasion d'un questionnement de l'ordre du monde. Cela, alors qu'en France l'histoire des années 1820, celle des doctrinaires et des libéraux, va être davantage tournée vers et portée par une téléologie du progrès, dont l'incarnation politique est la nation. Selon Milan Kundera, « le temps de Balzac ne connaît plus l'oisiveté heureuse de Cervantès ou de Diderot. Il est embarqué dans le train qu'on appelle Histoire. Il est facile d'y monter, difficile d'en descendre [1] ». L'écriture balzacienne part justement de cette expérience de l'accélération de l'Histoire : « Jadis son allure lente la rendait quasi invisible, puis elle accéléra le pas et subitement tout est en train de changer autour des hommes pendant leur vie [2]. » Après Balzac, son pas s'accéléra encore et nous verrons comment Chateaubriand, Tolstoï, puis Musil et Sartre embarquèrent sur le train de l'Histoire, ou plutôt comment ils cherchèrent, tour à tour, à y monter et à en

---

1. *Ibid.*, p. 643. Voir *Balzac dans l'Histoire*, études réunies et présentées par Nicole Mozet et Paule Petitier, Paris, SEDES, 2001.
2. M. Kundera, *Les Testaments trahis, op. cit.,* p. 852, 953.

descendre. Puis trois romanciers contemporains, W.G. Sebald, Olivier Rolin et Cormac McCarthy nous aideront à cerner ce qu'il en est des deux côtés de la littérature et de l'histoire aujourd'hui.

L'HISTORIEN DES MŒURS

En découle pour l'auteur de *La Comédie humaine* une double tâche : retracer, en premier lieu, les trajectoires accélérées ou brisées de personnages qui montent très haut ou tombent tout en bas, qui apparaissent soudainement sur la scène mondaine pour en disparaître tout aussi rapidement. Les parvenus – les Hulot, Camusot, Popinot, Nucingen –, les grandes dames qui sont au zénith disparaissent puis renaissent, telle la duchesse de Maufrigneuse, reparaissant après 1830 en princesse de Cadignan. Il y a aussi les anachroniques : ceux qui s'obstinent, malgré tout, à demeurer les mêmes et qui ont, pourtant, reculé de plusieurs siècles en quelques années, tel le marquis d'Esgrignon dans *Le Cabinet des Antiques*. À la fois pitoyables et ridicules, ces derniers forcent néanmoins le respect.

Être attentif, en second lieu, à « l'arrière-plan », qu'il faut saisir, car il ne va pas durer non plus. On entre, note encore Kundera, dans « l'époque des descriptions ». Il y a, par exemple, ces salons de province, qui sont des survivances élimées et plus ou moins rafistolées, reconstituées d'un temps révolu. Des intérieurs, des maisons, des rues, des manières d'être, de parler, de s'habiller figurent comme des traces désuètes, qui vont bientôt s'effacer. Ce sont autant d'anachronismes, sur lesquels s'arrête longuement le romancier, friand de cette juxtaposition ou de cet enchevêtrement de temporalités différentes. Au contraire de l'historien : plus le siècle avancera, plus fermement ce dernier inscrira au fronton de son temple : « L'anachronisme, voilà le péché. » Travaillée par l'histoire, la société balzacienne est toute traversée de temps désaccordés qui se frottent et se heurtent, parfois tragiquement. Face aux survivances, il y a les nouveautés, le goût du jour, les tourbillons de la mode, les fortunes qui se font et se défont.

Le temps de *La Comédie humaine* n'est pas linéaire mais fragmenté en épisodes, discontinu. On monte et on descend du train, et le voyageur se fait observateur du simultané du non-simultané, de ces temporalités désaccordées, de ces personnages qui partagent les mêmes espaces mais ne vivent pas dans le même temps. Se présentant, dans l'Avant-propos de 1842, comme « le conteur des drames de la vie intime » et « l'archéologue du mobilier social », Balzac voulait écrire cette histoire des mœurs que les historiens n'ont jamais su concevoir, eux qui s'en tiennent à de « sèches et rebutantes nomenclatures de faits ». « Ainsi dépeinte, la société devait porter avec elle la raison de son mouvement. » Vient enfin la phrase, toujours citée : « La Société française allait être l'historien. Je ne devais être que le secrétaire [1] », que l'on pourrait gloser ainsi : je ne suis pas le scribe de la Fortune, comme Polybe voulait l'être, mais celui de la Société ; c'est elle qui parle, et elle est le réel. Historien des mœurs et du présent, voilà le titre que je revendique.

Le Colonel Chabert pousse au plus loin le conflit des temporalités, quand le personnage éponyme annonce à l'avoué Derville, qui le reçoit enfin : je suis le colonel Chabert, « celui qui est mort à Eylau [2] ». Il est devenu un

---

1. Balzac, *La Comédie humaine,* Paris, Gallimard, « Bibliothèque de la Pléiade », I, 1951, *Avant-propos*, p. 7.
2. Balzac, *Le Colonel Chabert, op. cit.,* II, 1952, p. 1097. Publié d'abord en 1832, Balzac le révisa en 1835 et 1844. Voir Joëlle Gleize, « Re-construire l'histoire : le Colonel Chabert », dans *Balzac dans l'Histoire, op. cit.,* p. 223-235.

anachronisme vivant, survivant, un revenant, une butte-témoin. Il ne devrait pas être là, il n'aurait pas dû revenir, car, ainsi qu'il le découvre, il n'y a plus de place pour lui dans la société de la Restauration. Entre 1807 et 1818, date de sa réapparition, le monde a changé du tout au tout. La trajectoire de sa vie le mène de l'anonymat du début à celui de la fin : de l'hôpital qui l'a vu naître à l'hospice de Bicêtre, où il n'est plus que Hyacinthe. Entre les deux, il connaît une ascension rapide – le nom, le titre, le grade, l'argent – puis, tandis que s'éteint le soleil napoléonien, il perd tout, jusqu'à son nom ; alors que sa femme, Rosine, partie, elle aussi, du plus bas, est passée du « Palais-Royal » au Faubourg-Saint-Germain. Elle n'avait qu'un prénom, elle gagne un premier nom, puis un second, celui de comtesse Ferraud, qui, de nouveau, a cours et est promis à être de mieux en mieux en cour. Aussi ne peut-elle admettre ce surgissement de son passé dans son présent, de surcroît ouvert sur des espérances plus grandes encore. Quand le malheureux Chabert en prend pleinement conscience, il ne peut que constater : « J'ai été enterré sous des morts, mais maintenant je suis enterré sous des vivants [...], sous la société tout entière qui veut me faire rentrer sous terre [1]. » Vient, enfin, après une dernière scène qui lui ôte ses ultimes doutes sur les sentiments réels de sa femme à son égard, sa résolution finale de « rester mort [2] ». Porté par l'Histoire, le colonel, baron d'Empire, est aussi détruit par elle. Elle l'a pris et abandonné. À lui, il n'est pas donné de rembarquer dans le train du temps.

Avec *Le Cabinet des Antiques,* publié en 1839, Balzac joue également du décalage des temps et des effets du

---

1. *Ibid.,* p. 1103.
2. *Ibid.,* p. 1139.

simultané du non-simultané. Mais il remonte plus haut encore dans le temps, en mettant face à face des débris de l'Ancien Régime et des parvenus de la nouvelle société. La scène se passe « dans une des moins importantes Préfectures de France », dans l'hôtel d'Esgrignon, où se réunissent quelques rares survivants de cette « vraie noblesse de province », qui n'a jamais compris que la féodalité n'avait plus cours depuis longtemps. D'où le « sobriquet » de Cabinet des Antiques donné à « ce petit faubourg Saint-Germain de province » par ceux qui en étaient exclus [1]. On s'en moque d'autant plus qu'on aimerait bien y être admis ! Mademoiselle d'Esgrignon, la fille du vieux marquis, apparaît à Émile Blondet, dont Balzac a fait le narrateur de l'histoire, comme « le génie de la féodalité [2] ».

Le drame va se nouer autour du jeune comte, le fils du marquis, qui est élevé en déphasage complet par rapport au monde parisien où il ambitionne de briller au plus vite. On lui a inculqué « le dogme de sa suprématie ». Hors le roi, tous les seigneurs sont ses égaux, et en dessous de la noblesse, il n'y a que des descendants de Gaulois vaincus, lui a-t-on répété [3]. Balzac n'hésite pas à rejouer les Francs contre les Gaulois. Comme le déclare la duchesse de Maufrigneuse, lors d'une brève apparition chez les d'Esgrignon à la fin du roman : « Vous êtes donc fous, ici ? Vous voulez rester au quinzième siècle quand nous sommes au dix-neuvième ? [...] Il n'y a plus de noblesse, il n'y a plus que de l'aristocratie [4]. » Le roman s'achève en 1830. Quand Charles X part pour l'exil, le marquis va à sa rencontre et se joint quelques instants au « cortège de la monarchie

---

1. Balzac, *Le Cabinet des Antiques, op. cit.,* IV, 1952, p. 343.
2. *Ibid.,* p. 342.
3. *Ibid.,* p. 354.
4. *Ibid.,* p. 459.

vaincue ». Il meurt peu après. « Les Gaulois triomphent » fut son dernier mot. Quant à Mademoiselle d'Esgrignon, elle apparut à Blondet, la rencontrant en ville peu après, « comme Marius sur les ruines de Carthage[1] ».

Pour sa part, Balzac, qui reconnaît la puissance de l'Histoire moderne, se voit, après 1830, comme un incroyant : « Je ne partage point la croyance à un progrès indéfini, quant aux Sociétés », c'est pourquoi « j'écris à la lueur de deux Vérités éternelles : la Religion et la Monarchie[2] ». De ce double mouvement de reconnaissance et de refus surgit son attention aux discordances des temps, aux écarts, aux dyschronies, bref au simultané du non-simultané. Puissant ressort comique ou tragique, c'est selon, de *La Comédie humaine*.

LE NAGEUR ENTRE DEUX RIVES

Avant Balzac, il y eut Chateaubriand. Ce truisme veut simplement rappeler qu'une première rencontre littéraire avec l'Histoire est intervenue avec Chateaubriand. Né en 1799, Balzac vient après la Révolution, alors que, né en 1768, Chateaubriand a vingt ans en 1789 : ayant traversé, il peut témoigner (selon l'étymologie du mot latin *superstes*, qui, rappelons-le, signifie « témoin »). Balzac fait partie des jeunes gens à qui voulait justement s'adresser Chateaubriand dans la préface générale de ses *Œuvres complètes* : « Vingt-cinq années se sont écoulées depuis le commencement du siècle [...], les hommes de vingt-cinq ans qui vont prendre nos places [...] ne sont point sortis des entrailles de l'ancienne monarchie[3]. » Peut-être,

---

1. *Ibid.*, p. 463.
2. Balzac, *La Comédie humaine, op. cit.*, I, p. 9.
3. Chateaubriand, *Mémoires d'outre-tombe, op. cit.*, vol. II, p. 1535.

quand on s'interroge sur les rapports entre littérature et histoire, ne pense-t-on pas immédiatement à Chateaubriand, car il n'a ni emprunté ni illustré la grande voie du roman. Par contre, il s'est longtemps vu en historien, avant de renoncer à l'être. Le choix des lettres fit de ce cadet breton, vaincu de la Révolution, un écrivain plutôt qu'un marin, soit un homme qui allait vivre de sa plume, et elle ne lui laissa d'autre choix que d'inventer une forme inédite d'écriture pour consigner ce qui s'était d'abord intitulé *Mémoires de ma vie*. En 1811, il veut encore mener à bien deux projets : une histoire de la France et ses *Mémoires*. Mais un tel choix impliquait l'abandon préalable de la « littérature » : « Il faut quitter la lyre avec la jeunesse », avoue-t-il dans une lettre. L'échec des *Martyrs*, qu'il avait conçu comme une grande épopée moderne, a achevé de le convaincre que le genre épique n'était plus possible. C'est l'*Histoire* qui doit venir couronner ses *Œuvres complètes*. Avec les *Mémoires*, il veut rendre compte de soi à soi-même. Mais l'*Histoire de France* ne verra finalement pas le jour et les *Mémoires de ma vie* deviendront, après 1830, *Mémoires d'outre-tombe*[1].

Pour Chateaubriand, la rencontre avec l'Histoire a été si bouleversante qu'il a commencé par la fuir ! D'où l'épisode de son voyage en Amérique, et de sa quête du Sauvage. Mais elle ne tarde pas à s'imposer, quand exilé à Londres, il se lance dans son premier livre, l'*Essai historique sur les révolutions anciennes et modernes*. Pour comprendre ce qui est en cours. Il croit alors encore au parallèle et au grand modèle de l'*historia magistra vitae* : le précédent éclaire. Le livre demeurera, toutefois, inachevé. C'est encore cette grande référence classique

---

1. *Ibid.*, préface de J.-C. Berchet, p. XXI, ainsi que J.-C. Berchet, *Chateaubriand*, Paris, Gallimard, 2012, p. 528-531.

qu'il convoque, en 1807, juste après l'assassinat du duc d'Enghien, dans un article paru au *Mercure* : « L'historien paraît chargé de la vengeance des peuples. C'est en vain que Néron prospère, Tacite est déjà né dans l'Empire [1]. » Au demeurant, l'historien prend date : pour la postérité, pour l'avenir. Déjà, l'historien de Lucien de Samosate devait écrire pour l'avenir, mais sans le dire ouvertement [2]. Mais quand Chateaubriand reprend ce texte dans les *Mémoires*, Napoléon est mort, et « Tacite » a une tête chenue.

Avec les quatre volumes de ses *Études historiques*, publiés en 1831, il met un point final à sa carrière d'historien. Rédigés dans la presse lors que s'effondre la Restauration, il se sent plus que jamais décalé ou « mal placé » : « On bannit les Capets, et je publie une histoire dont les Capets occupent huit siècles [3]. » Dans la préface, il récapitule, sur un mode plus assuré et distancié, ces bouleversements et cette empoignade du siècle par l'Histoire, et il entérine également le fait qu'il ne sera pas le grand historien qu'il avait imaginé être. Ce long texte est un adieu à l'histoire, doublé d'un ample panorama historiographique, le premier du genre : « Les temps où nous vivons sont si fort des temps historiques qu'ils impriment leur sceau sur tous les genres de travail [...] Tout prend aujourd'hui la forme de l'histoire, polémique, théâtre, roman, poésie. » Quant à l'histoire proprement dite, il convient de l'écrire autrement : « Une grande révolution est accomplie, une plus grande révolution se prépare : la France doit recomposer ses annales pour les mettre en rapport avec les

---

1. Chateaubriand, *Mémoires d'outre-tombe*, livre XVI, chapitre X.
2. Voir *supra*, chap. II, p. 149-150.
3. Chateaubriand, *Études historiques ou discours historiques*, Avant-propos, *Œuvres complètes*, Paris, Firmin-Didot, 1842, tome I, p. 2.

progrès de l'intelligence [1]. » C'est là le programme même de la nouvelle école historique. Ce ne peut être le sien.

Certes, il écrit bien : « J'ai fait de l'histoire et je la pouvais écrire », mais il n'y consacre finalement pas ses loisirs après son retrait de 1830. Pour deux raisons au moins. La première, c'est que le terrain se trouve occupé désormais par la jeune génération des historiens libéraux, ceux-là mêmes qui, dans la clarté des matins de Juillet, ont entrepris de « recomposer les annales selon les progrès de l'intelligence ». Pour eux, il n'y a aucun doute : le régime moderne d'historicité est devenu une évidence, un principe d'intelligibilité de toute l'histoire de la France. Alors que Chateaubriand, s'il perçoit, et même mieux que beaucoup, la révolution accomplie et celle qui se prépare, ne peut oublier d'où il vient : il ne renonce pas à sa fidélité *out of date* au vieux Charles X, il garde quelque chose de l'ancien régime d'historicité, puisque, encore une fois, son écriture est ce continuel mouvement de l'un à l'autre, du régime ancien au régime moderne [2]. Les premiers voient dans 1830 l'accomplissement de l'histoire, voire sa quasi-fin, alors que le second la vit comme la fin de la fin. Un peu comme le vieux marquis d'Esgrignon, mais sans plus croire un instant que les Gaulois triomphent !

En 1832, les *Mémoires de [sa] vie* deviennent *Mémoires d'outre-tombe*. Avec ces milliers de pages, désormais écrites « assis dans son cercueil », il ne vise plus qu'« un avenir au-delà de la tombe » (Préface testamentaire) : « Je représenterais dans ma personne [...] l'épopée de mon temps, d'autant plus que j'ai vu finir et commencer un monde [...]. Je me suis rencontré entre les deux siècles comme

---

1. *Ibid.*, p. 21, 2.
2. F. Hartog, *Régimes d'historicité, op. cit.*, p. 124-126.

au confluent de deux fleuves [1]... » Il recourt aussi à une autre formule parlante : ce sera, juge-t-il, « l'histoire portée en croupe par le roman ». Il n'y a pas de train du temps ou de l'Histoire, mais le « train du monde », qui va encore à cheval, et les incessants déplacements d'un éternel voyageur.

Pour l'historien moderne, la date discrimine l'avant de l'après, elle est un repère dans une évolution continue, marque les étapes d'un progrès, voire scande une perspective téléologique, alors que le mémorialiste évoque les dates, voire les multiplie pour leurs effets de réverbération. Sans cesse, il opère des courts-circuits entre passé et présent. Le premier s'inscrit dans le temps *chronos,* le second dans le temps *kairos.* L'un répare les déchirures du temps et s'emploie à renouer la continuité, l'autre fait toute sa place à cette autre grande modalité de rapport au temps qu'est le simultané du non-simultané. Chateaubriand inscrit cette expérience au cœur de son écriture et se fait chronographe, en un sens nouveau : son but n'est pas, comme l'historien, d'établir des synchronismes, mais de faire surgir des dyschronismes. Il écrit le temps, en fait « l'anatomie », mais pas à froid sur une table de dissection. Le narrateur parle d'outre-tombe, il lutte contre le temps, il occupe, simultanément, toutes les positions, allant du passé, au présent et au futur, les évoquant, les opposant, les éclairant et se muant ainsi lui-même, page après page, en un véritable lieu de mémoire ambulant.

Juillet 1830 joue, à bien des égards, le rôle de moment discriminant. Pour les libéraux, cette révolution marque l'aboutissement du « travail des siècles écoulés » : la France atteint, enfin, au port de la monarchie constitutionnelle,

---

1. Chateaubriand, *Préface testamentaire,* dans *Mémoires d'outre-tombe, op. cit.,* vol. I, p. 1542.

et 1789 s'achève. De même, pour Michelet (né en 1798), « l'éclair de Juillet » est cet instant qui lui permet d'embrasser du regard tout le cours de l'histoire de la France et d'entreprendre de renouer « le fil de la tradition, qui, en toutes choses, avait été brisé [1] ». Alors que, pour Chateaubriand, ces journées marquent le début de la veillée mortuaire d'une monarchie expirante, dont les deux temps forts seront ses voyages crépusculaires à Prague, pour une cause à laquelle il demeure attaché sans plus pouvoir y croire, justement parce qu'il croit que l'Histoire est ce mouvement qui ne peut ni revenir en arrière ni s'arrêter. De la même façon, 1830 signifie aussi un temps d'arrêt pour Balzac : « son repli vers une position légitimiste (à partir d'opinions initialement libérales) se comprend comme le deuil d'une conception volontariste de l'Histoire » et un congé donné à la grande Histoire [2].

Chateaubriand reconnaît toute la force du régime moderne d'historicité et élit domicile (toujours de façon provisoire) dans l'entre-deux : entre l'ancien et le nouveau régime d'historicité. Ainsi découvre-t-il l'impossibilité de devenir complètement historien et choisit-il de rester ce nageur entre les deux rives ou au confluent des deux fleuves du temps, posture qui rend possible, voire nécessaire, l'écriture des *Mémoires d'outre-tombe,* par l'invention de cette forme unique où, les temps se télescopant, est recherché le simultané du non-simultané.

---

1. Jules Michelet, « L'héroïsme de l'esprit », dans *Œuvres complètes,* t. IV, Paris, Flammarion, 1974, p. 31-42.
2. Paule Petitier, *Balzac dans l'Histoire, op. cit.,* p. 10.

« L'OCÉAN DE L'HISTOIRE »

Chateaubriand recourait à l'image du fleuve s'écoulant entre deux rives. Avec Tolstoï, l'histoire a gagné en puissance, en étendue et en énigme : elle est devenue un « océan, se portant par à-coups d'une de ses rives à l'autre ». Telle est l'image qui organise l'épilogue de *La Guerre et la Paix*. Mais, en 1820, l'océan « avait regagné ses rives ». « Il semblait apaisé, mais les forces mystérieuses qui meuvent l'humanité (mystérieuses, parce que nous ignorons les lois de leur mouvement) continuent à agir [1]. » Océanique, lui aussi, le livre est le roman véridique de l'Histoire. Peut-être l'histoire est-elle comme un roman, mais, surtout, seul le roman est à même d'approcher la réalité de l'Histoire, car, par son attention aux détails, aux incertitudes, à l'aléatoire, il peut finalement produire un analogue de son inépuisable complexité. Alors que les historiens, marchant sur les talons des officiers d'états-majors, passent à côté. Jamais une bataille ne se déroule selon un plan conçu à l'avance. La guerre a peu à voir avec le jeu d'échecs, ainsi que l'explique le prince André à son ami Pierre Bézoukhov : la comparaison n'est bonne que pour les stratèges en chambre, qui parcourent les champs de bataille sans rien voir. D'ailleurs, quand Pierre se trouve par hasard à l'épicentre de la bataille de Borodino, il comprend encore moins que Fabrice à Waterloo ce qui est en train de se passer autour de lui. Avec son chapeau blanc et son costume civil, il n'est qu'un touriste, venu pour voir, et il ne voit rien, sinon des allées et venues de soldats pressés qu'il s'efforce, en homme courtois qu'il est, de gêner le moins possible [2]. Pour saisir pleinement un événement,

---

1. Tolstoï, *La Guerre et la Paix*, Paris, Gallimard, « Bibliothèque de la Pléiade », 1952, p. 1485.
2. *Ibid.*, p. 1033.

combat ou autre, il faudrait, en réalité, pouvoir écrire « l'histoire de tous les individus sans exception » qui y ont pris part, et non pas seulement celle de « quelques personnages isolés ». Faute de quoi, on fait appel à quelque « force contraignant les hommes à tendre leur activité vers un but unique [1] » : l'esprit de conquête pour les Français, le sentiment patriotique pour les Russes ou, sous une forme plus abstraite encore, la puissance.

Tolstoï ne prétend pas à une vue surplombante, cette vue d'ensemble recherchée par les historiens depuis Polybe au moins : vision divine ou point de vue de la Fortune. Il ne cherche pas à voir l'ensemble, mais à tout voir. Il ne veut pas être Napoléon qui, du haut d'une éminence, croit embrasser le champ de bataille, ni l'officier d'état-major qui galope le long des lignes, mais il voudrait pouvoir suivre chaque pas de chaque soldat. Son problème n'est pas l'écart impossible à combler entre le particulier et le général, mais celui d'une impossible totalisation. « La marche de l'humanité, déterminée par une quantité innombrable de volontés individuelles, écrit-il, est un mouvement continu. La connaissance de ces lois est le but de l'histoire. Mais pour établir les lois de ce mouvement continu, somme de toutes les volontés humaines, l'intelligence admet arbitrairement des unités discontinues. » Soit elle « choisit une série d'événements continus, en dehors des autres séries, alors qu'il n'y a pas et qu'il ne peut y avoir de commencement d'aucun événement, et que toujours un fait découle de l'autre sans discontinuité » ; soit elle décide de « considérer les actes d'un seul homme, tsar ou chef d'armée, comme la somme des volontés de tous [2] ».

---

1. *Ibid.,* p. 1568.
2. *Ibid.,* p. 1070. Hugo, dans *Les Misérables,* écrivait : « Voilà, pêle-mêle, ce qui surnage confusément de l'année 1817, oubliée aujourd'hui. L'histoire néglige presque toutes ces particularités, et ne peut

En droit, l'histoire pourrait être connaissable et, donc, faisable, mais notre ignorance des lois de son mouvement entraîne qu'elle demeure « mystérieuse ». Une dernière façon d'explorer cette même énigme est celle qui amène à poser le problème en termes de fatalité ou de liberté dans l'action d'un homme ou de plusieurs : tel est l'objet de l'Épilogue et de l'Appendice de *La Guerre et la Paix*. En examinant les faits et gestes des hommes qui ont cru diriger les événements de 1805, 1807 et, surtout, 1812, Tolstoï a reconnu l'illustration de deux lois : celle « de la fatalité, qui, selon [sa] conviction, régit l'histoire » et « cette loi psychologique qui pousse l'homme accomplissant l'acte le moins libre à imaginer après coup toute une série de déductions ayant pour but de lui démontrer à lui-même qu'il est libre [1] ». J'ai besoin pour agir de croire que la décision de faire ou non est mienne. Ces deux lois, d'une portée différente, permettent de reconnaître le caractère inéluctable de l'histoire ainsi que la propension (inévitable) à croire que les hommes, certains hommes, la font, ou, au moins, y contribuent.

Dans son *Essai* sur Tolstoï et l'histoire, le philosophe et historien Isaiah Berlin a introduit la distinction, devenue fameuse, entre le renard et le hérisson, reprise du poète grec Archiloque : « Si le renard sait beaucoup de choses, le hérisson n'en sait qu'une seule mais grande. » Parmi les écrivains et les penseurs, les « hérissons » sont, par exemple, Platon, Dante ou Hegel et les renards, Hérodote,

---

faire autrement ; l'infini l'envahirait. Pourtant ces détails, qu'on appelle à tort petits – il n'y a ni petits faits dans l'humanité, ni petites feuilles dans la végétation – sont utiles. C'est de la physionomie des années que se compose la figure des siècles. » Je remercie Robert Morrissey de m'avoir signalé ce rapprochement.

1. *Ibid.*, p. 1620, voir *supra*, introduction p. 19-20.

Montaigne ou Balzac. Aux premiers, les systèmes et la quête de l'unité, aux seconds, la variété et le goût de la multiplicité. Or, Tolstoï serait l'un *et* l'autre : naturellement renard, il aurait cherché à tendre vers le hérisson [1]. C'est ainsi que Berlin rend compte de sa philosophie de l'histoire, oscillant entre l'attention aux détails les plus ténus et la conviction qu'il y a des lois de l'histoire, mais qu'elles nous échappent. Que ce soit dans les passages narratifs ou les développements réflexifs, le roman ne cesse de poser et de reposer cette question. Jusque dans l'Épilogue, qui juxtapose narration et réflexion.

Pour le dire encore autrement, le renard, tel Balzac, tel Chateaubriand, est celui qui, dans le monde historique qu'il s'emploie à saisir, est particulièrement attiré par le simultané du non-simultané ou soucieux, voire anxieux de lui faire place, voire de lui faire *encore* une place. Et en ce sens, le roman se charge de cette dimension de l'historicité que l'histoire des historiens, arrimée au régime moderne d'historicité, ne saurait prendre en charge, elle qui a embarqué dans le train du temps. De ce nouvel observatoire, elle découvre un paysage inédit à décrire aux autres voyageurs, une nouvelle histoire à écrire. Tolstoï donne l'impression de vouloir être à la fois dans le train et à l'extérieur : il ne cesse de sauter dans le train et hors du train. Mais son problème est plus compliqué que celui de Balzac. D'où la bigarrure du roman qui est à la fois une leçon d'histoire, une leçon sur la leçon et, peut-être même, sur l'échec de toute leçon.

En effet, à la toute fin du livre, le jeune Nicolas, le fils du prince André, fait un cauchemar qui est aussi un rêve

---

[1]. Isaiah Berlin, *The Hedgehog and the Fox, An essay on Tolstoï's View of History, op. cit.,* p. 2-4. Voir aussi Pietro Citati, *Tolstoï,* trad. française, Paris, Denoël, 1987.

de gloire. Il se voit coiffé d'un casque « comme on en trouve dessiné dans les œuvres de Plutarque ». La vision de son oncle Pierre, qui d'abord l'accompagnait, est remplacée par celle de son père mort qui le « caresse » et « l'approuve ». « Et je ne demande à Dieu qu'une seule chose, dit alors l'enfant, qu'il m'arrive ce qui est arrivé aux grands hommes de Plutarque, et je ferai comme eux. Je ferai mieux qu'eux. Tout le monde le saura, tout le monde m'aimera, tout le monde m'admirera [1]. » S'il est pourtant une forme d'histoire dénoncée par Tolstoï, c'est bien celle à la Plutarque, celle qui veut croire et faire croire que les grands hommes font l'histoire. Or le jeune garçon est prêt à réactiver le modèle et à renouer avec ce qu'étaient au tout début du roman les rêves de son père, grand admirateur de Napoléon. Tout pourrait donc recommencer, avec les mêmes illusions, et l'océan sortir, à nouveau, de ses rives.

« QUELLE DRÔLE D'HISTOIRE QUE L'HISTOIRE »

Si, avec le XIXe siècle, l'Histoire est bien devenue pour tous une évidence, les historiens et les écrivains ne s'en saisissent pas exactement de la même manière. Dans ce jeu avec et contre le régime moderne d'historicité, les premiers vont plus du côté du « avec » (avec le temps comme progrès), du moins dans la première moitié du siècle, tandis que les seconds, qui ne sont pas forcément contre, se montrent plus requis par le discontinu, plus attentifs à l'anachronique et aux temporalités désaccordées, plus sensibles au chatoiement du simultané du non-simultané et aux drames dont il est l'annonciateur. Comme si existait

---

1. Tolstoï, *La Guerre et la Paix, op. cit.,* p. 1556.

une sorte de partage, du moins jusqu'à ce que Tolstoï le fasse voler en éclats.

Ensuite, avec la guerre de 1914 et ses suites, ce sont plutôt des images d'engloutissement qui s'imposent. La fameuse phrase de Valéry : « Nous autres civilisations, nous savons maintenant que nous sommes mortelles » exprime un constat et une inquiétude partagés. En découle une révocation en doute de l'histoire des historiens, celle justement dont ont usé et abusé les politiques, celle des leçons de l'Histoire, mais pas une remise en cause du concept même d'histoire. Valéry voudrait la voir entrer enfin dans l'ère de la rigueur et de la précision et quitter le monde de la littérature, qui pis est d'une littérature qui s'ignore.

« Ce massacre absurde et gigantesque, résume bien Kundera, inaugura en Europe une nouvelle époque où l'Histoire, autoritaire et avide, surgit devant un homme et s'empara de lui. C'est du dehors que, dorénavant, l'homme sera déterminé en premier lieu [1]. » Plus que jamais, le roman se fait attentif à cette emprise de l'Histoire qu'a explorée, si puissamment, la trilogie des *Somnambules* du Viennois Hermann Broch. Publié en 1931, l'ouvrage suit la marche de l'Histoire entre 1888 et 1918, où il reconnaît la « dégradation des valeurs ». Aux temps modernes, qui voulaient se voir comme l'avancée de la Raison, il oppose le diagnostic d'une montée progressive de l'irrationnel, dont 1918 marque le point d'orgue.

Sur ces bouleversements, l'Autrichien Robert Musil, qui a lui-même combattu sur le front italien, a longuement et puissamment réfléchi. Écrit du début des années 1920 au milieu des années 1930, et demeuré inachevé, *L'Homme sans qualités* ne décrit pas la catastrophe elle-même, mais

---

1. *Ibid.*, p. 1173.

débute avant l'engloutissement de l'Autriche-Hongrie, nommée la Cacanie, tout juste un an avant, en 1913, mais cet avant est décrit comme si un abîme en séparait le narrateur [1]. Après un minutieux et technique bulletin météorologique, le premier paragraphe du roman arrive à cette ironique conclusion : « Autrement dit, [...] c'était une belle journée d'août 1913. »

Pour préparer la célébration de la soixante-dixième année de règne de l'empereur François-Joseph, qui doit avoir lieu en décembre 1918, est mis en place un Comité patriotique. La question est d'autant plus sérieuse que les Allemands préparent déjà, pour juin 1918, le trentième anniversaire du règne de Guillaume II. Aussi, première réplique du côté de la Cacanie, faire de toute l'année 1918 l'année jubilaire de l'Empereur de la Paix ! Ce Comité préparatoire, qui se nomme dès lors Action parallèle, se met au travail, c'est-à-dire à la recherche d'une grande idée. Tout est essayé, discuté, mais rien n'avance et la déroute guette. Ulrich, qui en est le secrétaire, finit par proposer de « constituer le commencement d'un inventaire spirituel général ! Nous devons faire à peu près ce qui serait nécessaire si l'année 1918 devait être celle du

---

1. Les deux premières parties de *L'Homme sans qualités* parurent en 1930, une suite en 1932. Musil travaillait toujours sur son roman à sa mort subite en 1942, alors qu'il était en exil en Suisse. La première grande édition parut en Allemagne en 1952 seulement, incluant des ébauches et s'efforçant de donner une idée d'ensemble de ce qu'aurait pu être le roman. Elle fut critiquée, d'autres suivirent. C'est, en tout cas, à partir d'elle que se développa la notoriété croissante de Musil. En France, la magnifique traduction de Philippe Jaccottet (1957) fit beaucoup pour le faire connaître. Sur Musil, voir les nombreux travaux de Jacques Bouveresse, en particulier, le recueil de dix études, *La Voix de l'âme et les chemins de l'esprit*, Paris, Le Seuil, 2001, ainsi que les pages que lui a consacrées Maurice Blanchot dans *Le Livre à venir*, Paris, Gallimard, 1959.

Jugement dernier, celle où l'esprit ancien s'effacerait pour céder la place à un esprit supérieur [1] ». Effarement, cela va sans dire, de la plupart des membres ! Les réunions du Comité, avec les discussions qui s'y déroulent, les suggestions qu'il examine, sont, pour Musil, le moyen de se livrer à cette anatomie sévère de l'époque, en maniant le scalpel de l'ironie.

Déjà, le temps se déplaçait, aussi « incroyable que cela puisse paraître à ceux qui n'ont pas vécu cette époque », et même, ajoute Musil, avec la « rapidité d'un chameau ». Mais, « on ne savait pas où il allait [2] ». Quelques pages plus loin, le temps est devenu un « train », à bord duquel on est embarqué comme dans une maison mobile, sans qu'on sache jamais où « vont » les rails. « Et par-dessus le marché, on voudrait encore, si possible, être l'une des forces qui déterminent le train du temps. » Faire l'histoire donc. Avant, quand le besoin vous envahissait de descendre du train, précise Musil, « par nostalgie d'être arrêté », « de rester immobile », ou « de revenir au point qui précédait le mauvais embranchement », il n'y avait alors « qu'à quitter le train du temps ! » Et, « quand l'empire d'Autriche existait encore », « à prendre place dans un train tout court, et à rentrer dans sa patrie [3] ». Par contraste, l'Allemagne est « le premier pays où la vieille civilisation fût tombée sous les roues des Temps nouveaux [4] ».

Ulrich, le mathématicien, cherche à analyser ce qu'il perçoit comme un changement d'époque. Celui-ci est en

---

1. R. Musil, *L'Homme sans qualités,* trad. Philippe Jaccottet, Paris, Le Seuil, 1995, I, p. 751.
2. *Ibid.,* p. 16.
3. *Ibid.,* p. 40.
4. *Ibid.,* p. 646.

cours, et donc encore peu distinct. Mais tout se passe malgré tout comme si le jeune homme le considérait déjà rétrospectivement : en sachant, en réalité, déjà ce qu'avait été le Jugement dernier de 1918. Quels sont les traits de cette mutation ? L'abandon de la précision, le recours à des concepts indistincts, la vogue de l'intuition, le relativisme. Mais aux yeux de son ami, Walter, Ulrich, tout critique qu'il est, n'en est pas moins représentatif de cette nouvelle époque, en ce qu'il est justement « l'homme sans qualités ». Non qu'il n'ait pas de qualités, bien au contraire, à commencer par l'intelligence, mais « elles ne lui appartiennent pas » vraiment. « Quand il est en colère, quelque chose rit en lui. Quand il est triste, il prépare quelque plaisanterie. » « Pour lui, rien n'est stable. » D'où cette conclusion de Walter : « Il avait compris qu'Ulrich se réduisait à cette sorte de dissolution intérieure qui est commune à tous les phénomènes contemporains [1] ». Toujours à la recherche d'une percée décisive, le Comité d'organisation n'en finit pas d'être confronté à cette « dissolution » générale, dans laquelle il patauge sans réussir jamais à avancer vraiment.

Lors d'une soirée, sont réunis dans le salon de l'égérie du Comité des jeunes gens de « trente ans, trente-cinq au plus », soit « l'extrême pointe de l'avant-garde ». L'hôtesse, qui a été déçue par les rencontres précédentes avec des « tout grands hommes », veut essayer autre chose. Suit un défilé satirique d'un certain nombre d'*ismes* à la mode. Parmi eux, le « dramatisme vital », le « technicisme », le « cubisme », et « l'accélérisme », dont les partisans prônent « l'intensification maximum de la vitesse de l'expérience vécue fondée sur la bio-mécanique du sport et la précision du trapéziste [2] ! ». On aura reconnu Marinetti et son

---

1. *Ibid.*, p. 82.
2. *Ibid.*, p. 505.

Manifeste futuriste, le trapéziste en plus (ou Marinetti dans le rôle du trapéziste !). Un autre personnage du roman, Arnheim, grand brasseur d'affaires, veut « s'adapter à une évolution qu'il devine imminente ». Soucieux de « vivre avec son temps », ce qui est bien moins pour un homme d'affaires, il en arrive à la conclusion que « l'idéocratie est détrônée ». Dit autrement, ce ne sont plus les idées qui mènent le monde et l'Histoire ne suit pas le développement intellectuel.

Rompant un instant le contrat sur lequel repose le roman, Musil introduit alors une preuve par l'après-guerre. Supposons, ajoute-t-il, que le regard d'Arnheim eût pu « anticiper » de quelques années, « il aurait déjà pu constater que mille neuf cent vingt années de morale chrétienne, une guerre catastrophique avec des millions de morts et toute une forêt de poésies allemandes dont les feuilles avaient murmuré la pudeur de la femme, n'avaient pu retarder, ne fût-ce que d'une heure, le jour où les robes et les cheveux des femmes commencèrent à raccourcir et où les jeunes filles européennes, laissant tomber des interdits millénaires, apparurent un instant nues comme des bananes pelées ». Des efforts conscients n'auraient probablement jamais réussi à produire une telle « révolution » qui a suivi « le chemin des tailleurs, de la mode et du hasard ». « On peut mesurer à cela l'immense pouvoir créateur de la surface, comparé à l'entêtement stérile du cerveau [1]. » Reconnaître la force de la surface aux dépens de l'intérieur – du cerveau, de la raison, du concept – n'est rien moins qu'une claire prise de position sur l'Histoire et sur son *modus operandi.*

À l'Histoire et à son faire, Ulrich consacre une réflexion d'une grande densité à l'occasion d'un trajet en tramway

---

1. *Ibid.,* p. 512-513.

pour rentrer chez lui, qui débute par ces mots : « Quelle drôle d'histoire que l'Histoire[1] ! » C'est là une autre version du train du temps : celle du tramway de l'Histoire ! « Notre histoire vue de près, se disait-il, paraît bien douteuse, bien embrouillée, un marécage à demi solidifié, et finalement, si étrange que cela soit, un chemin passe quand même dessus, et c'est précisément ce "chemin de l'histoire" dont personne ne sait d'où il vient. L'idée de servir de matière première à l'histoire mettait Ulrich en fureur. La boîte brillante et brinquebalante qui le transportait lui semblait une machine dans laquelle quelques centaines de kilos d'homme étaient ballottés pour être changés en avenir. Cent ans auparavant, ils étaient assis avec les mêmes visages dans une malle-poste, et dans cent ans Dieu sait ce qu'il en sera d'eux, mais ils seront assis de la même manière, hommes nouveaux dans de nouveaux appareils[2]. »

De cette expérience historique, il tire plusieurs conclusions sur l'Histoire universelle. Pour la plus grande part, elle « naît sans auteurs. Elle ne vient pas d'un centre, mais de la périphérie, suscitée par des causes mineures ». Selon les circonstances, l'homme peut tout aussi bien « manger de l'homme » « qu'écrire *La Critique de la raison pure* ». L'Histoire universelle procède de la même façon que se transmet un ordre dans l'armée. Ulrich se souvient, à cet instant, de sa période militaire. L'escadron marche sur deux colonnes ; un ordre circule d'homme à homme à mi-voix ; et si cet ordre était au départ : « Le margis-chef en tête de colonne ! » il devient à l'arrivée : « Marchez en triple colonne ! » Au fond, le « principe de l'Histoire universelle » n'est « pas autre chose que le vieux principe

---

1. *Ibid.*, p. 452.
2. *Ibid.*, p. 452.

politique du train-train de la Cacanie ». Ce qui en fait un État « supérieurement intelligent [1] » : le train-train plus que le train.

Par conséquent, et pour recourir à une autre image, utilisée par Musil, « la trajectoire de l'Histoire n'est pas celle d'une bille de billard qui, une fois découlée, parcourt un chemin défini ; elle ressemble plutôt au mouvement des nuages, au trajet d'un homme errant par les rues ; dérouté ici par une ombre, là par un groupe de badauds ou une étrange combinaison de façades et qui finit par échouer dans un endroit inconnu où il ne songeait pas à se rendre [2] ». Bref, on ne peut pas dire que les présomptions en faveur d'une capacité à faire l'Histoire soient très élevées, même si le parcours de l'Histoire, comme celui du nuage obéissant, fondamentalement, aux lois de la physique, n'est pas simplement erratique.

Enfin, une telle Histoire ne peut qu'échapper à ce que Musil appelle la « narration classique » ; cet ordre simple qui permet de dire : « Quand cela se fut passé, ceci se produisit », justement nommé aussi « fil du récit ». Or, on doit bien reconnaître que « tout dans la vie publique a déjà échappé à la narration, et loin de suivre un fil, s'étale sur une surface subtilement entretissée ». Pourtant, dans la vie privée, on voudrait pouvoir encore se raccrocher à ce « fil », car « la plupart des hommes sont, dans leur rapport fondamental avec eux-mêmes, des narrateurs [...]. Ils aiment la succession bien réglée des faits parce qu'elle a toutes les apparences de la nécessité, et l'impression que leur vie suit un "cours" est pour eux comme un abri dans le chaos [3] ». Les personnages de Musil, à commencer par

---

1. *Ibid.*, p. 453.
2. *Ibid.*, p. 454.
3. *Ibid.*, p. 816.

Ulrich, savent ou découvrent qu'ils ne peuvent plus organiser leur vie selon ce fil de la narration classique. Cela ne marche plus. On ne peut plus y croire et, pourtant, on ne sait pas raconter autrement. D'autres, justement, s'y essaieront.

Ce diagnostic sur les pouvoirs du récit distingue fortement Musil de Balzac ou, même, de Tolstoï. Pour ce dernier, le roman s'approche autant qu'il est possible de ce que pourrait être une véritable histoire. Par sa capacité à appréhender l'Histoire en tenant ensemble les faits et gestes du dernier des protagonistes et les forces profondes qui la modèlent, le roman l'emporte de loin sur la superficielle histoire des historiens, qui manque le réel. Pour Balzac, si la Société parle, l'art du secrétaire est de « surprendre le sens caché dans cet immense assemblage de figures, de passions et d'événements [1] ». Mais nul doute ne vient miner la capacité du récit à dire exactement ce réel. Musil ne peut plus nourrir la même confiance dans les ressources du récit. D'autant moins que cette époque nouvelle (encore une fois regardée depuis l'après de la catastrophe, comme depuis une autre rive du temps) se caractérise par l'abandon de « l'élaboration des pensées [2] » et l'exaltation de « l'expérience vécue [3] ». À cet égard, l'inachèvement final du roman, malgré ses milliers de pages, dit aussi beaucoup sur l'incapacité du récit, non seulement à retrouver ou à trouver un « fil », mais même à donner à voir un réel éclaté, dans sa fragmentation même. Le tout ne forme plus un tout. L'écriture de Musil, qui médite sur l'avant de la catastrophe à partir de son après, alors qu'est engloutie la Cacanie, cherche à comprendre ce

---

1. Balzac, *op. cit.*, I, p. 7.
2. R. Musil, *op. cit.*, p. 514.
3. *Ibid.*, p. 504.

qui s'est passé et qui n'est pas fini : avant et après l'apocalypse. En un sens, on a là tous les éléments du futur *linguistic turn*, mais dans toute la force de leur surgissement : chez un écrivain ; les historiens, eux, arriveront bien après. Sauf que pour Musil, ce qui est en question, c'est moins le langage en tant que tel qu'un certain état du monde et des formes obsolètes d'écriture. Ce qu'il nomme « la narration classique ».

Dans *L'Homme sans qualités,* il y a, certes, un train du temps, mais on n'a plus la faculté d'en sauter. On ne sait pas, non plus, où vont les « rails ». On est donc au-delà du jeu de la littérature antérieure avec et contre le régime moderne d'historicité, qui ne convient plus du tout. Pour Ulrich, « tout progrès est en même temps une régression. Dans la mesure où il n'y a jamais de progrès que dans un sens déterminé. Et comme notre vie, dans son ensemble, n'a aucun sens, elle ne connaît pas davantage, dans son ensemble, de vrai progrès [1] ». Ces années d'avant-guerre, c'est-à-dire d'entre-deux-guerres, en proie aux mouvements, avides de déplacements, anxieuses d'accélération, offrent à l'observateur une démultiplication d'expériences du simultané du non-simultané, alors que le futurisme du régime moderne d'historicité semble en passe de perdre le monopole qu'il s'était acquis dans les décennies précédentes. Un marécage à demi solidifié sur lequel passe, malgré tout, un chemin dont on ne sait où il va : telle apparaît l'Histoire.

« L'HISTORICITÉ REFLUA SUR NOUS »

Entre le Jean-Paul Sartre de *La Nausée* et celui qui fonde, en 1945, *Les Temps modernes,* il y a l'approche, puis la

---
1. *Ibid.,* p. 610.

catastrophe de la Seconde Guerre mondiale. Publiée en 1938, tout juste quelques mois avant la crise de Munich, *La Nausée* nous intéresse particulièrement, car Antoine Roquentin, le personnage principal, est un historien. Croit-il en ou à l'histoire ? En tout cas, il en fait, et il va justement découvrir qu'il ne le peut plus. Ce pourrait être une façon de résumer le roman. Il mène, en effet, depuis plusieurs années, des recherches en vue d'écrire la biographie du marquis de Rollebon. Homme du XVIIIe siècle, ce dernier est censé avoir traversé la Révolution et l'Empire ; homme trouble, il tient à la fois de Talleyrand et de Fouché. Jeté dans un cachot en 1820, alors qu'il est parvenu au faîte des honneurs, il y meurt cinq ans plus tard sans avoir été jugé. On ne saurait prétendre qu'avec un tel sujet, Roquentin montre un intérêt pour la grande Histoire ou pour les forces profondes qui la mettent en mouvement. Il n'est, et c'est peu dire, guère concerné par le régime moderne d'historicité. Son univers historique est celui d'une biographie traditionnelle, friande de correspondances secrètes, de complots et d'intrigues galantes. À mille lieues de la nouvelle histoire économique et sociale que cherchent à répandre les jeunes *Annales*. On est dans la narration classique, celle qui ne doute pas d'elle-même et s'en remet au « fil » du récit. Or, une des dimensions de la crise que traverse Roquentin – cette nausée qui l'envahit par moments – est justement la soudaine prise de conscience, alors qu'il travaille à la bibliothèque, qu'il ne peut plus écrire ce livre. L'histoire, c'est fini ! « Comment donc, moi qui n'ai pas eu la force de retenir mon propre passé, puis-je espérer que je sauverai celui d'un autre[1] ? » Le fil casse, et comme il s'en fait la remarque : « vivre ou raconter », il faut choisir. Quand on

---

1. Jean-Paul Sartre, *La Nausée,* Paris, Gallimard, 1938, p. 123.

vit, il ne se passe rien, « les jours s'ajoutent les uns aux autres sans rime ni raison ». Mais quand on « raconte la vie », tout change. On veut que « les moments se suivent et s'ordonnent [1] ». Il fait, à son tour, une expérience analogue à celle d'Ulrich.

L'envahit soudain l'évidence qu'il n'y a que du présent. « Des meubles légers et solides, encroûtés dans leur présent, une table, un lit, une armoire à glace – et moi-même. La vraie nature du présent se dévoilait : il était ce qui existe, et tout ce qui n'était pas présent n'existait pas. Pas du tout. Ni dans les choses ni même dans ma pensée [...]. Maintenant, je savais : les choses sont tout entières ce qu'elles paraissent – et derrière elles... il n'y a rien [...]. M. de Rollebon venait de mourir pour la deuxième fois [2]. » Il découvre encore que Rollebon était un *alibi* : « Il avait besoin de moi pour être et j'avais besoin de lui pour ne pas sentir mon être. » La découverte du « J'existe », avec sa perturbante vacuité, le coupe définitivement de Rollebon, du passé en général et de toute prise sur l'histoire. Exister, c'est être là : « L'existence est sans mémoire ; des disparus, elle ne garde rien – pas même un souvenir [3]. » Voilà des formules qui, aujourd'hui, étonnent, voire scandalisent, alors que la mémoire est partout. Roquentin, quant à lui, découvre qu'il est « seul et libre ». Ni passé, ni futur, ni le régime moderne, ni ses failles, il n'y a que le présent seul et l'arrêt sur instant. Avant que le livre prenne son titre définitif, il s'était nommé *Melancholia* et, au tout début, *Contingence*.

Et si, à la toute fin du roman, écoutant pour la dernière fois le vieux ragtime qui le touche si fortement, Roquentin

---

1. *Ibid.*, p. 57, 58.
2. *Ibid.*, p. 124-125.
3. *Ibid.*, p. 168.

entrevoit une possible issue par l'écriture d'un livre, lequel il ne sait pas, mais il est sûr que cela ne pourrait pas être un livre d'histoire : « L'histoire, ça parle de ce qui a existé – jamais un existant ne peut justifier l'existence d'un autre existant [1]. » Comme expérience philosophique, l'existentialisme est celle d'un présentisme intégral, absolu, même s'il s'avère intenable dans toute sa pureté ou sa dureté, ainsi que le laisse entendre la fin du roman, où quelque chose du passé, de celui de Roquentin au moins, pourrait réussir à se glisser, permettant qu'il finisse par « s'accepter ».

Mais Sartre n'aura pas à chercher longtemps quel livre écrire. Très vite, l'histoire congédiée resurgit et, même, s'impose du dehors [2]. C'en est fini de la « bonasse trompeuse ». Avec septembre 1938, surgit la crise de Munich et ses lâches soulagements. À partir de 1942, Sartre, engagé dans la rédaction des *Chemins de la liberté,* en consacre le troisième tome, *Le Sursis,* à cet épisode. Écrit après le déclenchement du conflit, le roman est publié en 1945. L'action se déroule sur une semaine, entre le 23 et le 30 septembre 1938, et met en scène une série de personnages, historiques et de fiction, qui, face à cette irruption de l'histoire et à la place qui est la leur, se trouvent confrontés à des choix. On passe en une semaine de la guerre à la paix, c'est-à-dire, en fait, au sursis. Mais on ne peut plus garder l'illusion « d'avoir une histoire individuelle bien cloisonnée, écrit Sartre. [...] Les cloisons s'effondrent. L'individu, sans cesser d'être une monade, se sent engagé dans une partie qui le dépasse. Il demeure un point de vue sur le monde, mais il se surprend en voie de

---

1. *Ibid.,* p. 222.
2. Sylvie Servoise, *Le Roman face à l'histoire, la littérature engagée en France et en Italie dans la seconde moitié du XXe siècle*, Rennes, Presses universitaires de Rennes, 2011, p. 57-59.

généralisation et de dissolution. C'est une monade qui fait eau, qui ne cessera plus de faire eau. » Pour rendre compte de « l'ambiguïté de cette condition », Sartre s'inspire du cinéma et des recherches de « romanciers de la simultanéité tels Dos Passos et Virginia Woolf[1] ».

Où qu'ils se trouvent situés, ces personnages sont happés par un même temps. D'où le « simultanéisme » de la construction narrative. Sartre procède par juxtaposition, donnant à voir dans la même phrase ce qui se passe au même moment en différents lieux et chez les différents personnages : sans alinéas ni autres signes typographiques. Le lecteur est jeté dans un roman de « situation » : « sans narrateurs internes ni témoins tout-connaissants ». Ce refus de tout point de vue surplombant, comme « hors de l'Histoire », signifie passer « de la mécanique newtonienne à la relativité généralisée[2] ».

L'effet de simultanéité n'existe que pour le lecteur, les personnages n'en savent, bien sûr, rien. Même si le temps de l'événement s'impose à chacun d'entre eux, interférant avec les temporalités dans lesquelles s'organise ou se désorganise leur vie. Le procédé narratif du simultanéisme débouche sur la mise en scène du simultané du non-simultané. À chacun sa façon d'entrer dans ce temps du sursis et de faire face à l'avenir qui vient. « Le survol qu'aimaient tant à pratiquer nos prédécesseurs était devenu impossible, écrit Sartre, il y avait une aventure collective qui se dessinait dans l'avenir et qui serait *notre* aventure […] ; quelque chose nous attendait dans l'ombre future, quelque chose qui nous révélerait à nous-mêmes […] ; le

---

1. J.-P. Sartre, *Œuvres romanesques,* Paris, Gallimard, « Bibliothèque de la Pléiade », 1981, *Prière d'insérer* des *Chemins de la liberté,* p. 1911.
2. J.-P. Sartre, « Qu'est-ce que la littérature ? », dans *Situations, II,* Paris, Gallimard, 1999, p. 236.

secret de nos gestes et de nos plus intimes conseils résidait en avant de nous dans la catastrophe à laquelle nos noms seraient attachés. L'historicité reflua sur nous[1]. » Quand Sartre écrit, l'aventure est bien là (mais elle n'est pas encore terminée). Il n'empêche qu'il réinjecte, pour ainsi dire, du futur dans son roman – un futur agissant, éclairant. On n'est certes pas dans le futurisme visionnaire, ni même dans le bon vieux régime moderne d'historicité, mais quelque chose de sa structure est réintroduit dans l'économie narrative, non par fantaisie de l'auteur mais parce que l'Histoire le veut. Roquentin semble à des années-lumière, même s'il a fallu passer par cette expérience du rejet de toute histoire, pour être en état d'accueillir librement l'Histoire qui vient.

Dans tous ses textes des années suivantes où il revient sur l'engagement et la littérature, Sartre met en forme et en formules cette expérience de la guerre. Intervint d'abord, entre 1930 et 1938, la découverte de l'historicité : ce fait de se sentir tous « brusquement situés », qui s'est accompagné d'une place croissante de l'Histoire et donc, nécessairement, de la dimension du futur. Si nul ne choisit son époque, reste à « se choisir en elle ». « Le monde et l'homme se révèlent par les *entreprises*. Et toutes les entreprises dont nous [les écrivains] pouvons parler se réduisent à une seule : celle de *faire* l'Histoire[2]. » Ou encore : comment « se faire homme dans, par et pour l'Histoire[3] ? » La responsabilité de l'écrivain est donc de « s'engager dans le présent », et de « vouloir au jour le jour l'avenir prochain » : pas de prévoir un avenir éloigné qui lui permettrait de se juger après coup[4]. Réunir ainsi le

---

1. *Ibid.*, p. 227.
2. *Ibid.*, p. 247.
3. *Ibid.*, p. 235.
4. *Ibid.*, p. 50.

« jour le jour » et « l'avenir » exprime une tentative de concilier le futurisme de l'engagement révolutionnaire et le présent de l'existentialisme, à travers le « projet », puisqu'un homme « est son projet, son avenir [1] ».

Après le suspens de *La Nausée,* la voie sartrienne renoue donc avec une croyance forte en l'Histoire. Si, avec Roquentin, a surgi l'expérience première de la liberté, *Le Sursis* est tout plein de la rencontre avec l'historicité. Dès lors, la question devient celle de l'articulation des deux. La réponse se trouve justement dans le choix de « faire l'Histoire », en vue de « contribuer à l'avènement futur de la société des fins ». À l'écrivain revient de passer de la littérature de l'*exis* à celle, nouvelle, de la *praxis* : le faire révèle l'être. Il faut que le romancier « plonge les choses dans l'action [2] ». Si l'URSS flamboie alors comme le lieu d'incarnation de l'espérance communiste, Sartre ne marche pas dans « l'avenir radieux ». Pour lui, présent et futur se conjuguent ensemble dans le projet, mais il s'agit d'un avenir proche, « au jour le jour ». On conçoit qu'on ait pu glisser, en 1968, de cette position sartrienne au slogan mi-naïf mi-rigolard du « tout, tout de suite ».

Mais, déjà auparavant, d'autres propositions sont lancées, d'autres chemins explorés. Du côté de la littérature, vient le Nouveau Roman, tandis que la linguistique et le structuralisme, les retours à Marx et à Freud d'Althusser et de Lacan bouleversent les sciences humaines. Claude Lévi-Strauss devient LA référence. Si l'ensemble dessine la conjoncture intellectuelle des années 1960, les positions des uns et des autres sont fort diverses, même si tous se retrouvent pour critiquer Sartre, l'écrivain, le personnage public, bref, à en croire Foucault, « le dernier philosophe

---

1. J.-P. Sartre, *Prière d'insérer, op. cit.,* p. 1914.
2. J.-P. Sartre, « Qu'est-ce que la littérature ? », *op. cit.,* p. 247.

du XIXᵉ siècle ». Analysant l'engouement des intellectuels français pour le structuralisme, François Furet y décelait un substitut aux philosophies de l'histoire discréditées en profondeur : « L'ethnologie structurale a tiré une partie de son rayonnement de ce qu'elle offrait une anti-histoire. » « Cette France, ajoute-t-il, expulsée de l'histoire, accepte d'autant mieux d'expulser l'histoire [1]. »

Selon Alain Robbe-Grillet, qui s'était autopromu chef de file du Nouveau Roman, l'engagement, pour l'écrivain, ne peut être que « la pleine conscience des problèmes actuels de son propre langage », ce qui est la seule chance « de demeurer un artiste » et « de servir un jour peut-être à quelque chose – peut-être même à la révolution [2] ». Entre l'Histoire et son faire, la distance s'est, pour le moins, accrue. Car il ne convient plus de voir l'œuvre « comme un témoignage sur une réalité extérieure », mais comme étant à elle-même « sa propre réalité ». Alors que dans le roman traditionnel, balzacien par exemple, le temps jouait le premier rôle, il « accomplissait l'homme, il était l'agent et la mesure de son destin », « il réalisait un devenir [3] », l'univers du récit moderne (roman ou film) est celui « d'un présent perpétuel, sans passé, qui se suffit à lui-même à chaque instant et qui s'efface au fur et à mesure [4] ». Détemporalisé, le temps ne « coule plus. Il n'accomplit plus rien [5] ». On ne peut mieux dire que le récit nouvelle manière est du présentisme pur jus, mais très loin de l'expérience philosophique de Roquentin. Plus d'histoires

---

1. François Furet, *L'Atelier de l'Histoire*, Paris, Flammarion, 1982, p. 40, 42.
2. Alain Robbe-Grillet, *Pour un nouveau roman*, Paris, Gallimard, 1963, p. 46.
3. *Ibid.*, p. 167.
4. *Ibid.*, p. 165.
5. *Ibid.*, p. 168.

donc, conclut alors Robbe-Grillet ; quant à l'Histoire, c'est d'abord en la tenant à l'écart qu'on a, éventuellement, une chance d'y contribuer [1]. Voilà bien une des subtilités du moment.

« TU VIENS DE LÀ »

Pour clore ce parcours sur quelques-unes des façons dont la littérature s'est saisie de et a été saisie par l'Histoire, je m'arrêterai sur deux écrivains contemporains qui, nés après la Seconde Guerre mondiale, respectivement en 1944 et 1947, ont commencé à publier dans les années 1980. L'un est allemand, W. G. Sebald ; l'autre français, Olivier Rolin. Leurs parcours sont profondément différents, mais ils partagent cet « après » et, de plus en plus clairement, la même conviction qu'ils « viennent de là » : de ce désastre qu'ils n'ont pas directement connu. Anselm Kiefer, que nous venons de solliciter à travers son *Ange de l'Histoire,* ne dit pas autre chose. Face aux « silences » de l'après-guerre, quand ils ont l'âge de devenir étudiants, Sebald quitte l'Allemagne pour l'Angleterre, où il s'installera définitivement, tandis que Rolin engage de brillantes études, avant d'opter pour le militantisme maoïste et même, pour un temps, la clandestinité. Les rapprocher peut, de prime abord, surprendre : l'un incarne un écrivain-mémoire (en phase donc avec la montée de la mémoire : il publie son premier livre en 1988), l'autre a commencé à écrire, en 1983, sur les ruines d'un engagement, dont Sebald, que je sache, n'a jamais partagé le futurisme exacerbé. Rolin et ses camarades ont, en effet, commencé par croire en l'Histoire, c'est-à-dire à la

---

1. Voir *supra*, chap. II, p. 114-115.

Révolution, et par vouloir la faire. À contretemps, certes, mais ils voulaient effacer les trahisons et les lâchetés, ils désiraient renouer avec la Résistance et faire revivre les grandes figures révolutionnaires, tout en s'imprégnant des pensées du « Chairman Mao ». Bref, ils voulaient y croire. Mais, plus en amont, dans ce qui a fait écrire Sebald comme Rolin, il y a, je crois, cette expérience du silence, du manque, celle d'un temps effondré, arrêté. Étouffant dans son pays, l'un a choisi l'exil et le retrait, l'autre, étouffant tout autant dans une France où s'étaient succédé Vichy, les guerres coloniales (qui ne disaient pas leurs noms) et le gaullisme sous lequel perçait le pompidolisme, a cru à l'action et en ce qui était alors la seule façon glorieuse de faire l'Histoire : la révolution. Rolin, comme il le fait préciser par un de ses personnages, est né « à mi-distance exactement de la Mère des défaites et de Diên Biên Phu » : 1947, en effet [1].

Sebald ou le temps arrêté

Avec W. G. Sebald, nous nous trouvons d'emblée dans un présent qui dure ou qui ne passe pas, un temps arrêté, produit d'une catastrophe qui a eu lieu, mais qu'il n'a pas directement connu, même si s'impose de plus en plus clairement à lui que c'est de là qu'il vient. Aussi devenir écrivain, relativement tardivement (à quarante-cinq ans), sera-ce rechercher les traces de disparus et se faire « chasseur de fantômes ». Ce sera sa raison d'être écrivain : retrouver la mémoire qu'il n'a pas et combler ce vide avec des récits de témoins fiables [2].

---

1. Olivier Rolin, *Tigre en papier*, Paris, Le Seuil, 2002, p. 9.
2. Lynne Sharon Schwartz et al., *L'Archéologue de la mémoire, Conversations avec W.G. Sebald*, Arles, Actes Sud, 2009, p. 89.

Dans quelques entretiens, réunis sous le titre *L'Archéologue de la mémoire,* Sebald évoque son expérience du temps. Pénétrer l'univers de Matthias Grünewald (l'auteur, au XVIe siècle, du célèbre retable d'Issenheim) l'intéresse beaucoup plus, dit-il, que le présent, lui qui se sent incapable d'envisager l'avenir[1]. En un sens, l'Allemagne qu'il a quittée à l'âge de vingt ans n'est pas son pays, mais par son histoire depuis la fin du XVIIIe siècle, elle l'est : « J'ai hérité de ce fardeau et il faut que je le porte, que cela me plaise ou non[2]. » D'autant plus qu'il a éprouvé, d'abord dans sa propre famille, cette « conspiration du silence », si caractéristique des années d'après guerre, qui fut la motivation profonde de son départ pour l'Angleterre. D'où, ensuite, une fois passé de l'écriture universitaire à la littérature, sa visite des archives et sa quête des traces de toutes sortes, notamment son recours aux photos qui, dit-il, à la fois attestent « la véracité du récit » et « arrêtent le temps ». Quand je regarde photos ou films datant de la guerre, « il me semble que c'est de là que je viens, pour ainsi dire, et que tombe sur moi, venue de là-bas, venue de cette ère d'atrocités que je n'ai pas vécue, une ombre à laquelle je n'arriverai jamais à me soustraire tout à fait[3] ».

Publié en 2001, *Austerlitz,* que ne scande aucun chapitre ni aucun paragraphe, couvre, en fait, une période de trente années : de 1967 à 1996. C'est, en effet, le temps qui s'écoule – ou plutôt ne s'écoule pas – entre la première et la dernière rencontre du narrateur avec Jacques Austerlitz, mais, à l'instar des deux protagonistes du roman, le

---

1. *Ibid.*, p. 45, 163.
2. *Ibid.*, p. 53.
3. W. G. Sebald, *De la destruction comme élément de l'histoire naturelle,* trad. française, Arles, Actes Sud, 2004, p. 53.

lecteur se trouve pris dans ce présent continué qui est celui du narrateur qui, de la première à la dernière ligne, parle, observe, note et rapporte les propos tenus par Austerlitz, sans interruption ni césure. Dans l'architecture monumentale du XIXᵉ siècle, qui est son sujet d'étude, celui sur lequel il a accumulé des notes, Austerlitz déchiffre moins le futurisme qui la traverse que la catastrophe qu'elle annonce. « Ces constructions surdimensionnées projettent déjà l'ombre de leur destruction » et « elles sont d'emblée conçues dans la perspective de leur future existence à l'état de ruines [1] ». Sebald retrouve là un thème des conversations entre Hitler et son architecte, Albert Speer, à propos de la grandeur des ruines romaines. En fonction de cette « théorie des ruines », Speer conduisit, de fait, des essais sur ce que pourraient être des ruines du futur, celles justement du Reich nazi. Penser dès aujourd'hui aux ruines de l'avenir, car tout empire doit finir un jour, est de la responsabilité des fondateurs, s'ils veulent non pas entrer, mais rester dans l'Histoire [2].

Une conversation d'Austerlitz avec le narrateur éclaire sa perception du temps. Cette discussion se déroule, comme par hasard, lors d'une visite à l'Observatoire royal de Greenwich, où tous deux passent plusieurs heures à examiner les divers instruments liés à la mesure du temps : quadrants, sextants et autres chronomètres. Dans le Cabinet aux étoiles, Austerlitz, qui n'a jamais possédé de montre ni de réveil, a toujours regimbé, dit-il, contre « le pouvoir du temps », où il voit « la plus artificielle de nos inventions ». Le calculer « à partir des cernes de croissance des arbres ou de la durée que met un calcaire à se

---

1. W. G. Sebald, *Austerlitz*, trad. française, Arles, Actes Sud, 2002, p. 27.
2. Julia Hell, *Ruin Gazing*, Chicago, Chicago University Press (à paraître).

désagréger » n'aurait pas été plus « arbitraire ». Regardant la Tamise depuis la fenêtre, il récuse l'idée newtonienne du temps qui s'écoule comme le courant du fleuve. D'où viendrait-il et dans quelle mer irait-il se jeter, demande-t-il ? Quelles seraient donc les rives du temps ? Austerlitz n'est en rien, à la Chateaubriand, un nageur entre les rives du temps. Aucune de ces images ne vaut et le régime moderne d'historicité n'est pas pour lui, pas plus que l'Histoire qui va avec. Il ajoute que, au fil des siècles et des millénaires, le temps n'a pas été « synchrone » (longtemps « immobile » là et en « une fuite éperdue » ailleurs), car c'est depuis peu seulement qu'il se trouve « en expansion et se répand en tous sens [1] ». Synchronisation et accélération datent d'hier seulement. Il se veut, pour ainsi dire, en position d'extériorité par rapport au temps, dont il perçoit les grandes pulsations modernes.

Car, pour Austerlitz, le temps s'est, en fait, « arrêté » ce jour de 1939 où il a quitté Prague dans un *Kindertransport* organisé par la Croix-Rouge à destination de Londres. Mais il n'en a eu la révélation que bien des années plus tard, lorsque, à la recherche de lui-même, il est revenu à Prague, où, par chance, son ancienne nourrice était toujours là. Pourtant, cette expérience du retour ne débouche nullement sur celle d'un temps retrouvé. Tout au contraire. Quand Vera – c'est le nom de la nourrice – lui montre une photo d'un enfant de cinq ans costumé en page, en lui disant : « C'est toi », il reste stupide, en proie « au sentiment accablant qu'il s'agissait d'un passé définitivement révolu ». La reconnaissance mémorielle n'opère pas. La voie de ce « petit plaisir », dont parle Paul Ricœur, lui demeure proprement barrée. Tout à l'opposé, il n'a jamais éprouvé, dit-il, aussi fortement le sentiment de son

---

1. W. G. Sebald, *Austerlitz, op. cit.*, p. 123.

inexistence[1]. « Percé par le regard interrogateur du page venu réclamer son dû », il se sent incapable d'acquitter cette dette. L'historicité est bloquée : la distance de l'enfant qu'il était à l'adulte qu'il est devenu semble impossible à combler. Estimant qu'il n'a dès lors plus rien à faire à Prague, il va à la gare et prend un train pour l'Allemagne, et c'est seulement à l'instant où le train franchit la Vltava qu'il prend vraiment conscience que, en fait, « le temps s'était arrêté depuis le jour de son premier départ[2] ». Le train du temps, si présent chez les romanciers pour signifier la marche de plus en plus rapide de l'Histoire, comme ses incertitudes, s'est arrêté. Ou, plutôt, il a trop roulé vers trop de camps, pour qu'on puisse encore embarquer à son bord avec confiance. Dans *Austerlitz*, les gares sont très présentes et toujours inquiétantes. De la première, la gare d'Anvers, jusqu'à la gare d'Austerlitz, sur laquelle s'achève le roman, celle d'où est probablement parti son père et qui lui a toujours paru le lieu « d'un crime inexpié[3] ».

Quant au présent, le regard porté sur lui par Austerlitz est bien résumé dans la description horrifique qu'il donne de ses visites à la nouvelle Bibliothèque nationale de France, alors qu'il recherche des traces de son père. Dans ce lieu qui est censé être, selon une expression qu'il déteste, le « sanctuaire de tout notre patrimoine écrit », il engage une longue conversation avec un employé sur « le dépérissement croissant de notre capacité de souvenir, corrélat de la prolifération des moyens d'information, et sur l'*effondrement* (c'est le mot même de son interlocuteur) de la Bibliothèque nationale ». Pour ce dernier, en effet, tant

---

1. *Ibid.*, p. 221.
2. *Ibid.*, p. 262.
3. *Ibid.*, p. 343.

le bâtiment que les procédures, visant à exclure le lecteur, étaient « la manifestation presque officielle du besoin de plus en plus affirmé d'en finir avec tout ce qui entretient un lien vivant avec le passé [1] ».

Sebald le dit d'une autre façon encore, qui nous permet de retrouver le colonel Chabert. Un matin qu'il est à la BNF, Austerlitz, mettant ses recherches de côté, entame la lecture du roman de Balzac. Qu'en retient-il ? Chabert se dresse, dit-il, « tel un fantôme » dans le bureau de Derville. Vient ensuite l'évocation du charnier, cette « fosse des morts », comme l'appelle Balzac, où il a été jeté. Cette lecture ne fait que renforcer le soupçon, déjà exprimé auparavant par Austerlitz, que « la frontière entre la vie et la mort est plus perméable qu'on ne le croit d'ordinaire ». Le Chabert de Balzac était un mort vivant, un exclu du temps, alors que celui de Sebald est un passeur du temps : il témoigne qu'on peut passer d'un espace à l'autre : « Il n'y a que des espaces imbriqués les uns dans les autres [...], les vivants et les morts au gré de leur humeur peuvent passer de l'un à l'autre [2]. » Tout de suite après cette lecture, Austerlitz tombe sur une photo d'une pièce garnie de casiers où sont aujourd'hui conservés les dossiers des prisonniers de Terezín. Lors de sa visite de la forteresse, il n'avait pas eu le « cœur » d'y entrer. À la vue de cette salle d'archives, « l'obsession » lui vient que son « véritable poste de travail devait se trouver là-bas », où tant de gens avaient succombé, et « le sentiment de culpabilité de ne pas l'avoir rejoint [3] ». Son poste de travail, qu'il a déserté, sa tâche est justement que ces morts puissent, eux aussi, passer d'un espace à l'autre. Il retrouve

---

1. *Ibid.*, p. 336.
2. *Ibid.*, p. 221.
3. *Ibid.*, p. 333.

ainsi, *via* Balzac, cette fonction de passeur des morts et de l'historien en homme de la dette. Mais avec cette différence considérable que, pour Austerlitz, « le temps n'existe absolument pas », c'est lui Austerlitz qui a « le sentiment de ne pas avoir de place dans la réalité, de ne pas avoir d'existence [1] ». En les ressuscitant, l'historien de Michelet, passant et repassant l'Achéron, fait que les morts deviennent de bons morts, des morts qui cèdent la place aux vivants, tandis que ces derniers, en échange, leur reconnaissent une place, la leur, dans une histoire qui marche et progresse. Rien de tel chez Sebald, pour qui, alors que le temps s'est arrêté et qu'il n'y a que du présent, le travail de l'écrivain consiste à faire revenir ces morts qu'on a voulu d'abord effacer puis ensevelir sous le silence. Sebald est plus du côté de l'antique *Mnêmosunê* que de *Clio*.

De ce temps arrêté ou de ce présent qui piétine, Sebald donne un dernier signe qui relie la vie d'Austerlitz, telle qu'il l'a écrite, à la sienne propre, marquée par le : « c'est de là que je viens ». Le roman s'achève, en effet, sur le retour du narrateur à la forteresse de Breendonk en Belgique, déjà évoquée lors de sa première rencontre avec Austerlitz, trente ans plus tôt. Breendonk avait fonctionné comme camp de concentration entre 1940 et 1944. Jean Améry y fut interné et torturé. Là, assis à l'écart au bord des douves, le narrateur lit un livre que lui avait donné Austerlitz (*Heshel's Kingdom* de Dan Jacobson). À la recherche de traces de sa famille d'origine lituanienne, Jacobson raconte sa visite au neuvième fort de Kaunas, où trente mille personnes furent assassinées par les Allemands. Dans les caves, il relève ce graffiti : « Nous sommes neuf cents Français », puis des noms avec un lieu ou une

---

1. *Ibid.*, p. 221.

date, parmi lesquels : « Max Stern, Paris, 18.5.44 [1]. » Or, cette date correspond à la date de naissance de Sebald, qui, en Angleterre, se faisait appeler Max. Ultime façon de dire qu'en effet il vient de là et qu'il lui incombe d'être le *vicarious witness* de ce Max qu'il n'a pas connu.

Austerlitz prend enfin position, à un moment précis du livre, sur la question du faire de l'histoire. Elias (c'est le prénom qu'ont donné à l'enfant ses parents adoptifs) vient d'apprendre qu'il s'appelle, en réalité, Jacques Austerlitz, du nom de ce lieu de Moravie où se déroula une bataille célèbre. Le professeur d'histoire, napoléonien fervent, raconte à la classe la bataille ou, mieux, il met en scène cette journée du 2 décembre 1805, qui, du coup, concerne presque directement Elias-Austerlitz [2]. Mais, en dépit de sa science et de sa fougue, Hilary (c'est le nom du professeur), reconnaît que « ses descriptions restent beaucoup trop sommaires ». À ce point, et même s'il n'est pas directement nommé, surgissent, pour le lecteur, l'évocation de cette même bataille par Tolstoï, soit ses interrogations sur l'Histoire et ses critiques ruineuses de ce que peut bien signifier faire de l'histoire. Selon Hilary, le professeur, relater de façon un peu systématique ce qui s'est passé ce jour-là nécessiterait un « temps infini ». On est obligé de recourir à des phrases ridicules, comme « la bataille était indécise ». « Faire de l'histoire, ce n'était que s'intéresser à des images préétablies, ancrées à l'intérieur de nos têtes, sur lesquelles nous gardons le regard fixé, tandis que la vérité se trouve ailleurs, quelque part à l'écart, en un lieu que personne n'a encore découvert. » De tous temps, ces

---

1. *Ibid.*, p. 350.
2. On peut noter que Napoléon occupe une place importante chez Sebald.

images ont « meublé le théâtre de l'histoire[1] ». Et donc radicale insuffisance de l'histoire.

Rolin : d'une histoire à une autre

« Pourquoi suis-je venu à une époque où j'étais si mal placé ? » s'interrogeait Chateaubriand, alors que c'était la débandade à Paris au moment du retour de l'île d'Elbe, tout en sachant fort bien que, de ce « mal placé », il avait fait le ressort de tout : de sa carrière comme de ses démissions, et, avant tout, de son écriture[2]. Ce « mal placé », Olivier Rolin le fait sien à son tour, le revendique même pour l'écrivain dans une conférence prononcée en 2001[3]. J'étais « en dedans et à côté de mon siècle », ajoute encore Chateaubriand, à quoi fait écho cette phrase du narrateur, dans *Tigre en papier,* sur leur génération située « à côté de la plaque », alors que d'autres « naissent en plein dans l'Histoire », « en plein dans le mille[4] ». Rolin et ses camarades se découvrent douloureusement exilés de l'Histoire, tandis que le « mal placé » de Chateaubriand s'impose à lui parce qu'il se retrouve brutalement trop placé dans le mille de l'Histoire : entre deux temps, entre deux régimes d'historicité. Au-delà, déjà, du régime moderne pour la génération de Rolin.

Partons des propos du narrateur de *Port-Soudan,* roman publié par Rolin en 1994. Ayant appris avec pas mal de retard la mort de son ami A, il revient brièvement à Paris depuis Port-Soudan, où il a fini par « échouer », après des

---

1. *Ibid.,* p. 89.
2. Chateaubriand, *Mémoires d'outre-tombe, op. cit.,* tome I, p. 1129.
3. Olivier Rolin, « Un écrivain doit-il aimer son époque ? », dans *Bric et Broc,* Lagrasse, Verdier, 2011, p. 58.
4. *Ibid.,* p. 26.

années de bourlingue, qui faisaient elles-mêmes suite à des années où A et lui avaient partagé de « grandes et vagues espérances » de changer le monde. La distance créée par l'exil renforce encore le décalage temporel. On a là, sur le mode narratif, l'analogue du regard éloigné de l'ethnologue. Qu'il s'agisse des lieux (le Paris qu'il a habité) ou des personnes qu'il rencontre (celle qui a été la compagne de A), le narrateur se perçoit comme déphasé et déplacé : « elle était », cette jeune femme, « de ce temps-là où il n'y avait plus de temps, rien qu'un présent scintillant [1] » – de ce temps donc que j'ai proposé de nommer présentiste, tôt diagnostiqué par les personnages de Rolin. Quant à lui, le narrateur, il appartenait à un temps révolu, celui où l'on pouvait aspirer à la coïncidence d'« un grand amour et d'une grande espérance humaine [2] ». Il venait, dit-il aussi, « de deux côtés » : celui de la littérature et celui de l'histoire [3]. Par le côté de la littérature, il entendait d'ailleurs Apollinaire et Breton, plus que le roman. Le surréalisme était passé par là. L'important, toutefois, est la réaffirmation du lien étroit entre la littérature et l'histoire, qui, tel a été le point de départ de ce chapitre, ont partagé, depuis le XIXe siècle, un destin commun.

De la césure intervenue entre ce temps d'avant et l'après, nous ne saurons rien de précis, sinon, en passant, que la mystique de leurs jeunes années s'était corrompue en politique [4]. Fameuse, la formule est de Charles Péguy revenant sur l'Affaire, celle qui a marqué toute sa vie et dont il n'est jamais sorti : l'affaire Dreyfus [5]. Sans doute

---

1. O. Rolin, *Port-Soudan,* Paris, Le Seuil, 1994, p. 96.
2. *Ibid.,* p. 36.
3. *Ibid.,* p. 97.
4. *Ibid.,* p. 13.
5. Voir *supra*, chap. premier, p. 70.

le narrateur de *Port-Soudan* pourrait-il faire siens ces mots de Daniel Halévy à propos de l'Affaire : « Une seule et redoutable crise nous a pris et marqués. »

Si nous passons de *Port-Soudan* à *Méroé*, roman publié quatre ans plus tard, en 1998, qui ramène le lecteur au Soudan, nous retrouvons, à travers les deux personnages du narrateur et de l'archéologue allemand, les interrogations sur la littérature et l'histoire, mais le lecteur ne peut qu'être frappé par leurs transformations. Vollender – c'est son nom (soit celui qui termine tout, celui qui met un point final, si l'on se réfère à l'allemand ?) – « suspectait en moi le défaut de savoir historique, mais moi ce que je redoute chez ceux qui tenteront l'aventure de me lire, c'est qu'ils ignorent ce qu'est le temps... » Et Vollender d'expliquer au narrateur : « Je fais l'autopsie du temps [1]. »

Dans *Méroé*, en effet, le récit explore une nouvelle rencontre avec l'Histoire, et il est tout entier porté par l'expérience d'une nouvelle perception du temps. Jusqu'alors, les narrateurs de Rolin venaient d'une histoire en prise directe avec le régime moderne d'historicité, avec la Révolution en figure centrale. Ils avaient participé à ce temps d'avant (ayant la « nostalgie d'un temps qui ouvrît sur de vastes lendemains », comme le rappelle le narrateur de *Port-Soudan*) et avaient cru à cette histoire-là, qui était simplement l'Histoire (ou cette « meule de l'Histoire », comme la désigne significativement Vollender). Et les romans de Rolin, depuis le premier qu'il a publié, *Phénomène futur,* commençaient après : par-delà la brisure et l'effondrement, au milieu des ruines et dans une volonté désespérée et toujours déçue d'oubli. Revêtus de leur « smoking de ruines », les narrateurs se définissent comme des êtres

---

1. O. Rolin, *Méroé*, Paris, Le Seuil, 1998, p. 173.

« ruinicoles », mais la poésie des ruines n'est vraiment pas leur tasse de thé [1].

Si, de *Port-Soudan* à *Méroé,* il s'agit bien toujours du Soudan, celui où se déroule *Méroé* est bien différent. Plus exactement, dans *Port-Soudan,* on ne va guère au-delà du nom et d'un déchiffrement des *Instructions nautiques,* alors qu'avec *Méroé* on est d'emblée en plein cœur du pays. « Port-Soudan » n'est guère plus que le nom d'un port, quasiment « englouti », dans les sonorités duquel affleure, note le narrateur, « un vague côté Rimbaud mâtiné de Conrad [2] ». En revanche, le Soudan de *Méroé* est plein d'histoire et de temps, mais ce sont des histoires ensevelies, celles d'oubliés et de vaincus, ce ne sont que des fragments de temps désaccordés, de segments de temps, pour ainsi dire, anachroniques les uns par rapport aux autres. Jusqu'à un certain point, le traitement du Soudan par Rolin rappelle celui de l'Amérique par Chateaubriand : la première Amérique, celle qu'il découvre dans l'*Essai historique,* n'a pas d'histoire, et ses déserts, quasiment hors du temps, sont le refuge de la seule liberté authentique, alors que la seconde, celle que décrit le *Voyage en Amérique,* présentée dans les *Œuvres complètes,* vingt-cinq ans plus tard, se révèle, elle aussi, pleine de temps. On y trouve des tombeaux et des ruines, tandis que les Sauvages ne sont plus que des moribonds aux portes des villes. Et c'est cette Amérique-là qui a inventé la liberté politique moderne.

Dans *Méroé,* le truchement de cette transformation est le personnage (pour le moins ambigu) de l'archéologue Vollender, à la fois fouilleur obstiné et, sans doute, assassin. Il s'acharne, des années durant, à mettre au jour ce qu'il va, au final, ensevelir pour toujours. Il est bien, ainsi

---

1. O. Rolin, *Bar de flots noirs,* Paris, Le Seuil, 1987, p. 9, 214.
2. *Ibid.,* p. 55.

que son nom l'indique, celui qui tout achève. Il prétend vouloir transmettre ses découvertes, mais tout en lui s'y refuse. Il n'empêche qu'il y a, au total, comme une leçon d'histoire du Dr Vollender ! Il a choisi ce sujet (les royaumes médiévaux du Soudan) ou ce sujet l'a choisi, parce qu'il vient d'un pays, la RDA, qui est en train de s'effacer sans laisser aucune trace. Les archéologues de l'avenir, s'il y en a, n'en retrouveront rien. Aussi, venant d'un pays fantôme, il a voué sa vie à cet autre pays fantomatique qu'est le Soudan « où on trouve encore des pharaons quand l'Empire romain est à moitié démoli par les Barbares. C'est, dit-il, comme si la RDA continuait à exister… au XXVIIe siècle [1] ! » On est projeté là en plein dans le simultané du non-simultané.

Mais pour commencer à y voir quelque chose, il faut d'abord qu'il sorte de l'Histoire, oublie celle dans laquelle il a été élevé, celle du régime moderne d'historicité, qui broie les civilisations l'une après l'autre, comme une « meule ». Elle lui paraissait alors, cette Histoire, « l'accomplissement le plus parfait de l'Humanité[2] ». De plus, le Berlin d'après-guerre où il vivait, avec ses ruines noircies et ses monceaux de gravats, était en même temps la « capitale des avenirs radieux » : celui du « rêve américain », d'un côté, comme celui de « la révolution d'Octobre et de toujours », de l'autre. Là, le temps de l'Ouest et de l'Est marchait également au progrès, et de plus en plus vite. Le régime moderne avait repris sa marche rapide et l'on croyait en l'Histoire.

Dans la ville, un lieu, malgré tout, offrait la possibilité de remettre en question ces schémas temporels trop simples : l'île des Musées. Embarqué sur ce « vaisseau

---

1. O. Rolin, *Méroé, op. cit.*, p. 89.
2. *Ibid.*, p. 86.

temporel », Vollender va, remontant le Nil et descendant le temps, rencontrer « cette Égypte fantôme, africaine et tardive, déplacée, métissée, anachronique » et décider alors qu'elle deviendrait son « pays [1] ». Ce récit de vocation est aussi celui d'une conversion : l'archéologue devient celui qui exhume du temps (le temps est un corps) et se livre à l'autopsie des temps (il y a des « temps osseux », « cérébraux », « intestinaux »). Le narrateur, pour sa part, fait pleinement sienne cette approche attentive aux « déformations du Temps (avec ses « poches », ses « catacombes », ses « éboulements ») et, dans la bibliothèque déserte du musée de Khartoum, il suit les traces précaires (et vouées à une disparition prochaine) de ces Nubiens qui, jusqu'au XVIe siècle, ignorés de tous et ignorants du reste du monde, ont persisté « dans la solitude d'un temps qu'ils ne partageaient plus avec personne [2] ». Non pas hors temps, ils vivaient dans un autre temps : asynchrones.

À l'instar de Chateaubriand, le narrateur de Rolin découvre la puissance du simultané du non-simultané, qui a été récusé et domestiqué par tous ceux (dont il a été) qui ont cru en l'Histoire. S'ensuivent une autre perception des ruines et une autre forme d'histoire, dans le sillage de Vollender. Quant à la littérature, elle en ressort, elle aussi, transformée. S'ouvre, en effet, à elle un nouvel espace (alors même que le présent présentiste la déclare inutile). « Grande résonance du passé », elle « est tournée vers ce qui a disparu, ou bien ce qui aurait pu advenir et n'est pas advenu [3] ». La force singulière de l'écriture de Chateaubriand avait été, nous l'avons vu, d'avoir su ou pu conjuguer la puissance nouvelle de l'Histoire saisissant le

---

1. *Ibid.*, p. 175.
2. *Ibid.*, p. 91.
3. *Ibid.*, p. 96.

monde et celle de la mémoire, qui brouille les lignes, ne cessant de briser le temps *chronos* par le temps *kairos*. Avec lui, l'écrivain devenait ce nageur entre deux rives, « s'éloignant avec regret du vieux rivage », « nageant avec espérance vers une rive inconnue[1] ». Il se muait proprement en un lieu de mémoire : non pas une ruine contemplant sa lente décrépitude, mais ce point, lui-même mobile, où les fils du temps se croisaient et se recroisaient (échangeur ou poste d'aiguillage), où « les formes changeantes de sa vie entraient les unes dans les autres », où les dates s'appelaient et se réverbéraient, où les lieux visités jamais ne coïncidaient exactement avec eux-mêmes, puisque s'y insinuait le « tremblement du temps[2] ».

Pour les narrateurs de Rolin, il n'y a ni autre rive ni même, au moment où tout s'interrompt, « les reflets d'une aurore » dont ils ne verront « pas se lever le soleil[3] ». En ce sens, ils ne croient plus du tout en l'Histoire mais, entre les premiers romans et *Méroé,* un déplacement s'est opéré. Présentés comme de « vieux dandys en gravats », revêtant leur « smoking de ruines[4] », les premiers narrateurs sont des personnages au bout du rouleau et des êtres de la fin. Pour eux, c'en est fini à tout jamais du régime moderne d'historicité et de ses illusions. Le narrateur de *Méroé* n'est certes pas en grande forme, mais, dans sa chambre de l'hôtel des Solitaires, il écrit cette histoire, non qu'il pense, précise-t-il, « contribuer ainsi à l'édification des générations à venir[5] », mais il n'empêche : il l'écrit. Et, surtout,

---

1. Chateaubriand, *Mémoires d'outre-tombe, op. cit.,* tome II, p. 1027.
2. Chateaubriand, *La Vie de Rancé, Œuvres romanesques et voyages,* Paris, Gallimard, « Bibliothèque de la Pléiade », I, p. 1063.
3. C'est, rappelons-le, la dernière phrase des *Mémoires d'outre-tombe.*
4. O. Rolin, *Bar des flots noirs, op. cit.,* p. 9.
5. O. Rolin, *Méroé, op. cit.,* p. 14.

il sait bien que le monde ne finira pas avec lui[1]. Avec *Méroé* se trouve posée la question d'une transmission : suspendue, dans le cas du narrateur, qui demeure muré dans sa position d'« étranger radical », recherchée et violemment refusée dans celui de Vollender. En ce sens, *Méroé* prépare et rend possible le roman suivant, *Tigre en papier,* où Martin, le personnage central, réussit à parler à Marie de son père mort, qui avait été le meilleur ami de Martin, et même à évoquer son propre père tué en Indochine : le lieutenant passé de la Résistance à une guerre coloniale. Elle est aussi la première à qui il peut faire le récit de ses années d'engagement : un récit à la fois distancié et sans mépris. Ces temps justement où il a cru en l'Histoire, en une Histoire largement rêvée.

Au total, les personnages des romans de Rolin ont, d'abord, voulu briser le temps en deux, en remettant en marche le futurisme de la Révolution, trahi et oublié par ceux qui s'en proclamaient encore les dépositaires officiels. Ils ont tenté de croire, jusqu'à l'aveuglement, en l'Histoire. Si l'espoir était là, le désespoir, pourtant, n'était jamais loin. Avant, un peu plus tard, de rechercher fiévreusement l'oubli, mais un oubli traversé par la conscience que leur « trésor », même ténu, ou leur « héritage », dénigré ou moqué, n'avait été précédé d'aucun testament, moins que jamais. À ce point pourrait convenir la formule de René Char, d'abord reprise par Hannah Arendt, sur l'héritage (celui de la Résistance en l'occurrence) qui n'avait été précédé d'aucun testament[2]. Mais elle ne suffit pas, dans la mesure où la difficulté se trouve redoublée, dès lors que

---

1. *Ibid.,* p. 58.
2. René Char, *Feuillets d'Hypnos, Œuvres complètes,* Paris, Gallimard, « Bibliothèque de la Pléiade », 1983, p. 190. Hannah Arendt, *La Crise de la culture,* trad. française, Paris, Gallimard, p. 11.

leur apparaît de plus en plus clairement qu'eux-mêmes venaient d'un temps qui n'avait été précédé d'aucun testament (celui de la Résistance, avec lequel se débattait Char, et dont ils se voulaient, eux qui étaient nés après, les authentiques héritiers) et celui, bien plus poisseux, de la défaite et de tout ce qui s'était ensuivi, que nul testament n'accompagnait, et pour cause, et qui se marquait par le silence qui a enveloppé notre enfance. À quoi il faut encore ajouter les expéditions et les défaites coloniales, elles-mêmes prises, engluées dans ce même silence initial.

Ainsi que le dit, magnifiquement et justement, le narrateur à la fin de *Méroé* : « Il me semble que quelque chose, une onde sinistre, vient de ce temps incroyablement lointain où ma vie commençait près des ruines de Saint-Nazaire, dans la mélancolie de l'estuaire pluvieux », alors même que dans la France d'après-guerre n'allait pas tarder à se manifester la soif d'oubli et de consommation. Et cette autre image encore, pour désigner le lieu absent où, pourtant, tout commence : « Cela se confond dans mon souvenir avec le soleil couchant sur un paysage façonné par une tragédie que je n'avais pas connue, mais dont je sentais qu'elle marquerait ma vie [1]. » Ainsi commencèrent, pour Rolin et les siens, tout comme pour Sebald et Jacques Austerlitz, l'exil : des voyages sans cesse recommencés qu'accompagnait le sentiment persistant d'être « mal placé ». Et de cette absence initiale se forma la possibilité d'une écriture, s'imposa une nécessité d'écrire. Ni l'Histoire, ni même vraiment des histoires (qu'organise ce « fil du récit », que Musil jugeait déjà brisé), mais, à partir de paysages de ruines, l'ombre portée d'une tragédie longtemps enveloppée de silence.

---

1. O. Rolin, *Méroé*, *op. cit.*, p. 254.

APRÈS L'HISTOIRE

Dans le cours des années 2000, des romans ont exploré d'autres voies, empruntant plus à des schémas apocalyptiques qu'à la tragédie. La question n'est plus de savoir s'ils croient en ou à l'Histoire : ils se placent délibérément après, une fois la catastrophe advenue. De quel temps est alors fait cet après ? Est-ce même encore du temps ? Les Apocalypses « classiques » l'envisageaient comme un temps tout autre...

Je pense, en particulier, à deux romans américains, largement traduits dans le monde : *L'homme qui tombe* de Don DeLillo et *La Route* de Cormac McCarthy, rapidement porté à l'écran [1]. Voilà deux écrivains, peu loquaces sur eux-mêmes et auteurs d'une œuvre importante. Nés, respectivement, en 1933 et en 1936, ils ont bien connu la période de la grande peur nucléaire que symbolise, depuis 1947, l'horloge du Jugement dernier, dont l'aiguille des minutes recule ou avance, selon la gravité des crises. Mais, avec ces deux livres, il s'agit d'autre chose : d'une apocalypse qui est là, a eu lieu. Il n'est plus temps de l'annoncer, de l'imaginer ou de tenter de la prévenir. On se trouve d'emblée dans l'après-catastrophe : tout juste après avec DeLillo – les tours du World Trade Center sont en flammes [2] ; dans un après indéterminé avec McCarthy, mais qui dure depuis des années déjà.

Dans *La Route,* un monde en ruines, d'où toute vie a disparu, achève lentement de mourir. Il n'y a plus ni

---

1. Don DeLillo, *L'homme qui tombe,* trad. française, Arles, Actes Sud, 2008 ; Cormac McCarthy, *La Route,* trad. française, Paris, L'Olivier, 2008.
2. F. Hartog, « La temporalisation du temps : une longue marche », dans *Les Récits du temps*, sous la direction de J. André, S. Dreyfus-Asséo, F. Hartog, Paris, PUF, 2010, p. 13-15.

calendrier ni comput, rien qu'une alternance de nuits, toujours plus noires, et de jours, toujours plus gris. Si dense est la couche de cendres et de poussière que des vents froids ne cessent de disperser, que le soleil et la lune ne sont plus que de pâles halos et qu'il faut porter des masques. Sur cette terre de désolation, d'épaves et de cadavres, marchent, ne doivent pas cesser de marcher *(to keep going)*, en direction du Sud, un père et son jeune fils, alors qu'errent quelques misérables, isolés ou en bandes qui ont abdiqué toute humanité. Règne à nouveau un état de guerre de chacun contre chacun, où l'ordinaire est fait de chair humaine. La règle est de tuer pour ne pas être tué. Ne reste plus qu'à attendre que le dernier des hommes ait mangé le dernier homme. Tous ces errants en guenilles, entre SDF et rescapés des camps, sont désormais moins des « survivants » que des « morts vivants ». Dans ce temps d'après, il n'y a plus ni passé ni futur, rien en deçà ou au-delà du moment présent : « Chaque heure. Il n'y a pas de plus tard. Plus tard c'est maintenant[1]. » Les paragraphes succèdent aux paragraphes, sans liaisons, commençant et finissant de façon abrupte. Vocabulaire et syntaxe se sont appauvris.

« C'est quoi nos objectifs à long terme, demande un jour l'enfant à son père ?
– Où as-tu entendu ça ?
– C'est toi qui l'as dit.
– Quand ?
– Il y a longtemps[2]. »

Dans les Apocalypses, l'après ouvre sur un temps tout autre : celui de l'éternité du règne de Dieu. « J'ai vu, écrit Jean, un nouveau ciel et une nouvelle terre », où il n'est

---

1. Cormac McCarthy, *La Route, op. cit.*, p. 54.
2. *Ibid.*, p. 145.

plus besoin que « brillent le soleil ni la lune ». Situé par définition avant, juste avant ou se donnant sous la forme de prophétie rétrospective (comme le livre de Daniel), le récit apocalyptique calcule le temps qui reste avant la fin et déploie des visions du passage de l'avant à l'après, avec les catastrophes qui l'accompagnent. Qu'en est-il dans *La Route* ? Le temps de la catastrophe doit-il durer toujours ou, à défaut d'une nouvelle Jérusalem, une lueur (au bout de la route) est-elle concevable ? À travers quelques allusions bibliques, McCarthy donne à cet égard des indices contradictoires. Au détour de la route et d'un paragraphe, les deux marcheurs rencontrent un mendiant qui dit se nommer Élie (mais ce n'est sans doute pas son vrai nom). Or, c'est la seule fois qu'un nom propre est donné, car, dans cet univers en déshérence, les noms et les prénoms n'ont plus cours. Élie, toutefois ça n'est pas n'importe quel nom, surtout dans ce contexte ! Avec lui s'invite toute la tradition prophétique et apocalyptique : enlevé vers le ciel, il est celui qui, d'une manière ou d'une autre, doit revenir juste avant la fin. Or le pouilleux de McCarthy est un étrange prophète. Depuis toujours sur la route, dit-il, il estime que « les choses iront mieux quand il n'y aura plus personne ». Pour ce qui est de Dieu, la réponse est nette : il n'y en a pas « et nous sommes ses prophètes [1] ». Dans ce soliloque que, par intermittence, le père poursuit avec lui-même, le ramenant vers ce temps d'avant qu'il ne peut partager avec son fils, surgit cette constatation : « Il n'y a pas de grand livre » et tes pères « sont morts et enterrés [2] ». Bref, il n'y a ni jugement, ni partage entre les bons et les méchants : plus rien d'autre qu'un monde en train de cesser d'être. Mais, inversement, filtre un rayon de

---

1. *Ibid.,* p. 155, 152.
2. *Ibid.,* p. 175.

lumière, dont l'enfant est, au sens propre, le foyer : il
« porte en lui le feu [1] ». Cet enfant de l'apocalypse (né
avec elle) est aussi une sorte d'extraterrestre *(alien)* ou
d'enfant divin, « garant » de l'humanité, et d'abord de
celle de son père. Si le père veille sur son fils dans cette
guerre de chaque instant, le fils garde son père contre
l'oubli de ce qui fait l'homme. « C'est pas toi qui dois
t'occuper *(to worry)* de tout », finit-il par lui lancer. « Si
c'est moi », répond l'enfant [2]. Tout près de mourir, le père
voit son fils le « regardant de quelque inimaginable futur,
brillant dans ce désert comme un tabernacle ». McCarthy
en fait-il un peu trop ? À chacun d'apprécier. Le fils, en
tout cas, survit à son père et rencontre un couple qui
ressemble fort à des « gentils ». En sont-ils vraiment,
vont-ils survivre, en rencontrer d'autres et former l'équivalent de ce « reste » (sauvé de la colère de Yahvé), toujours
distingué par les prophètes et les apocalypses ? En tout
cas, le récit penche nettement du côté du fils et non du
côté d'« Élie [3] ». Happy end ? Non, pas encore, mais, au
moins, sa possibilité.

Cinquante ans séparent la « route » de Cormac McCarthy de celle de Jack Kerouac (né dix ans avant lui). La
proximité des titres (dont il est peu probable qu'elle soit
le fait du hasard) marque d'autant plus le fossé qui les
sépare. Celle de Kerouac est appel et ouvre sur un horizon
neuf, elle célèbre le mouvement, la vitesse, les rencontres.
Elle n'est pas séparable de la voiture. Dean n'aime rien tant
que s'asseoir au volant d'une voiture volée et filer en écrasant
le champignon. Celle de McCarthy est désolation, la mer

---

1. *Ibid.*, p. 246.
2. *Ibid.*, p. 229.
3. Un indice extérieur, allant dans le même sens, est donné par la dédicace du livre au jeune fils de Cormac McCarthy.

vers laquelle marchent ses routards n'ouvre sur rien, elle n'est qu'une limite où se brisent des vagues froides et grises. Et, surtout, le père et le fils n'ont pour tout « véhicule » qu'un Caddie, qui roule de plus en plus mal et qu'ils finiront par abandonner. Ils doivent marcher et marcher encore sur cet asphalte, témoignant d'un monde en voie de disparition. Le renversement et la dérision ne sauraient être plus frappants. Les routards de Kerouac, pourrait-on relever, vivent, eux aussi, au jour le jour, sans un sou vaillant, d'expédients et en allant d'une cuite à l'autre, mais ils ont une certitude de l'avenir, non du leur, mais de l'avenir comme tel. Le présent des seconds n'est pas le même que celui des premiers. D'une « route » à l'autre, le futur s'est éclipsé. Élie répond à Dean.

La Route, enfin, peut se lire aussi comme une robinsonnade à l'envers : un anti-Robinson. La mort d'un mythe. Publié en 1719, à l'orée du capitalisme conquérant, le *Robinson* de Daniel Defoe, racontant comment le naufragé était devenu maître et possesseur de son empire, est, selon Michel de Certeau, « un des rares mythes dont ait été capable la société occidentale moderne [1] ». Rousseau ne l'avait-il pas retenu comme la seule lecture nécessaire et suffisante pour Émile ? Defoe décrit comment Robinson met son île au travail et recommence la civilisation : il réinvente le capitalisme et (re)met en marche l'Histoire. Il compte le temps. Alors que McCarthy décrit une terre morte où toute accumulation est devenue impossible, tout projet inconcevable. Pour Robinson, tout devient possible grâce à l'épave du navire, qui lui fournit le « capital » de départ qu'il va faire fructifier avec ordre et méthode. Arrivés au rivage, les deux marcheurs de McCarthy rencontrent,

---

1. Michel de Certeau, *L'Invention du quotidien,* 1, *Arts de faire,* éd. par Luce Giard, Paris, Gallimard, 1990, p. 201.

eux aussi, une épave. Mais toute différente est la situation. Bien sûr, le père la visite, bien sûr, il en rapporte tout ce qu'il peut, mais cette aubaine intervient, non au début du récit, mais à la fin ! Les voilà certes assurés de manger pour quelques jours, mais, sur le fond, rien ne change, puisqu'il n'est pas question de s'arrêter et pas question d'emporter plus que ne peut contenir le Caddie (qui va d'ailleurs leur être volé, avant qu'ils ne réussissent à le récupérer). Ils vont finir par l'abandonner. De toute façon, un Caddie ne suffit pas pour réinventer le capitalisme !

Perdu sur son île sauvage, Robinson a la terreur du cannibalisme. Aussi la découverte de l'empreinte du pas sur le sable va-t-elle le jeter dans des affres terribles. L'anthropophage rôde, mais, grâce à la supériorité de ses armes à feu, il peut le maintenir à la lisière de son monde et, même en faisant une bonne action, gagner un esclave : le fidèle Vendredi. Chez McCarthy, l'anthropophagie est partout, nulle frontière ne subsiste plus entre un dehors sauvage et un dedans plus ou moins civilisé. Le seul gibier que traquent désormais les rares survivants, ces sauvages vêtus de guenilles, est l'homme. Cet après l'Histoire est aussi un en deçà de l'Histoire.

Quand McCarthy écrivait sa fiction, il ne pouvait songer à la catastrophe qui allait bel et bien advenir le 11 mars 2011 : celle de Fukushima. Dans *Fukushima. Récit d'un désastre,* Michaël Ferrier donne une suite de notes, au plus près de ce qu'il a vu, entendu, compris de ce qui s'était passé [1]. À Tokyo d'abord, où il vit, dans la région dévastée ensuite, qu'il a parcourue au volant d'une camionnette, chargée de vivres, de médicaments et de vêtements. Par moments ses descriptions rappellent celles

---

1. Michaël Ferrier, *Fukushima. Récit d'un désastre,* Paris, Gallimard, 2012.

de McCarthy. Qu'il s'agisse du bruit du vent que plus rien n'arrête, « glissement d'un souffle sans fin sur la terre sans formes, le bruit muet des choses qui ne sont plus » ou du jour qui, en se levant, n'en est pas vraiment un : « C'est dans un brouillard blanc qui a toutes les allures d'un sépulcre, un drap de brume et de rosée. Plus personne ne croit au ciel bleu [1]. » Ferrier a-t-il lu McCarthy ? Je l'ignore, et peu importe, car on n'est pas engagé dans une compétition entre le réel et la fiction. Je retiens, en revanche, leurs façons analogues de chercher à rendre perceptible cet après de la catastrophe, qui a emporté avec elle tous les repères spatiaux et temporels. Même les paysages ont disparu.

Mais, avec Fukushima, à ce premier brouillard, visible, s'en ajoute un autre, imperceptible, inodore, celui de la contamination radioactive, dont on peut mesurer la progression et l'intensité. Et qui doit durer longtemps, très longtemps. S'ouvre là, en effet, un temps inédit, celui d'un futur déjà en partie fixé par la durée de vie des produits radioactifs. Un futur passé (mais pas du tout au sens où l'entendait Koselleck), un futur d'ores et déjà advenu, déjà passé, qui contraint, limite, menace le présent. Ou, tout aussi bien, un futur déjà présent, ouvrant un temps qui n'est plus qu'un présent destiné à durer. Il n'y a plus que du présent. Une expression s'est répandue au Japon, celle de « demi-vie ». Elle désigne la période au terme de laquelle un de ces produits ou déchets radioactifs « aura perdu la moitié de son efficacité ou de son danger. Cela peut se compter en jours, en années, en siècles ou en millénaires [2] ». Le plutonium a une demi-vie de vingt-quatre mille ans au moins, mais pour le césium 135 ou le zirconium 93, on compte en

---

1. *Ibid.*, p. 104, 124.
2. *Ibid.*, p. 246.

millions d'années. Ferrier intitule la dernière partie de son livre : « La demi-vie, mode d'emploi ». Il la voit s'installer peu à peu. La pollution radioactive, écrit-il, « se fond pour ainsi dire avec quiétude dans les mœurs, dans les usages jusque dans les jurisprudences [1] ». En tout cas, vivre dans un régime de demi-vie, avec le nucléaire pour horizon indépassable, ce serait, du point de vue du temps, faire l'expérience d'un présentisme intégral, habité par un imaginaire des catastrophes et terriblement anxieux de commémorer.

---

1. *Ibid.*, p. 248.

Chapitre 4

Du côté des historiens : les avatars du régime moderne d'historicité

Depuis Chateaubriand et Balzac, nous avons vu à quel point les écrivains avaient été saisis par le temps et s'en étaient saisis : pour le dire, en fouiller les discordances ou les failles et mettre en valeur le simultané du non-simultané. Non moins requis, les historiens ont été, de leur côté, plus enclins à saisir la marche du régime moderne d'historicité et à en décrire les différentes expressions au cours du XIXe et du XXe siècle. Pour arriver à dire que les hommes font l'Histoire, il a fallu un long cheminement entamé à la Renaissance et porté par la vision de l'homme comme *actor* : il fait et il se fait. Mais pour qu'on pût croire en l'histoire, il fallait encore que le temps devînt, à son tour, un acteur. Ce qui advint à la fin du XVIIIe siècle. De la rencontre et de l'interaction entre les deux acteurs, le premier essayant de maîtriser le second ou de se servir de lui, résultait l'histoire effective. Le régime moderne d'historicité se caractérise par la prédominance de la catégorie du futur, par un écart qui va croissant entre champ d'expérience et horizon d'attente, si l'on reprend les méta-catégories déployées par l'historien allemand Reinhart Koselleck[1]. Le futur est le *telos*. De lui, vient la lumière

---

1. Reinhart Koselleck, *Le Futur passé,* trad. française, Paris, École des hautes études en sciences sociales, 1990, p. 307-329.

qui éclaire le passé. Le temps n'est plus simple principe de classement, mais acteur, opérateur d'une histoire processus, qui est l'autre nom ou le nom véritable du Progrès. Cette histoire, que les hommes font, est perçue comme s'accélérant. Alors on croit en l'Histoire : croyance diffuse ou réfléchie, mais partagée. On croit aussi que les hommes font l'Histoire. Tocqueville est celui qui, en 1840, en a donné la formulation la plus claire : « Quand le passé n'éclaire plus l'avenir, écrit-il, l'esprit marche dans les ténèbres. » Par ces mots, il prend acte de la fin de l'ancien régime d'historicité (quand la lumière venait du passé) et donne, du même coup, la formule du régime moderne, c'est-à-dire la clé d'intelligibilité du monde depuis 1789, où c'est désormais l'avenir qui éclaire le passé et le chemin de l'action. Ainsi l'esprit ne marche pas ou plus dans les ténèbres [1].

LE RÉGIME MODERNE : VERSION FORTE ET PREMIÈRES FAILLES

La découverte et la mise en forme de l'histoire processus, régie par le progrès, a correspondu à l'heureux temps, sûr de lui et conquérant, des philosophies de l'histoire, des histoires universelles ou de la civilisation. Comme l'indiquait François Guizot dans son cours à la Sorbonne de 1828, « l'idée du progrès, du développement, me paraît être l'idée fondamentale contenue sous le mot de civilisation » ; elle comporte deux dimensions : le développement de la société humaine et celui de l'homme lui-même. En somme, « c'est l'idée d'un peuple qui marche, non pour

---

[1]. Selon une formule de Julien Gracq, « l'Histoire est une mise en demeure adressée par le Futur au Contemporain ».

changer de place, mais pour changer d'état ». Si bien qu'il y aurait « une histoire universelle de la civilisation à écrire [1] ». Ouvert vers le milieu du XVIIIe siècle, ce moment est celui, selon Marcel Gauchet, du passage de la « condition politique » à celui de la « condition historique [2] ». N'oublions toutefois pas que, pour Leopold von Ranke, le père toujours célébré de l'histoire moderne, la vision hégélienne de l'Histoire comme progrès de l'Esprit était insoutenable, car elle amenait à la considérer comme un « Dieu en développement ». « Pour moi, ajoutait-il, je crois au dieu unique qui était, est et sera, et en la nature immortelle de l'homme comme individu [3]. » Mais n'en existe pas moins une histoire universelle (qu'il avait même entrepris d'écrire dans son vieil âge), entendue simplement comme la réunion des événements de tous les temps et toutes les nations ; c'est là une conception classique que l'on peut faire remonter jusqu'à Diodore de Sicile au moins. Mais Ranke ajoutait une double mise en garde : pour autant qu'on puisse les traiter scientifiquement et à condition de ne pas séparer l'investigation du particulier du tout auquel il se rattache. Il y avait là matière à de récurrents débats autour du général et du particulier.

L'Histoire *philosophique,* universelle, celle sur laquelle a vécu l'Europe moderne, au point qu'elle a tendu à en faire

---

1. François Guizot, *Histoire de la civilisation en Europe,* Paris, Hachette, 1985, p. 62, 58.
2. Marcel Gauchet, *La Condition politique,* Paris, Gallimard, 2005, p. 9. De la condition historique, il distingue la condition politique, « notre condition permanente, celle qui nous rattache à nos prédécesseurs et par laquelle nous continuons d'appartenir à la même humanité, celle qui demeure en dépit de l'ampleur du changement et qui définit notre identité fondamentale d'acteurs de l'être-ensemble ».
3. Leopold von Ranke, « Einleitung zu einer Vorlesung über Universalhistorie », *Historische Zeitschrift,* 1854, p. 304-307.

la mesure de toute histoire – la véritable Histoire –, a pour trait premier le rôle dévolu au futur : elle est futurocentrée ou futuriste, c'est-à-dire construite du point de vue du futur. Déclarée l'affaire du philosophe, l'histoire a probablement été la meilleure expression du régime moderne d'historicité. Ainsi Schiller, dans sa conférence de 1789 à Iéna, intitulée « Qu'est-ce que l'histoire universelle et pourquoi l'étudie-t-on ? », représente l'Histoire dans la même posture que Zeus qui, du haut de l'Olympe, contemple les batailles des Achéens et des Troyens : « L'Histoire observe avec un regard également joyeux les travaux sanglants des guerres comme l'activité des peuples pacifiques qui se nourrissent innocemment du lait de leurs troupeaux. Pour déréglée que paraisse la confrontation de la liberté humaine avec le cours du monde, l'Histoire observe avec tranquillité ce jeu confus ; parce que son regard, qui porte loin, découvre déjà à distance le but vers lequel cette liberté sans règles est conduite par la chaîne de la nécessité. » Et il pose comme une évidence que « les peuples découverts par les navigateurs sont comme des enfants de différents âges entourant un adulte [1] ». Accélération, retard, avance, plus tard rattrapage, deviennent des notions opératoires. De toutes ces observations et de ces fragments d'histoire, il revient à « l'intelligence philosophique de faire un système ». Car seul le philosophe possède véritablement la capacité de l'embrasser pleinement. Il s'est doté de cette vision synoptique, dont Polybe s'était efforcé de donner une première formulation. Conçue comme « l'explicitation de l'Esprit dans le temps », cette

---

[1]. J. C. F. von Schiller, « Qu'est-ce que l'histoire universelle et pourquoi l'étudie-t-on ? », *Schillers Werke*, K.H. Haln (éd.), Weimar, 1970, vol. XVII, 1, p. 359-376 (*Œuvres historiques*, trad. française, Paris, Hachette, 1860, p. 404-424).

histoire universelle va, selon Hegel, « de l'Est vers l'Ouest, l'Europe en est le terme, l'Asie le commencement [1] ».

Progrès et Révolution

L'expression, probablement la plus emblématique, de ce qu'on pourrait appeler la version forte et optimiste du régime moderne d'historicité éclate dans l'Exposition universelle de 1900, avec son palais de l'Électricité, de style mauresque et brillant de tous ses feux dans la nuit. Fasciné par la salle des dynamos, l'historien américain Henry Adams y fait de longues stations. « En se familiarisant avec la grande galerie des Machines, il commença à sentir dans les dynamos de quarante pieds de long une force morale à peu près semblable à celle que les premiers chrétiens sentirent dans la Croix [...] Bientôt l'envie vous venait de prier [2]. » Là, on est saisi par la sacralité du lieu et le mystère du progrès : la grande dynamo de l'Histoire. Pour Herbert Spencer, qui s'était attaché à produire une théorie du progrès, il n'y a là nul mystère. Le progrès se définit comme « une transformation de l'homogène en hétérogène » (qu'il s'agisse des individus, des sociétés ou des civilisations) et il obéit à cette « loi universelle » qui veut que « toute cause produise plus d'un effet ». Parmi les exemples qu'il prend pour illustrer cette loi, il choisit la locomotive : « Cause prochaine de notre système de chemin de fer, elle a changé la face du pays, la marche du commerce et les habitudes de tous [3]. »

---

1. G.W. F. Hegel, *La Raison dans l'histoire : introduction à la philosophie de l'histoire,* trad. française, Paris, UGE, 1965, p. 280.
2. Henry Adams, cité par Emilio Gentile, *L'Apocalypse de la modernité, La Grande Guerre et l'homme nouveau,* trad. française, Paris, Aubier, 2011, p. 44.
3. Herbert Spencer, *Essais de morale de science et d'esthétique, I, Essais sur le progrès,* trad. française, Paris, Félix Alcan, 1891, p. 1, 43, 71.

Sur un mode plus politique, les discours de Jean Jaurès participent de cette même version forte du régime moderne d'historicité, exprimant avec éloquence sa philosophie du temps, que l'on retrouve dans sa façon d'écrire l'histoire (notamment dans son *Histoire socialiste de la Révolution française*) et, bien évidemment, dans sa conception de l'action politique. Face à ses adversaires conservateurs, il revendique la vraie « fidélité » au passé par cette formule : « C'est en allant vers la mer que le fleuve est fidèle à sa source. » Et pour ce qui est de l'histoire : « C'est chose admirable de voir comment la grande force historique [la Révolution] qui a soulevé un monde nouveau a ouvert en même temps l'intelligence des mondes anciens. » Quant au présent : « Il n'est qu'un moment dans l'humanité en marche », donc « pas d'admiration béate » pour lui, puisque « la France s'en va vers une pleine clarté qu'elle n'a pas encore atteinte, mais dont le pressentiment est dans sa pensée [1] ». Ainsi le futur, comme approfondissement et accomplissement de la Révolution, est bien ce qui vivifie et donne sens au passé comme au présent. De cette même version forte participe pleinement le jeune Jean-Paul Sartre : « On me disait souvent : le passé nous pousse, mais j'étais convaincu que l'avenir me tirait ; j'aurais détesté sentir en moi des forces douces à l'ouvrage, l'épanouissement lent de mes dispositions. J'avais fourré le progrès continu des bourgeois dans mon âme et j'en faisais un moteur à explosion ; j'abaissai le passé devant le présent et celui-ci devant l'avenir, je transformai un évolutionnisme tranquille en un catastrophisme révolutionnaire et discontinu [2]. » Voilà qui ne saurait mieux être dit !

---

1. Jean Jaurès, *Discours et Conférences,* Paris, Flammarion, « Champs », 2011, p. 210, 239-240, 249-250.
2. Jean-Paul Sartre, *Les Mots, op. cit.*, p. 192.

Progrès et révolution marchent de concert. Pour Marx, les révolutions sont les « locomotives » de l'histoire. L'image du train du temps ou de l'Histoire est très sollicitée tout au long de la période. Les écrivains y montent ou en descendent volontiers. Conçue comme un développement logique, la révolution est portée et apportée par le futur, conformément à l'idée de Ferdinand Lassalle pour qui « les révolutions se font, on ne les fait pas » ou de Karl Kautsky pour qui « nous marchons vers une ère de révolution dont nous ne pouvons préciser l'avènement », sans exclure le messianisme d'August Bebel annonçant à ses auditeurs de 1891 que « peu de gens présents dans cette salle ne vivront pas ces jours [1] ». Avec l'interprétation léniniste, en revanche, quelque chose change dans le rapport au temps. Pour advenir, la révolution doit opérer un saut hors du présent, sous l'action d'une avant-garde révolutionnaire. S'ouvrent alors un temps autre et un nouveau futur, promesses d'une maîtrise complète du destin : on accélère la fin du vieux monde. Peut-on hâter la fin, se demandaient les premières communautés chrétiennes, avant-gardes elles aussi du Salut ?

Avant la guerre de 1914 déjà, le régime moderne a donc connu infléchissements et reformulations qui l'ont rendu mieux à même de traverser les crises et les troubles, en faisant appel à l'évolutionnisme et au joker de la Révolution. Celle-ci est conçue comme pointe du progrès ou comme au-delà du progrès mais, dans tous les cas, comme accomplissement de l'Histoire. Elle est ce point de vue sur elle/l'histoire d'où défile, sous le regard du croyant, la cohorte des siècles écoulés. Dans le même temps, le dégagement de la dimension proprement économique des

---

1. Marcel Gauchet, *À l'épreuve des totalitarismes,* Paris, Gallimard, 2010, p. 99, 86.

phénomènes, la reconnaissance d'une histoire en profondeur scandée par des modes de production et des luttes de classes, les réflexions sur les crises économiques, bientôt l'apparition d'une histoire économique et sociale conduisent à se pencher sur l'étude des rythmes profonds des sociétés. Si progrès il y a, il vient de loin, n'est pas continu et ne se confond pas avec ce qui est immédiatement visible. Bref, le régime moderne a acquis de l'épaisseur ou de la profondeur ; le temps qui le constitue n'est plus d'une seule coulée, qu'il s'agisse du passé ou du futur. Le *Tableau historique des progrès de l'esprit humain* de Condorcet a gagné en consistance et en complexité.

Dans le cas de la France, la révolution est à la fois derrière, puisqu'elle a eu lieu, et devant : à reprendre. Se loge là l'incontestable preuve que l'histoire est faisable et encore à faire. L'échec de la révolution a signifié, pour les uns, qu'il fallait l'achever afin de la clore, pour les autres, qu'il fallait, au contraire, la relancer pour dépasser sa phase bourgeoise. Pour une part, elle a été l'occasion de réactiver et de transposer l'ancien et puissant schéma chrétien du temps, que scandaient le *déjà* et le *pas encore* : elle a eu lieu, tout comme le Rédempteur est *déjà* venu, mais tout n'est pas *encore* accompli, loin s'en faut. Sur ce schème christique viendront se greffer des variantes qui s'en éloigneront plus ou moins.

Comment les historiens français, contemporains de l'instauration de la Troisième République, se positionnent-ils par rapport au futurisme de l'histoire ? En sont-ils les propagateurs zélés ? Assurément, ils croient en l'Histoire et à l'histoire, et ils ambitionnent d'en montrer les progrès. Péguy, qui les critique fortement, les accuse d'en avoir fait « la maîtresse de leur monde », eux qui, par leur souci de l'exhaustivité, n'ambitionnent rien moins que de dupliquer le réel, s'arrogeant ainsi un véritable pouvoir (divin) de création[1]. Sans doute, ils croient qu'on peut faire l'histoire, mais tout se passe comme si, dans leurs pratiques, ils allaient s'évertuer à dissocier histoire et futur, alors même que la dimension du futur se trouve au cœur du concept moderne d'histoire. Plus ils revendiquent de faire de l'histoire, c'est-à-dire une histoire scientifique, plus ils sont, en effet, amenés à mettre l'accent sur le passé et à insister sur la nécessaire coupure préalable à poser entre le passé et le présent. Il n'est d'histoire scientifique que du passé, répètent-ils à l'envi, et, pour faire de l'histoire, l'historien doit commencer par s'absenter de lui-même, c'est-à-dire s'abstraire du présent[2]. À la limite, il faut commencer par fermer les yeux.

Mettant l'accent sur la méthode – en fait, la critique des sources –, ils ne tardent pas à être affublés du sobriquet de positivistes par leurs détracteurs plus jeunes. Au départ de sa recherche d'une autre façon de faire de l'histoire, Lucien Febvre a posé son refus « d'accepter avec placidité l'histoire des vaincus de 1870, ses prudences tremblotantes, ses renoncements à toute synthèse, son culte laborieux, mais intellectuellement paresseux du "fait" et ce goût presque exclusif de l'histoire diplomatique[3] ». Il ne manquait pas de relever qu'en fait, cette histoire « n'était qu'une déification du présent à l'aide du passé, mais qu'elle se refusait à le voir, à le dire[4] ». Le passé tend, en somme, à l'emporter sur le futur, tout en amenant à « oublier » le présent. Si l'intelligibilité vient bien toujours

---

1. Voir *supra*, introduction, p. 15-16.
2. F. Hartog, *Le XIXᵉ siècle et l'histoire. Le cas Fustel de Coulanges*, *op. cit.*, p. 152-159.
3. Lucien Febvre, *Combats pour l'histoire*, Paris, Armand Colin, 1992, p. V.
4. *Ibid.*, p. 9.

du futur, on n'en fait plus trop état ou, plutôt, on fait comme si le passé parlait tout seul, tandis que la République est conçue comme devant être le régime définitif d'une nation « accomplie ». En ce sens, l'histoire est, pour l'essentiel, finie. Si bien que Febvre, évoquant la situation de l'histoire à la fin du XIXe siècle, énumérait ses succès : elle avait « gagné la partie » et « faisait, une à une, la conquête de toutes les disciplines humaines ». Mais il ajoutait « trop » : la partie était « trop gagnée », « elle s'endormait dans ses certitudes », « et chaque année qui passait donnait à sa voix un peu plus le son caverneux d'une voix d'outre-tombe ». Elle se figeait, répétait, ne créait plus. C'est bien contre cette histoire-là, sûre d'elle-même et sclérosée, qu'il allait engager ses « combats pour l'histoire [1] ».

Le « coin » de l'affaire Dreyfus

Mais plus tôt déjà, l'affaire Dreyfus était venue jeter soudain le trouble, en divisant profondément les historiens [2]. Car elle montrait, même à ceux qui préféraient ne pas le voir, que la méthode critique ne pouvait être tout (puisque dreyfusards et antidreyfusards s'en réclamaient également). En obligeant un certain nombre d'entre eux à sortir de leurs cabinets de travail pour prendre publiquement position, elle faisait, en outre, voler en éclats la sacro-sainte coupure entre passé et présent. Voilà que la méthode, même elle, pouvait aussi avoir son mot à dire dans les conflits du présent ! L'Affaire montrait, enfin, que la République n'était pas aussi assurée qu'on avait voulu le croire. On peut, en effet, reconnaître un rôle matriciel de l'affaire,

---

1. *Ibid.*, p. 24.
2. Voir *supra*, chap. premier, p. 63 sqq.

dont Madeleine Rebérioux, qui s'inscrivait elle-même dans cette lignée dreyfusarde, a justement relevé les éléments principaux [1]. La crise a contribué à l'émergence d'une histoire contemporaine, soucieuse de comprendre la société en faisant place à l'économie et à la sociologie. Alors que l'histoire s'est professionnalisée au titre d'une science du passé, des savants ont estimé devoir appliquer leurs méthodes d'analyse des documents du passé au présent : le bordereau se déchiffre comme une charte. La paléographie fait pièce à la « science » de Bertillon, l'expert patenté de la préfecture de police.

De plus, intervenant dans la presse où ils publient des lettres ouvertes et signent des pétitions, les historiens deviennent, sans l'avoir vraiment voulu, des personnages publics. Et s'ils vont jusqu'à témoigner en justice, c'est certes au titre de leur expertise, mais d'abord au nom de leur conscience. De cette veine dreyfusarde, on trouvera des résurgences chez Pierre Vidal-Naquet, au moment de l'affaire Audin et lors des combats contre le négationnisme, ainsi qu'à l'occasion des procès pour crimes contre l'humanité (Barbie, Touvier, Papon). Comme l'a souligné un livre collectif, l'affaire Dreyfus marque un moment de cristallisation de la forme Affaire [2].

Si elle signe le triomphe public de la méthode critique, elle en souligne aussi l'insuffisance, sinon comment expliquer que tant de chartistes soient du « mauvais » côté ? Dire le vrai ne suffit pas. Les relations entre vérité, justice et nation sont décidément plus complexes. Pour reprendre l'image proposée par Madeleine Rebérioux, l'affaire est

---

1. Madeleine Rebérioux, « Histoire, historiens et dreyfusisme », *Revue historique,* avril-juin 1979, p. 407-432.

2. Thomas Loué, « L'affaire Dreyfus », dans *Affaires, scandales et grandes causes,* Paris, Stock, 2007, p. 213-227.

comme un « coin » qui vient se ficher entre « les valeurs liées à la méthode historique et la fonction nationale exercée par l'histoire ». Longtemps silencieux, Ernest Lavisse, le patron officiel des études historiques, voit le danger. Aussi invite-t-il, en 1899, à abandonner les termes « barbares » de dreyfusards et antidreyfusards en appelant à la réconciliation nationale : que tous, également « patriotes », offrent à « la patrie le sacrifice de leurs haines [1] ». Il fait ce qui, pour Péguy, est le propre de l'homme politique : réconcilier. Raison de plus, pour l'homme des *Cahiers,* de s'en prendre au magistère de l'historien. Depuis 1892, Lavisse est d'ailleurs engagé dans sa grande *Histoire de France.* Conçue comme histoire de la nation « accomplie », portée par la démarche critique et inspirée par le culte de la patrie, elle va le mobiliser vingt, et même trente ans. À la suite de l'Affaire, plusieurs historiens s'engagent dans « l'œuvre d'éducation » en participant aux universités populaires, tels Camille Bloch ou Gabriel Monod, qui préside pendant plusieurs années l'université populaire de Versailles.

L'affaire montre aussi qu'on peut écrire de l'histoire immédiate et qu'elle n'est pas réservée aux seuls professionnels : *Les Preuves* de Jaurès sont recensées très positivement dans la *Revue historique,* tout comme l'*Histoire de l'affaire Dreyfus* de Joseph Reinach. Mais se publient aussi moins des histoires que des contre-histoires, qui proviennent de la filière antidreyfusarde. Il faut montrer que la « révision » n'est pas l'apanage des seuls dreyfusards. Se joue quelque chose comme « à révision, révision et demie » : reprenons-leur ce beau mot qu'ils ont indûment confisqué et révisons leur révision, disent-ils ! C'est ce à

---

[1]. Ernest Lavisse, *La Revue de Paris,* 1er octobre 1899, repris dans *Savoir et engagement*, Paris, Rue d'Ulm, 2007, p. 131.

quoi s'emploie le *Joseph Reinach historien. Révision de l'histoire de l'affaire Dreyfus* d'Henri Dutrait-Crozon, agrémenté d'une préface de Charles Maurras. Publié en 1905, il est suivi en 1909 du *Précis de l'affaire Dreyfus,* réédité en 1924 puis en 1938. Le terme « précis » sent son érudition à l'allemande et semble signifier : pour réviser à fond, mobilisons tout l'appareil formel de l'érudition. Dutrait-Crozon est, en fait, le pseudonyme de deux colonels d'Action française, Frédéric Delebecque et Georges Larpent. Or on sait à quel point l'histoire de l'Action française est liée à celle de l'affaire Dreyfus. Du premier au dernier jour, elle ne fit que dénoncer « le traître juif Alfred Dreyfus » et, quand Maurras s'entendit condamner en 1945, il s'écria : « C'est la revanche de Dreyfus. » Il n'avait rien oublié, et peu appris.

Le révisionnisme antidreyfusard a marqué un temps fort d'un courant qui, en fait, avait commencé avant et s'est poursuivi bien après, jusqu'aujourd'hui. Dès 1866, il s'annonçait justement comme programme de « révision historique » avec la fondation, dans les milieux catholique et légitimiste, de la *Revue des questions historiques*. Son but était alors de lutter contre les « falsifications négatives » de l'histoire de France, c'est-à-dire ce qu'on nommait « le fétichisme révolutionnaire ». Venant de là, Robert Faurisson a pris le relais : du révisionnisme au négationnisme, du « traître juif » au « mensonge d'Auschwitz [1] ». Et, en 1980, Pierre Vidal-Naquet, le dreyfusard, s'est vu contraint de remonter cette filière pour faire face à « l'épreuve » du révisionnisme et contrer les « assassins de la mémoire [2] ». Puis, une sorte de raccourci s'est opéré, un

---
1. Valérie Igounet, *Faurisson, Portrait d'un négationniste,* Paris, Denoël, 2012.
2. Pierre Vidal-Naquet, *Les Assassins de la mémoire,* Paris, La Découverte, 1987.

temps, entre le tournant linguistique ou le « défi narrativiste » et le révisionnisme. Le premier ne risquait-t-il pas de conduire au second, de lui conférer une sorte de légitimité, ou, du moins, en mettant le réel entre parenthèses ou en le déclarant inaccessible, ne se privait-t-il pas du moyen de récuser le négationnisme [1] ?

Ainsi, en moins d'un siècle, la croyance en l'histoire avait-elle connu assurances et doutes. La croyance s'était instituée en une discipline qui, pour triompher, s'était de plus en plus repliée sur le seul passé : son domaine de savoir. Mais une crise, comme celle de l'Affaire, montrait que cette position n'était pas tenable jusqu'au bout.

« L'ABÎME DE L'HISTOIRE »

La Grande Guerre entraîne des mises en question multiples et profondes des rapports au temps et provoque un de ces moments d'arrêt que Hannah Arendt a nommés brèches *(gaps)* dans le temps. Que devient alors la croyance commune en l'Histoire ? Dès 1919, Paul Valéry répond par sa prosopopée, vite fameuse, sur la décadence de l'Europe : « Nous autres civilisations, nous savons maintenant que nous sommes mortelles [...] Élam, Ninive, Babylone étaient de beaux noms vagues [...] *Lusitania* est un beau nom aussi. Et nous voyons maintenant que l'abîme de l'Histoire est assez grand pour tout le monde. » De cet engloutissement résulte qu'il est aussi difficile de « reconstituer » le passé que de « construire » l'avenir : « Le prophète est dans le même sac que l'historien. Laissons-

---

1. F. Hartog, *Vidal-Naquet, historien, op. cit.*, p. 104-108. Voir *supra* chap. II, p. 112.

les y[1]. » Du côté des écrivains, Musil nous a servi de repère et de guide[2]. L'histoire a fait faillite, cette histoire diplomatique, académique « à la Bismarck », la seule que Valéry connaissait, qui prétendait prévoir, celle fondée sur le précédent et se piquant de leçons, celle qui pensait bien « à un lendemain, mais point à un lendemain qui ne se fût jamais présenté ». Aussi avait-elle pour seul résultat de vous faire « entrer dans l'avenir à reculons[3] » ! Un peu plus tard, en 1931, il oppose à l'histoire toute remplie d'événements politiques une autre, qui n'existe pas, où trouveraient place des « phénomènes considérables » que « la lenteur de leur production rend imperceptibles[4] ». Pour ceux qui, comme le futur historien Henri-Irénée Marrou, étaient « nés à la vie de l'esprit au lendemain des grandes tueries de 1914-1918 [...], une illusion s'était dissipée à jamais – la croyance confortable et naïve dans un progrès linéaire et continu qui justifiait la civilisation occidentale comme la dernière étape atteinte par l'évolution de l'humanité[5] ».

Spengler et Toynbee

Se heurtant au démenti que leur a apporté l'histoire réelle, les philosophies de l'histoire universelle perdent alors de leur évidence conquérante et optimiste, se lézardent,

---

1. Paul Valéry, *La Crise de l'esprit*, *Œuvres I*, Paris, Gallimard, « Bibliothèque de la Pléiade », 1957, p. 988, 991.
2. Voir *supra*, chap. III, p. 183 sqq.
3. P. Valéry, *Cahiers II*, Paris, Gallimard, « Bibliothèque de la Pléiade », 1974, p. 1493.
4. P. Valéry, *Regards sur le monde actuel*, *Œuvres II,* Paris, Gallimard, « Bibliothèque de la Pléiade », 1960, p. 918, 919.
5. Henri-Irénée Marrou, *Théologie de l'histoire,* Paris, Le Seuil, 1968, p. 15.

finissent par se déliter, même si, en Allemagne, théologiens et historiens n'abandonnent pas la question [1]. La Première Guerre mondiale a achevé de faire vaciller ces édifices sur leurs bases. Ainsi, Theodor Lessing met en question l'histoire elle-même, en montrant qu'elle relève non de la science mais de la croyance, au sens de l'illusion, puisqu'elle ne fait que donner du sens... à ce qui n'en a pas. Écrit pendant la guerre, son livre paraît en 1919 sous ce titre éloquent, *Geschichte als Sinngebung des Sinnlosen* (L'Histoire comme donatrice de sens à ce qui en est dépourvu) [2].

Conçu dès avant la guerre mais publié seulement en 1918, le pesant traité de Spengler, *Le Déclin de l'Occident. Esquisse d'une morphologie de l'histoire universelle*, ambitionne de fonder une morphologie historique comparée des civilisations. Spengler fait appel, nous l'avons évoqué dans l'introduction, à l'analogie, qui est l'instrument de l'histoire, et lance toute son enquête à partir du parallèle, incontestable selon lui, entre les siècles du déclin de l'Antiquité et la phase qui commence de l'histoire universelle. Le temps se mue alors en « logique du destin » et ce nouveau regard sur l'histoire, à finalité prédictive, ambitionne d'être rien de moins qu'une « philosophie du destin », puisqu'il est certain que « nous n'avons pas la liberté de choisir le point à atteindre », seulement celle « de faire le nécessaire ou rien [3] ». Spengler récuse et réfute l'optimisme rationaliste

---

1. En Allemagne, l'historisme, critiquant la philosophie idéaliste de l'Histoire, n'a cessé de travailler sur les limites d'une science de l'Histoire, en quel sens peut-elle l'être et jusqu'à quel point. En France, l'histoire méthodique (même si elle garde une imprégnation comtiste) a banni toute philosophie de l'histoire.
2. Th. Lessing, *Geschichte als Sinngebung des Sinnlosen*, Beck, 1919.
3. O. Spengler, *Le Déclin de l'Occident, op. cit.*, t. II, p. 467 et *supra* introduction, p. 20-22.

de l'Occident, en partant, comme le relevait Raymond Aron, d'un décret métaphysique sur la réalité des civilisations, qui sont comme autant de monades, sans communication les unes avec les autres. D'où la question de principe qu'on peut lui poser, comment sait-il, lui qui appartient à ce moment précis de la civilisation occidentale que, toujours, toutes les cultures ont suivi le même chemin, celui d'une « succession organique rigoureuse et nécessaire [1] » ? Par quel privilège peut-il jouir d'une telle vision surplombante et synoptique ?

Lecteur d'abord enthousiaste de cette approche en termes de civilisations, Arnold Toynbee avait été, lui aussi, directement frappé par la guerre de 1914. Il y eut la mort bien réelle de plusieurs de ses camarades d'Oxford et, plus largement, ce qu'il a perçu comme le suicide de « la marche de la Liberté ». « Nous aussi nous étions mortels » (nous, nous autres, mais aussi notre civilisation), dit-il, reprenant la formule de Valéry pour traduire son expérience de ce même effondrement. Helléniste de formation, Toynbee part, lui, d'un parallèle entre la guerre du Péloponnèse et la guerre de 1914, avant de mettre en question le primat de la civilisation occidentale et de se lancer dans son *Étude de l'histoire,* immense parcours conçu comme un panorama comparé des civilisations, dont la publication s'étend sur près de trente ans (de 1934 à 1961) [2]. Sans jamais vraiment définir ce qu'il entend par civilisation (sur quoi tout n'en est pas moins bâti), il en dénombre vingt et une. Il s'en prend à « l'illusion égocentrique de la civilisation occidentale », son provincialisme, dirait-on

---
1. *Ibid.*, t. I, p. 43.
2. Arnold J. Toynbee, *A Study of History,* Londres, Oxford University Press, 1933-1961. Les six premiers tomes ont paru entre 1933 et 1939.

aujourd'hui, ou encore à « l'illusion de l'Orient immuable et au préjugé du progrès considéré comme un mouvement en ligne droite ». Ce qui distingue les sociétés primitives des civilisations est, en dernier ressort, leur attitude à l'égard du temps. Le mimétisme ou faculté d'imitation est un trait générique de toute vie sociale. Dans les premières, il est tourné « en arrière », vers « le passé » et « les ancêtres défunts », alors que dans les secondes il « est dirigé en avant, vers les personnalités créatrices : les pionniers[1] ». Les unes sont statiques, les autres dynamiques. Toynbee avait lu *Les Deux sources de la morale et de la religion* de Bergson. Si l'on rapporte les diverses civilisations à l'échelle de la durée de l'histoire de la Terre et de l'humanité, le temps devient « relatif », si bien qu'on peut tout à fait raisonner en faisant valoir leur « contemporanéité philosophique ». Rien n'empêche donc de proposer une analogie entre la situation en 1914 et celle de la Grèce au moment de la guerre du Péloponnèse : son passé pouvait fort bien être notre avenir. Longtemps focalisé sur la question du déclin des civilisations (sans pour autant adhérer à la définition spenglerienne de la civilisation comme stade du déclin d'une culture), Toynbee prendra de plus en plus de distance, surtout après 1945, avec le déterminisme et l'organicisme de Spengler et s'efforcera de « réconcilier », en donnant une place croissante à la religion, « liberté et nécessité[2] ».

---

1. Toynbee, *L'Histoire*, trad. française abrégée, Paris, Gallimard, 1951, p. 62.
2. *L'Histoire et ses interprétations*, entretiens autour d'A. Toynbee, sous la direction de R. Aron, Paris, Mouton & Co, 1961, p. 21.

Le temps moderne en question

D'autres doutes, moins radicaux, et d'autres façons de se positionner par rapport au régime moderne d'historicité s'exprimèrent en ces années. Qu'il s'agisse d'une critique du temps du progrès, d'une transformation de l'idée de révolution, d'un premier surgissement de la thématique de la mémoire collective, concurrente de l'histoire, ou d'une nécessaire circulation entre passé et présent, telle que vont la prôner les fondateurs des *Annales*.

Parallèlement à ce que Paul Valéry a analysé comme une « crise de l'esprit », l'Allemagne fut en proie à la « crise de l'historisme » : phénomène culturel complexe, antérieur à la guerre mais précipité par elle, et dont les expressions furent multiples. Les critiques de Walter Benjamin contre le temps homogène, linéaire et vide et son appel à un temps messianique en sont devenues les plus connues [1]. À l'image des révolutions comme « locomotives » de l'histoire, il va en substituer une autre. À la fin de 1929, « année du grand tournant », Staline avait écrit : « Nous marchons à toute vapeur dans la voie de l'industrialisation, vers le socialisme, laissant derrière nous notre retard "russe" séculaire [2]. » Pour Benjamin, au contraire, « il se peut qu'elles [les révolutions] soient l'acte, par l'humanité qui voyage dans ce train, de tirer les freins d'urgence [3] ». La révolution devient ce qui stoppe la course à l'abîme. L'appel à un autre temps historique, celui d'une conjonction fulgurante entre un moment du présent et un

---

[1]. Walter Benjamin, dans ses thèses *Sur le concept d'histoire* (1940), voir l'édition de Michael Löwy, Paris, PUF, 2001.
[2]. Staline, « Discours prononcé à la conférence des marxistes spécialistes de la question agraire », cité par M. Gauchet, *À l'épreuve des totalitarismes, op. cit.,* p. 315.
[3]. M. Löwy, *op. cit.*, p. 78 et *supra*, intermède, p.157-158.

moment du passé, est aussi une foi en une autre histoire qui invite à relier autrement présent et passé, sans pour autant renoncer à l'idée de révolution, bien au contraire. Dans cette constellation, le futur, mais transfiguré, demeure la catégorie rectrice, en donnant toute sa place au simultané du non-simultané qui est l'autre grande modalité de rapport au temps.

De la force de l'idée de révolution témoigne aussi, mais en sens contraire, l'oxymore, forgé en ces années, « révolution conservatrice », qui est une singularité de l'époque de la république de Weimar. Il s'agit, en effet, de rien de moins que de mobiliser la force actuelle du concept de révolution pour recréer librement un passé qui n'a jamais existé. Contre la tyrannie du futur (et ses méfaits), on se tourne vers le passé (et ses bienfaits), en opérant « une double radicalisation passéiste et futuriste », qui agit comme une double désorientation [1].

Une autre critique ou, au moins, une claire insatisfaction à l'endroit du temps moderne s'exprime par une place nouvelle reconnue à la mémoire, en dehors de l'histoire (celle des historiens) ou dans un rapport critique à elle. À côté de Proust, de Bergson [2] surtout, de Benjamin encore (avec son concept d'*Eingedenken*), il y a les débuts d'une sociologie de la mémoire, développée par Maurice Halbwachs de 1920 à sa mort en 1944, alors même que la guerre de 1914 a précipité les transformations de la société. Pour lui, toute mémoire collective a « pour support un groupe limité dans l'espace et dans le temps ». Chaque groupe ayant « sa durée propre », il n'existe pas de temps universel et unique. Envisagée à partir de la

---

1. M. Gauchet, *À l'épreuve des totalitarismes*, op. cit., p. 425.
2. François Azouvi, *La Gloire de Bergson, Essai sur le magistère philosophique*, Paris, Gallimard, 2007.

mémoire, l'histoire ne peut que se trouver en position d'extériorité. Ses praticiens ont d'ailleurs établi qu'elle commençait là où la mémoire s'arrêtait. Halbwachs ne dit rien d'autre, mais il insiste sur l'hiatus qui les sépare. La mémoire collective s'attache aux ressemblances, l'histoire, procédant par raccourcis, fait ressortir les différences. Elle « extrait les changements de la durée ». La mémoire est dans le continu. Après les crises, elle s'emploie à « renouer le fil de la continuité » et, même si « l'illusion » ne dure pas, pendant quelque temps au moins, « on se figure que rien n'a changé [1] ». Il y a là une claire critique du faire historien de l'histoire ou une nette démarcation de ses limites.

Depuis l'université de Strasbourg, redevenue française, va venir la réponse historienne, professionnelle, des deux fondateurs des *Annales,* Lucien Febvre et Marc Bloch, qui, sitôt démobilisés, y ont été appelés par le doyen Pfister. Alsacien et ancien élève de Fustel de Coulanges, ce dernier a préparé, depuis 1917, la réouverture de l'université. Avant tout, demande Febvre dans sa première leçon, il faut commencer par rompre avec toutes les instrumentalisations dont, dans les deux camps, l'histoire venait d'être l'objet. C'est le préalable pour pouvoir viser « un effort d'analyse vraiment désintéressé » et la réponse, à la fois éthique et méthodologique, qu'il apporte à la question : « Ai-je le droit de faire de l'histoire dans un monde en ruines [2] ? » À cette condition expresse, on peut se remettre à faire de l'histoire.

Par ailleurs, poussée par la jeune sociologie, une histoire économique et sociale, attentive à d'autres scansions du

---

1. Maurice Halbwachs, *La Mémoire collective, op. cit.*, p. 166, 134. Voir *supra* chap. II, p. 127-130.
2. Lucien Febvre, « L'histoire dans le monde en ruines », *Revue de synthèse historique*, t. XXX, 1920, p. 1-15.

temps, a commencé à revendiquer une place. Dès 1903, François Simiand, disciple de Durkheim, a invité les historiens à se détourner de l'accidentel et de l'individuel pour s'attacher au régulier, au répétitif et au collectif[1]. Quelques-uns s'engagent ainsi dans l'histoire des prix. Ernest Labrousse achève son *Esquisse du mouvement des prix et des revenus en France au XVIIIe siècle* en 1932. C'est à partir de l'effort pour dégager des régularités que se repose la question du changement historique. La Révolution intervient-elle comme la résultante de tous les mouvements de la conjoncture ou bien est-elle le produit d'un temps anormal ? L'enjeu n'est pas mince : comment le faire de l'histoire peut-il mieux élucider l'Histoire qui a eu lieu et, du même coup, éclairer les conditions de son faire présent ?

Dans leur brève *Adresse aux lecteurs,* placée à l'ouverture du premier numéro, Bloch et Febvre annoncent, en 1929, leur volonté de lutter contre le « divorce » entre les historiens « appliquant aux documents du passé leurs bonnes vieilles méthodes » et les hommes « engagés dans l'étude des sociétés et des économies contemporaines ». Sans renier les spécialisations, il faut donc favoriser la circulation entre le passé et le présent, car « l'avenir de l'histoire économique est à ce prix, et aussi la juste intelligence des faits qui demain seront l'histoire[2] ». De plus, une certaine familiarité avec l'histoire aide à convaincre que le plus proche (dans le temps) n'est pas forcément le plus explicatif. Le combat principal se mène contre la coupure entre

---

[1]. François Simiand, « Méthode historique et science sociale », publié en 1903 dans la *Revue de synthèse*, republié en 1960 dans les *Annales, Économies, société, civilisations,* n° 1, 1960, p. 83-119. Sur le moment Simiand, voir Jacques Revel, *Un parcours critique, Douze exercices d'histoire sociale,* Paris, Galaade, 2006, p. 32-36.
[2]. Marc Bloch, Lucien Febvre, « À nos lecteurs », *Annales d'histoire économique et sociale,* n° 1, 1929, p. 1-2.

passé et présent, devenue le *credo* de l'histoire méthodique, mais ils ne prétendent plus, ce faisant et à la différence du fondateur de la *Revue historique* en 1876, contribuer « à la grandeur de la patrie et au progrès du genre humain [1] ». Bref, le futur semble s'être éclipsé, au moins de l'espace de la science. S'il demeure, sous la figure du progrès, une valeur pour le citoyen, l'historien (républicain) n'en fait pas le seul ressort de sa réflexion ou le principe d'intelligibilité de l'histoire. Certes, on travaille à rendre perméable la frontière entre le passé et le présent : c'est l'intérêt bien compris de l'historien comme du sociologue et de l'économiste ; on reconnaît et on assume la présence de l'historien dans l'histoire. Mais on continue à se garder comme de la peste de l'anachronisme et on récuse toute posture de prophète (même du passé). Quelques années plus tard, en 1936, Febvre allait s'en prendre à ces nouveaux « prophètes » que sont Spengler et Toynbee, suscitant « une atmosphère de frisson devant l'ample majesté de l'Histoire », mais dont les lourdes machineries produisent, au final, peu de substance pour l'historien « analyste et déductif ». Spengler est « un magicien », « un visionnaire parfaitement adapté aux besoins de l'Allemagne troublée » des années 1920. Pour Toynbee, les mêmes mots reviennent, « prophète », « magicien », « escamoteur ». Contre ces « fabricants de Philosophies de l'Histoire à bon marché », il plaide pour une nouvelle façon de faire de l'histoire en prise avec les sciences d'aujourd'hui, en particulier la physique, qui, avec la théorie de la relativité, viennent de traverser une crise ébranlant les fondements mêmes du savoir [2].

---

1. Gabriel Monod, éditorial du numéro 1 de la *Revue historique*, 1876.
2. L. Febvre, « Deux philosophies opportunistes de l'Histoire, De Spengler à Toynbee », *Combats pour l'histoire, op. cit.*, p. 119-143.

Révélatrice est aussi l'attitude de Raymond Aron qui publie, en 1938, l'*Introduction à la philosophie de l'histoire*. S'il y critique férocement l'histoire positiviste, il met aussi en doute, sinon la réalité, du moins « la régularité du progrès [1] ». Surtout, fort de l'expérience de son séjour en Allemagne, il connaît l'historisme et la crise qu'il traverse. Pour lui, l'historisme est défini comme « la philosophie du relativisme ». Il correspond à « une époque incertaine d'elle-même », à « une société sans avenir » et se traduit par « la substitution du mythe du devenir au mythe du progrès ». « Au lieu de l'optimisme assuré que l'avenir vaudra mieux que le présent, s'étend une sorte de pessimisme ou d'agnosticisme. » Contre ce fatalisme, il défend l'idée que « le passé relève du savoir » et « le futur de la volonté ». Aussi n'est-il pas « à observer mais à créer [2] ». Il partira pour Londres, dès juin 1940, rejoindre les Français libres autour du général de Gaulle. Pour lui aussi, l'historien est dans l'histoire, et il ne fait pas de doute qu'il y a une histoire, souvent tragique, et des choix à faire. L'homme a une histoire ou, mieux, « est une histoire inachevée [3] ». Le fatalisme se révèle n'être, en réalité, que le symétrique inversé de l'optimisme du futur. Demeure, en effet, la structure propre du régime moderne d'historicité – la force indiscutable et écrasante du futur –, mais le signe s'inverse.

---

1. Raymond Aron, *Introduction à la philosophie de l'histoire*, Gallimard, Paris, nouvelle édition, 1986, p. 182.
2. *Ibid.*, p. 377, 432.
3. R. Aron, *Mémoires*, édition intégrale, Paris, Robert Laffont, 2010, p. 179.

APRÈS 1945 : « TOUS LES PONTS SONT ROMPUS »

Que pouvait-on penser, après 1945, de cette histoire « inachevée » qu'était l'homme, pour reprendre la formule employée par Aron en 1938 ? Que devient la croyance en l'Histoire et au temps comme progrès ? Il y eut, forte, la conscience qu'une nouvelle brèche *(gap)* s'était ouverte dans le temps, sinon celle d'un temps effondré ou bloqué. Dans *Le Monde d'hier,* rédigé avant son suicide au Brésil en 1942, Stefan Zweig témoignait des ruptures qu'il avait vécues : « Entre notre aujourd'hui, notre hier et notre avant-hier, tous les ponts sont rompus. » « Notre héritage n'est précédé d'aucun testament », c'est la formule paradoxale, forgée par le poète René Char dans *Feuillets d'Hypnos,* publié en 1946, où il cherchait à traduire ce qu'avait été l'expérience de la Résistance. Hannah Arendt l'a vite reprise, car pour elle, cet aphorisme, par son côté « abrupt », rendait compte de ce moment où vient à se creuser un écart entre passé et futur : étrange espace d'entre-deux où les acteurs « prennent conscience d'un intervalle dans le temps qui est entièrement déterminé par des choses qui ne sont plus et par des choses qui ne sont pas encore [1] ». En indiquant à l'héritier ce qui sera légitimement sien, le testament est, en effet, une opération sur le temps : « Il assigne un passé à l'avenir. » Il nomme, indique où est le « trésor » et ce qu'il contient [2]. Le simple flux du devenir devient temps continu, scandé entre passé et avenir. Il se fait, au sens propre, tradition. Hannah Arendt rapproche la formule de la phrase de Tocqueville sur le passé n'éclairant plus l'avenir, qui signifiait la fin

---

1. Hannah Arendt, *La Crise de la culture,* trad. française, Paris, Gallimard, 1972, p. 19. Voir *supra*, chap. III, p. 215.
2. *Ibid.,* p. 14.

de l'ancien régime d'historicité. Avant, quand on voulait comprendre ce qui se passait, on commençait par se tourner vers le passé, l'intelligibilité allait du passé vers le futur et l'histoire était là pour fournir des exemples. Elle était, selon la formule de Cicéron, *magistra vitae*. Le testament précédait l'héritage et le passé avait un avenir.

Mais, avec la Révolution française, ce rapport au temps avait cessé d'être opératoire. C'est bien pourquoi, traversant l'Atlantique, Tocqueville entreprend un voyage vers l'avenir en vue d'éclairer le passé. Depuis l'Amérique, plus avancée, devient nettement visible pour l'observateur ce grand mouvement d'égalisation des conditions qui est en marche, en France, depuis Louis XIV et dont la Révolution n'a été, pour finir, qu'un moment dramatique d'accélération. L'intelligibilité désormais vient du futur et si l'esprit veut ne pas marcher dans l'obscurité, il doit rechercher la lumière de l'avenir. Porté par le progrès, l'avenir se trouve désormais investi d'une puissance qui, naguère encore, était celle du passé. Toute l'économie de l'héritage, de la dette et de la transmission s'en trouve transformée. On devient endetté, pour ainsi dire, par rapport au futur, dont le « testament » nous oblige ; c'est l'avenir qui assigne un futur au passé. Mais avant de pouvoir formuler ce renversement de perspective et d'en tirer toutes les conséquences heuristiques, qui ont rendu possible la conception de son livre par Tocqueville (qui appartient, par sa famille – comme Chateaubriand, dont il est parent –, aux vaincus de la Révolution), il aura fallu près d'un demi-siècle. Tocqueville a trouvé un moyen d'enjamber la brèche et, du même coup, de la réduire, en regardant depuis le futur, la lente et formidable avancée de l'égalité. Même en se plaçant (déjà) du point de vue de l'immédiat après-guerre, Char ne peut rien voir de comparable, ou alors il aperçoit seulement la ruée vers l'oubli.

Le refus du régime moderne

La lumière peut-elle encore venir du futur ? À ceux qui, comme Spengler après 1914, répondaient non, s'ajoutent ceux qui, tel Mircea Eliade, dénoncent « la terreur de l'histoire » et cherchent, pour eux-mêmes d'abord, des façons de sortir du temps. L'expression apparaît, en 1944, dans son *Journal,* alors qu'il se trouve encore en poste à Lisbonne comme attaché culturel. « Je voudrais pouvoir écrire une fois cette chose terrible : la terreur de l'histoire [...] Ce n'est pas vrai que l'homme a peur de la Nature, des dieux : cette peur est minime par rapport à l'effroi qu'il a enduré, des millénaires durant, au milieu de l'histoire. » Dans les années 1930 déjà, il avait opté pour la pré ou la protohistoire, conservée dans les légendes et le folklore des sociétés paysannes. Mais, après 1944, il se transforme carrément en « ennemi » de l'histoire. Aspirant à s'en libérer, il note son « dégoût » croissant pour elle et dénonce « la chute dans l'histoire ». Installé à Paris, où il opère sa métamorphose en historien des religions, il publie, en 1949, *Le Mythe de l'éternel retour*[1]. Dans ce livre, le plus connu de ceux qu'il a écrits, il s'emploie à généraliser ou à universaliser le propos, en opposant les sociétés primitives à celles qui sont tombées dans l'histoire. Un peu plus tard, Cioran, son compagnon des années 1930, écrira, lui aussi, un livre qui est une méditation sur *La Chute dans le temps*[2].

---

1. Sur Mircea Eliade, voir Dan Dana, *Métamorphoses de Mircea Eliade, À partir du motif de Zalmoxis,* Paris, Vrin/EHESS, 2012 ; Florin Turcanu, *Mircea Eliade. Le prisonnier de l'histoire,* Paris, La Découverte, 2003 ; Alexandra Laignel-Lavastine, *Cioran, Eliade, Ionesco, L'oubli du fascisme, Trois intellectuels roumains dans la tourmente,* Paris, PUF, 2002.
2. E.M. Cioran, *La Chute dans le temps,* Paris, Gallimard, 1964.

Selon le schéma éliadien, les peuples primitifs vivent au « paradis des archétypes », pratiquent la régénération périodique et, ainsi, ne laissent pas le temps « se transformer en histoire ». Pour ceux qui sont en butte à l'histoire, les plus mal lotis sont les peuples qui ont eu la malchance de se trouver, sans l'avoir voulu, sur le « chemin de l'histoire ». Eliade pense, en particulier, aux peuples du Sud-Est de l'Europe, tels les Roumains, voisins d'empires toujours en expansion. D'où, pour eux, souffrance, terreur et sacrifice. L'histoire n'est rien d'autre. À la différence de l'homme moderne, le primitif vit, en revanche, dans un continuel présent. « Chaque année, il a la liberté d'annuler ses fautes, d'effacer le souvenir de sa chute dans l'histoire et de tenter à nouveau une sortie définitive du temps. » Cette phrase, il est difficile de ne pas penser qu'elle vaut aussi, sinon d'abord, pour Eliade lui-même, si prompt à « annuler ses fautes » et si demandeur de manières d'abolir le temps.

Son ennemi principal est ce qu'il nomme l'historicisme, à savoir Hegel, Marx et l'existentialisme. *Le Mythe de l'éternel retour* a pour sous-titre *Archétypes et Répétitions*. Or, dès la troisième ligne de l'*Avant-propos*, il informe le lecteur que, s'il n'avait pas craint d'afficher trop d'ambition, il aurait donné au livre un second sous-titre : *Introduction à une philosophie de l'Histoire*[1]. Difficile d'être plus explicite : *Archétypes et Répétitions* s'oppose à *Philosophie de l'Histoire*, *La* philosophie de l'histoire hégélienne devient *Une* philosophie de l'histoire, et *Introduction* remplace (modestement !) *Leçons* (*Leçons sur la philosophie de l'Histoire*, publié après la mort de Hegel). Et le tout a pour caractéristique essentielle d'être une critique radicale de

---

1. Mircea Eliade, *Le Mythe de l'éternel retour. Archétypes et Répétitions*, Paris, Gallimard, 1949, p. 11.

l'Histoire, conçue comme chute dans le temps. Il renverse la perspective ou remet Hegel sur ses pieds, en valorisant l'origine et les manières d'y faire retour. Bref, Eliade est foncièrement hostile au régime moderne d'historicité, dans une période où la croyance en l'Histoire s'est trouvée, pour le moins, ébranlée. Il est loin d'être le seul, et multiples ont été les façons d'exprimer ces refus ou ces doutes dans les sociétés européennes. Pour sa part, Eliade, après avoir essayé la voie politique, a opté pour celle de la « science ». Or, l'origine, les archétypes, la répétition, l'archaïque, le primitif, le temps quasi immobile ou la structure, nul ne prétendra que ces thèmes n'ont pas été à l'ordre du jour dans les années 1945-1970. Bien sûr, soutenir qu'ils n'ont été amenés ou traités que par des « ennemis » de l'histoire serait absurde, mais contentons-nous de noter qu'Eliade était là, tout prêt : avec son matériel, sa théorie et ses obsessions – avec son silence aussi sur son passé d'engagement dans l'extrême droite roumaine, au sein de la tristement fameuse Garde de fer. Tout un temps il s'est trouvé en phase avec des attentes, des questions, des non-dits.

Vers une autre histoire (1945-1960)

Qu'en est-il du côté des historiens, eux dont nous avons noté que, au nom même de l'histoire science, ils avaient pris, depuis longtemps déjà, leurs distances par rapport à la version optimiste ou forte du régime d'historicité ? Ces années, paradoxalement, sont celles d'une croyance réaffirmée et d'un programme reformulé. Symptomatiques, à cet égard, sont les positions de deux d'entre eux qui vont devenir très proches en ces années d'après-guerre : Lucien Febvre et Fernand Braudel. Dès 1946, Febvre, resté seul directeur de la revue après l'assassinat de Bloch par les nazis, lance le *Manifeste des Annales nouvelles,* avec un titre très clair « Face au Vent », tandis qu'il donne un nouveau sous-titre à la revue : *Économies, sociétés, civilisations.* Il soulignait ainsi qu'on était désormais entré dans un monde « en état d'instabilité définitive », où les ruines étaient immenses, mais où il y avait « bien autre chose que les ruines, et plus grave : cette prodigieuse accélération de la vitesse qui, télescopant les continents, abolissant les océans, supprimant les déserts, met en brusque contact des groupes humains chargés d'électricités contraires ». L'urgence, sous peine de ne plus rien comprendre au monde mondialisé de demain, d'aujourd'hui déjà, était de regarder, non en arrière, vers ce qui venait d'avoir lieu, mais devant soi, en avant. « Fini le monde d'hier. À tout jamais fini. Si nous avons une chance de nous en tirer, nous Français – c'est en comprenant, plus vite et mieux que d'autres, cette vérité d'évidence. En lâchant l'épave. À l'eau, vous dis-je, et nagez ferme. » On est loin du nageur entre deux rives de Chateaubriand. On est plutôt dans l'urgence d'un sauve-qui-peut généralisé.

Faire face au vent, cela veut dire, pour l'historien, expliquer « le monde au monde » et répondre aux questions que se pose l'homme d'aujourd'hui. Pour le passé, il ne s'agit que de « bien comprendre en quoi il diffère du présent [1] ». Quant à l'interrogation sur la ou, plutôt, les

---

1. Lucien Febvre, « Face au Vent, Manifeste des *Annales* nouvelles », *Combats pour l'histoire, op. cit.*, p. 35, 40, 41. Le discours de Churchill, prononcé à Zurich le 19 septembre 1946, veut donner le mot d'ordre du moment : « Nous devons tous tourner le dos aux horreurs du passé. Notre devoir est de regarder vers le futur. Si nous voulons sauver l'Europe de malheurs sans fin et d'une ruine sans recours, nous devons la fonder sur un acte de foi en la famille européenne et sur un acte d'oubli de tous les crimes et de toutes les erreurs du passé. »

civilisations – le troisième étage du sous-titre –, elle venait de plus loin : des années 1930. C'est, en effet, lors de la première Semaine de Synthèse, organisée en 1929 par Henri Berr, que la notion de civilisation (tout comme celle d'évolution) avait d'abord été scrutée. Chargé du rapport introductif, Febvre avait conduit l'enquête jusqu'au moment où paraissent dans l'usage courant, à côté de la civilisation (dont la notion émerge au XVIIIe siècle en France et en Angleterre), les civilisations au pluriel [1].

Febvre et Braudel s'étaient rencontrés en 1937 sur le paquebot qui les ramenait du Brésil. En 1949, Febvre passe le relais à Braudel dans un article programmatique intitulé « Vers une autre histoire » et, significativement, daté de Rio de Janeiro : depuis le Nouveau Monde. Cette autre histoire, Febvre la voit s'affirmer dans trois directions : celle du programme braudélien tel qu'il se dégage de la grande thèse sur la Méditerranée, tout juste publiée, celle d'une histoire des civilisations, attentive aux diverses historicités et celle d'un engagement de l'historien dans son présent. Il réitère la nécessaire ouverture vers le monde et le futur, en plaidant pour une histoire qui ne se laisse pas écraser par le passé. Il convient, au contraire, de l'organiser « pour l'empêcher de trop peser sur les épaules » des vivants. « Oublier, ajoute-t-il, est une nécessité pour les groupes, pour les sociétés qui veulent vivre [2]. » Le futur est là, il cogne à la fenêtre, y faire face s'apparente à une opération de survie, qui est aussi la seule façon de donner ou redonner sens à la pratique de l'histoire et à l'Histoire.

Cette même année 1949 (qui est aussi celle où paraît *Le Mythe de l'éternel retour,* ainsi que *Les Structures élémentaires*

---

1. L. Febvre, *Civilisation : le mot et l'idée*, Paris, La Renaissance du livre, 1930, p. 45. Il reviendra sur cette question dans la préface à Gilberto Freyre.
2. L. Febvre, *Combats pour l'histoire, op. cit.,* p. 436, 437.

de la parenté), Braudel publie donc *La Méditerranée et le monde méditerranéen à l'époque de Philippe II*. Longuement préparé avant la guerre, repris pendant ses années de captivité, le livre-manifeste d'une « histoire structurale » paraît enfin. Il ne se prononce directement ni sur la période récente ni sur la force d'entraînement du futur. Mais on sait bien que l'auteur est « peu sollicité par l'événement » et que l'étagement des trois temporalités donne le premier rôle à la longue durée, à ces « nappes d'histoire lente » qui sont « à la limite du mouvant ». Aussi à « l'orgueilleuse parole unilatérale de l'historien allemand Heinrich von Treitschke, "Les hommes font l'histoire" », il oppose, nous l'avons déjà noté, « l'histoire fait aussi les hommes et façonne leur destin », et, du même coup, limite leurs responsabilités [1] ». Ils ont peu de prises sur elle. Si les points de départ de Febvre et de Braudel diffèrent pour ce qui est du temps de l'histoire, ils s'accordent dans l'évitement du passé récent et se retrouvent dans l'idée qu'à un « monde nouveau » il faut une « nouvelle histoire » : celle des civilisations pour l'un, celle de la longue durée pour l'autre, et, pourquoi pas, la longue durée des civilisations.

En 1950, Braudel, entrant au Collège de France, prononce sa leçon inaugurale. Il l'intitule « Positions de l'histoire ». À monde nouveau, écrit-il, il faut une nouvelle histoire, alors même que « se dérobe » le premier XXe siècle. Celle-là même qu'a dessinée *La Méditerranée* et que synthétisera bientôt la notion de longue durée, appelée à faire son chemin bien au-delà du monde des historiens. Pour faire saisir l'insuffisance de l'événement, qui brille mais éclaire peu, il utilise l'image des lucioles

---

1. Fernand Braudel, *Écrits sur l'histoire,* Paris, Flammarion, 1969, p. 21.

phosphorescentes qui, une nuit, près de Bahia, l'ont enveloppé[1]. Plus important, au Brésil, il a fait l'expérience de l'Atlantique contemplé à partir de ses rivages occidentaux, tout comme, jeune professeur en Algérie, il avait fait l'expérience de la Méditerranée à partir de sa rive sud. Il y avait là l'amorce d'un décentrement du regard historique et d'une autre façon de nouer espace et temps. D'un déplacement dans l'espace découlait une autre évaluation du temps historique et de ses rythmes[2].

De son côté, Claude Lévi-Strauss part également, dans *Race et histoire,* publié en 1952, des civilisations, qu'il faut moins voir comme échelonnées dans le temps qu'étalées dans l'espace. Récusant l'évolutionnisme ordinaire, il invite à faire passer le progrès de « catégorie universelle » à celle seulement d'un simple « mode particulier d'existence propre à notre société ». Au fil de ses interventions, il ne fait rien d'autre que mettre fortement en question le régime moderne d'historicité[3]. Il en ira de même avec la distinction, forgée un peu plus tard, entre les sociétés *chaudes* et les sociétés *froides,* dont la portée, a-t-il toujours soutenu, est théorique. Si les unes ont été modelées par cette temporalisation (futuriste) de l'histoire et en ont même fait un principe de développement, les autres, non, ou pas encore, mais il est certain que toutes sont pareillement des sociétés dans l'histoire et des sociétés productrices d'histoire, avec cependant des modes d'être au temps différents[4]. Il s'agissait moins de relativisme que de faire

---

1. *Ibid.,* p. 23.
2. Giulana Gemelli, *Fernand Braudel,* Paris, Odile Jacob, 1995, p. 55-64.
3. Claude Lévi-Strauss, *Anthropologie structurale,* Paris, Plon, 1958, p. 368.
4. C. Lévi-Strauss, *Anthropologie structurale II,* Paris, Plon, 1973, p. 40-41.

place à une théorie de la relativité susceptible de s'appliquer à la fois aux sciences physiques et aux sciences sociales [1].

L'Encyclopédie française

Pour donner une idée de la place reconnue à l'histoire depuis la fin du XVIIIe siècle, nous avons fait appel, en commençant ce livre, à deux jalons : les articles « Histoire » de l'*Encyclopédie* (1751) et du *Dictionnaire* de Pierre Larousse (1865). Un troisième repère s'offre à nous : le vingtième et dernier tome de l'*Encyclopédie française*, publié en 1960. La vaste entreprise avait été lancée, en 1932, par Anatole de Monzie et Lucien Febvre qui l'avait dirigée jusqu'à sa mort. Le dernier volume paraît sous la double direction de Gaston Berger et Pierre Renouvin. Il a pour titre *Le Monde en devenir (Histoire, Évolution, Prospective)*. Dans l'*Avant-propos*, Berger évoque naturellement Febvre : « Il pensait, écrit-il, que le livre où l'on parlerait d'histoire devrait aller du passé au présent. » C'était le rappel du choix même des premières *Annales* récusant toute coupure principielle entre passé et présent. Mais Berger ajoute : « Pousser l'investigation jusqu'à l'avenir est s'avancer sur la ligne même qu'il avait tracée. Le temps est projet autant que mémoire. »

De fait, par sa tripartition, le volume entend appréhender dans un même ensemble les trois catégories du passé, du présent et de l'avenir. L'objet de l'histoire une fois rappelé, il s'agit de « mettre en évidence tout ce qu'elle apporte à l'intelligence du monde contemporain ». Dans la deuxième partie, consacrée à la description de ce monde contemporain, c'est « l'évolution même qui doit apparaître », en vue

---

1. *Ibid.*, p. 396-397.

de « faire saisir les transformations en train de se faire ». La troisième partie enfin, « tournée vers l'avenir – c'est ce que suggère le terme de prospective –, est une réflexion sur l'action, sur la nature du temps où elle se développe, sur les conditions de son efficacité, sur sa préparation systématique, sur l'attitude qui nous y prépare le mieux ». Berger met l'accent sur « l'étroite complémentarité » existant entre les trois parties du livre. Une fois la part faite à la rhétorique préfacière, n'en demeure pas moins significatif le souci de réarrimer l'histoire au futur, et pas uniquement au présent, sans même parler du passé, en relançant à l'enseigne de la prospective, somme toute, une version modeste et contrôlée du régime moderne d'historicité. Berger parle, en effet, de « l'élaboration d'une sagesse » et des disciplines, en cours d'organisation, qui doivent nous aider à prendre des « décisions raisonnables ». L'histoire, pour autant qu'elle s'inscrive dans cette triple perspective, a sa place parmi elles.

Il revient à Aron, l'auteur de l'*Introduction à la philosophie de l'histoire,* d'ouvrir la première partie du volume. De ce chapitre dense consacré à « L'objet de l'histoire », ne retenons, pour notre propos, que ce constat d'une extension de la croyance en l'histoire ou au moins en l'existence d'une histoire. « L'humanité est en train d'accéder tout entière à cette forme de la conscience historique caractéristique de l'Occident moderne », écrit-il, qui se présente sous « un triple aspect : liberté dans l'histoire, reconstruction scientifique du passé, signification humainement essentielle du devenir ». Un paradoxe constitutif de cet « homme d'Occident », pris pour modèle même quand il est détesté, est qu'il est « à la fois curieux de son passé tel qu'il fut et tendu vers un avenir radicalement neuf. En d'autres termes, il est à la fois historien et révolutionnaire ». Attitudes nullement « incompatibles », ajoute

Aron, car « l'historien, en tant que tel, n'est pas voué à la négation de l'inédit ». Si bien que « la connaissance historique, correctement utilisée, nous aide à comprendre comment est venu à l'être le monde tel que nous le voyons. Mais, bien loin de nous enseigner qu'il n'y a rien de nouveau sous le soleil, elle nous oblige à reconnaître ce que l'on n'a encore jamais vu [1] ». Tel est le cas de « la révolution jointe du charbon, du pétrole et de l'atome », qui ouvre « une ère radicalement neuve de l'aventure humaine ». Il s'agit bien également de négocier une articulation entre passé et futur.

Marrou, qui plus loin dans le volume s'interroge sur les « limites aux apports de l'histoire », dénombre trois attitudes fautives à son égard. Il y a ceux qui l'évoquent avec « dogmatisme », les marxistes, pour qui elle est l'équivalent de ce qu'était le *fatum* antique, et qui se ruent à l'action avec une « ardeur implacable ». Ceux qui, dans la suite de Nietzsche, déplorent le fardeau excessif et paralysant qu'elle fait peser sur le présent et qui rêvent de nouveaux départs. Ceux enfin, plus nombreux aujourd'hui, qui développent une attitude méprisante à son endroit, en mettant en avant « l'incertitude » et la « vanité » de ses conclusions. Renouant, selon Marrou, avec le pyrrhonisme du XVIIe siècle, ils font montre d'un scepticisme tour à tour cynique ou désabusé [2]. Contre ces excès d'honneur et d'indignité, il reprend pour sa part les thèmes qu'il a développés, peu avant, dans *De la connaissance historique* (1954) et défend une histoire conçue comme connaissance authentique et vraie du passé humain.

---

1. Vol. XX, section 4, p. 10.
2. Vol. XX, section 18, p. 8.

POSITIONS DE L'HISTOIRE

Qu'est-ce qui a changé entre la « situation » des années 1950-1960, quand on reformulait le concept d'histoire, et celle d'aujourd'hui ? Tout ou presque : le monde « nouveau » que voyait surgir Braudel dans sa leçon inaugurale n'est plus. Quelles sont donc les « Positions » de l'histoire aujourd'hui ? Nous avons suivi, au chapitre premier, la montée des doutes et avons vu comment, passant de l'histoire à la mémoire, nous avions glissé de l'histoire juge à l'histoire jugée. Je voudrais ici revenir sur cette même période, mais en l'interrogeant différemment : en scrutant l'évolution des principaux concepts qui ont porté les reformulations d'après-guerre.

De la longue durée au tout-événement

Commençons, vu la place considérable qu'elle a tenue, par la notion de longue durée. Décrite par Braudel comme « ces nappes d'histoire lente », « à la limite du mouvant », n'était-elle pas, avec d'autres mots, l'équivalent de la vision de l'histoire décrite par Kundera et évoquée plus haut, quand il parlait de « ce massacre absurde et gigantesque », qui avait « inauguré en Europe une nouvelle époque où l'Histoire, autoritaire et avide, surgissait devant un homme et s'emparait de lui [1] ».

Né en 1902 dans la France de l'Est, Braudel a, en effet, enduré la Première Guerre mondiale et a traversé la Seconde comme prisonnier dans un *Oflag* en Allemagne. À l'expression « les hommes font l'histoire », avons-nous déjà relevé, il préférait opposer « l'histoire fait aussi les hommes et façonne leur destin [2] ». S'il était ainsi réservé

---

[1]. Voir *supra*, chap. III, p. 183.
[2]. Fernand Braudel, *Écrits sur l'histoire, op. cit.,* p. 21.

sur le faire l'histoire, il n'avait, en revanche, pas le moindre doute ni sur l'existence de l'Histoire elle-même, ni sur l'intérêt qu'il y avait à faire l'histoire de ses structures les plus profondes, là où l'on atteint le niveau le plus explicatif. Jusqu'à la fin des années 1970, beaucoup d'historiens ont partagé cette façon de faire de l'histoire et ont promu ce qui, un temps, s'est nommé la « nouvelle histoire » et s'est présenté comme une autre façon de faire de l'histoire.

La longue durée n'a plus valeur de front pionnier ; elle reste, au mieux, comme une échelle d'analyse parmi d'autres. Surtout, celui que Braudel avait relégué au pôle opposé, l'événement, est revenu au premier plan, au point même qu'on ne voit plus que lui : il faut sans cesse consommer, « produire » de l'événement. Sur le versant négatif, il advient aussi sous la forme de la catastrophe. On est entré, dit-on parfois, dans le temps des catastrophes, qui, elles aussi, semblent obéir à la loi de l'accélération. Cette démultiplication de l'événement est bien l'indice d'un nouveau rapport au temps, lui-même perçu comme un objet à consommer de plus en plus rapidement. « L'événementiel » fait désormais partie de l'organigramme de toute entreprise et du cahier des charges de toute institution qui se respecte. Comment mieux être assuré de ne pas être en retard qu'en créant soi-même l'événement ? Triomphe le tout-événement, qui, notons-le, va de pair avec le tout-patrimoine, le tout-mémoire et la commémoration. Mais de quel surgissement s'agit-il ou comment l'événement se donne-t-il à voir, alors même que les conditions de la visibilité ont changé ?

On peut dater le retournement, en France du moins, de 1968 : des événements du mois de Mai, aussitôt devenus « Mai-68 ». L'événement, ont proclamé certains, a triomphé de la structure ! Trop simple : puisque pour l'annoncer, il faut bien rapprocher les termes et les opposer. L'ici et l'immédiat de « la prise de parole » de Mai 68 ne sont pas séparables des médias : la radio, en la relayant, en la suscitant, la transmue en parole agissante, tout en la constituant en premier récit de l'événement [1]. Plus largement, l'événement moderne inclut la représentation qu'il donne de lui-même alors même qu'il est en train d'advenir, voire inscrit dans l'espace public son autocommémoration immédiate. La chute du mur de Berlin, pour le reste du monde, ce sont les images de sa chute. Les caméras de télévision et, maintenant, les téléphones portables, en transformant les conditions de la visibilité des événements, ont banalisé ce trait.

Mais dans un régime de visibilité généralisée, quand on peut tout voir, le danger est de ne plus rien voir du tout. Rien que des images qui en suivent d'autres : un flux d'images qui annihile et le temps du commentaire et la mise à distance de l'analyse, et qui joue sur les seuls affects du spectateur : empathie, identification, déploration. L'événement qui a poussé au plus loin les possibilités de cette nouvelle économie de l'événement est le 11 Septembre, avec l'enchaînement de ses deux séquences : avec le premier avion s'écrasant sur la première tour, on est encore dans un événement « classique », tandis qu'avec le second, les caméras ayant eu le temps de se braquer, se donne à voir, en temps réel, un événement global, qui va tourner en boucle sur les écrans du monde entier dans un perpétuel présent. Mais avec la démultiplication de l'événement, c'est aussi et paradoxalement la croyance en l'Histoire qui se trouve

---

1. Michel de Certeau, *La Prise de parole et autres écrits politiques*, édition établie et présentée par Luce Giard, Paris, Le Seuil, 1994. Pierre Nora, « Le retour de l'événement », dans *Présent, nation, mémoire*, Paris, Gallimard, 2011, p. 35-57. François Dosse, *Renaissance de l'événement*, Paris, Puf, 2010.

remplacée par une croyance en l'Événement, n'ouvrant que sur lui-même et déclenchant aussitôt des flots de commentaires tautologiques. Sans compter la ronde des experts, qui se relaient dans les « éditions spéciales » et autres « Breaking News » des chaînes télévisées.

Civilisation/Modernisation/Modernité

La notion de civilisation a été emportée par l'avancée de celle de globalisation, tandis que celle de modernisation était rudement mise à mal. Quant au Sauvage, même dans son acception lévi-straussienne, comme objet « bon à penser », il est totalement démonétisé. Il appartient aux vieilles lunes du structuralisme, aux variations européocentristes sur l'altérité, bref, à tout ce qui est aujourd'hui récusé comme une position culturaliste. Pour les tenants de ce courant de l'anthropologie, il faut même se débarrasser du concept de culture et se concentrer sur la seule contemporanéité de la situation d'interlocution entre l'ethnologue et ses « informateurs ».

Est toutefois apparue, à la fin des années 1990, une thèse qui relançait l'approche par les civilisations mais sur un mode défensif, et en se plaçant sur le terrain de la *Realpolitik*. Lancé par un politologue américain connu, Samuel Huntington, le concept de « heurt » *(clash)* des civilisations a fait pas mal de bruit [1]. Non sans justesse, le politologue français Pierre Hassner l'a qualifié de « Spengler pour l'après-guerre froide [2] » ! Huntington recourt à cette approche pour cerner le monde de la fin du XXe siècle et du

---

1. Samuel P. Huntington, *Le Choc des civilisations,* trad. française, Paris, Odile Jacob, [1996] 2000.
2. Pierre Hassner, « Un Spengler pour l'après-guerre froide », *Commentaire*, 66, 1994, p. 263.

début du XXIᵉ siècle où, écrit-il, « le rideau de velours des cultures a remplacé le rideau de fer de l'idéologie [1] ». Fort de la conviction que des « paradigmes » même simplifiés où des « cartes » sont indispensables pour qui veut comprendre le monde ou *a fortiori* agir sur lui, le politologue cite alors Braudel avec approbation, soulignant qu'il faut commencer par savoir reconnaître sur une mappemonde quelles civilisations – ces réalités englobantes et de longue durée – existent aujourd'hui [2]. Grâce au paradigme civilisationnel, on peut, par exemple, fixer où finit l'Europe (là où s'arrête la chrétienté occidentale et où commencent l'orthodoxie et l'Islam). D'une telle approche, il résulte, selon une définition somme toute peu originale, que « les civilisations forment les tribus humaines les plus vastes », et que le choc des civilisations n'est rien d'autre qu'un « conflit tribal à l'échelle globale [3] ». Un tel ordre international est à la fois générateur d'instabilité (des conflits tribaux, mais à une échelle globale) et « un garde-fou contre une guerre mondiale [4] ». Fini le temps des conquêtes, Huntington invite à une guerre de positions, en recyclant à l'échelle des civilisations la théorie devenue obsolète du *containment*.

Que faire en effet ? Prendre conscience que le monde est en train de devenir « plus moderne et moins occidental » et que, s'il y a bien des civilisations, l'idée que le monde constituerait « une seule et même civilisation universelle n'est pas défendable ». D'où ce message à l'adresse des Américains : « La survie de l'Occident dépend de la réaffirmation par les Américains de leur identité occidentale ; les Occidentaux

---

1. S. P. Huntington, *Le Choc des civilisations, op. cit.*, p. 178.
2. *Ibid.*, p. 42.
3. *Ibid.*, p. 22.
4. *Ibid.*, p. 10.

doivent admettre que leur civilisation est unique, mais pas universelle et s'unir pour lui redonner vigueur contre les défis posés par les sociétés non occidentales[1]. » Mais encore ? Huntington vise en fait « un ennemi intérieur », à savoir les tenants du multiculturalisme, qui dans l'héritage occidental ne voient que les crimes de l'Occident. Ils veulent « débarrasser les Américains d'un héritage européen honteux et cherchent la rédemption dans des cultures non européennes ». Et de rappeler alors la devise des pères fondateurs : *e pluribus unum*. Si l'Amérique devait jamais se partager entre une pluralité de civilisations, elle ne serait plus les États-Unis, mais deviendrait les Nations-Unies.

D'où l'on voit que l'objectif principal de Huntington était d'appeler à préserver, protéger, revigorer la civilisation occidentale, à partir des États-Unis[2]. Cette attitude, où transparaît une peur du futur, est une invite au repli, en faisant la part du feu. De plus, si les civilisations sont bien ces « tribus humaines » les plus vastes, et si le choc des civilisations s'explique comme « un conflit tribal à l'échelle globale », le renoncement à l'universalisme est le prix à payer par l'Occident pour mieux se défendre, c'est-à-dire pour mieux protéger une Amérique qui, en réaffirmant fortement son appartenance à la civilisation occidentale, pourra échapper, chez elle, au piège mortifère du multiculturalisme. Si la civilisation occidentale est unique, elle n'est pas universelle[3].

L'existence des civilisations (au pluriel) contredit les prétentions universalistes et il n'y a donc ni civilisation universelle (notion fausse et dangereuse) ni histoire universelle.

---

1. *Ibid.*, p. 18.
2. *Ibid.*, p. 461, 470.
3. *Ibid.*, p. 17-18 et *passim*.

Dans sa robuste simplicité spenglerienne, la thèse a pu convenir à beaucoup au Nord comme au Sud.

« Civilisation » était un concept futuriste (on marche vers elle) et un concept normatif (il y a des degrés de civilisation). Élément central du régime moderne d'historicité (rappelons-nous Guizot), elle appelait un temps ouvert sur le futur et progressif. Il en allait de même pour la « modernisation », qui se limitait, si l'on veut, au segment le plus récent du processus de civilisation et donnait plus de place à l'accélération. La modernisation était la forme contemporaine de la civilisation. C'était alors la belle époque des plans et de la futurologie. Selon l'étymologie latine du mot, « moderne » signifie, en effet, récent et, donc, de maintenant. Entre 1950 et 1970, le concept charnière de modernisation fut un impératif, un mot d'ordre, un projet auquel tout le monde pouvait souscrire : à l'Est comme à l'Ouest (« l'avenir radieux » face au « rêve américain »), chez les ex-colonisés comme chez les ex-colonisateurs. Mais cet unanimisme, qui recouvrait en réalité de profonds malentendus, se délita. On parla bientôt moins de modernisation et plus de modernité [1]. L'une est le chemin et la marche, l'autre le résultat : voilà donc à quoi a conduit la modernisation. La modernité est comme le bilan que l'on peut tracer ou, de façon plus critique encore, l'envers du tableau résultant de la modernisation. L'inventaire de la modernité, mené (depuis l'extérieur ou la périphérie) par les anciens colonisés, débouche sur une mise en cause de la modernisation : de ses présupposés, de ses non-dits, de ses destructions et de ses crimes. De sa façon de voir, de dire, d'organiser le monde depuis le centre et pour son profit.

---

1. Frederick Cooper, *Le Colonialisme en question*, Paris, Payot, 2010, p. 113-149.

Si l'on remonte assez loin dans le temps, l'idée de *modernité*, ainsi questionnée, pouvait déconstruire à la fois les concepts de modernisation et de civilisation. Pour ne pas renoncer complètement au concept de modernité, d'aucuns proposèrent de démultiplier la modernité, en repérant des « modernités multiples », d'autres, plus radicaux, risquèrent des « modernités alternatives ». Mais si l'on aboutit à une proposition du genre « il y a de multiples façons d'être moderne » ou, à la limite, « à chacun sa modernité », il s'ensuit que la notion de moderne perd toute pertinence. Qu'y a-t-il donc de « moderne » dans une modernité alternative ? Quel reste ou quel germe ? La modernité fut également questionnée à partir du « centre », c'est-à-dire en Europe et, plus globalement, à l'Ouest. Ce qui s'est nommé postmodernisme commença comme une critique du moderne et une mise au jour de ce qu'avait été le vrai visage de la modernité et de ses méfaits.

Bien entendu, les deux voies de cette critique, celle menée à partir de la « périphérie » et celle conduite à partir du « centre », distinguées par simple commodité, ne sont pas dissociables l'une de l'autre, même si leurs contextes respectifs d'élaboration et leurs champs d'application ne sont pas strictement les mêmes. Concernant la charge temporelle des concepts et, plus largement, le rapport au temps, passer de « modernisation » à « modernité » et à « postmoderne », c'est, sans même s'en apercevoir, renoncer au temps. « Modernisation », comme « civilisation » sont des concepts téléologiques, le but à atteindre nomme le processus : le futur est à l'œuvre. Plus rien de tel avec « modernité », qui désigne l'état de moderne, « moderne » se trouvant, lui-même, pris absolument. Puisque « moderne » n'a été pleinement dynamique et futuriste qu'aussi longtemps qu'il a eu un vis-à-vis avec qui se quereller : l'ancien ou un ancien [1].

Globalisation, Histoire globale

Déjà minée par la critique de la modernité, la notion de modernisation a été, plus récemment, évincée par celle de globalisation. Le concept désigne bien un processus : le global s'avance, comme une onde de marée, jusqu'à tout recouvrir. La globalisation a pour but un monde globalisé. Mais, à la différence des concepts précédents, il n'emporte avec lui aucune charge temporelle spécifique : il est spatial, et non temporel ou, mieux, détemporalisé [2]. Même si tout le monde convient que la globalisation ne se fera pas en un jour, ou même qu'elle ne sera jamais complètement achevée, mais c'est là une autre question. Elle vise à être toujours plus englobante et à se rapprocher le plus possible du temps réel : ubiquité et instantanéité sont ses mots d'ordre. Cherchant à s'affranchir toujours davantage des contraintes de l'espace et du temps, elle se déploie dans une sorte de présent permanent. Le passé n'a pas cours et le futur non plus : seul importe de se mettre en situation d'être toujours plus rapide, d'être celui qui arrive le premier, c'est-à-dire, en fait, celui qui réagit le plus vite. Dans cette course à la vitesse, ce sont les ordinateurs qui gagnent, et ce sont les plus récents et les plus puissants qui ont le dernier mot.

Du point de vue de l'histoire, les critiques de la modernité et le phénomène de la globalisation ont conduit à des

---

1. F. Hartog, *Anciens, Modernes, Sauvages*, Paris, Le Seuil, « Points », 2008, p. 19-23.
2. S'il s'agit de se reconnaître comme étant du globe, appartenance commune et partagée, le mot *cosmopolite* le disait, en grec il est vrai, mais de façon plus politique.

remises en cause et des reformulations. Parmi ces dernières, avec une bibliographie en expansion très rapide, on compte, au moins, la *connected history*, la *shared history*, et la *global history*. Du côté des mises en question, les *subaltern*, puis les *post-colonial* et les *cultural studies* ont lancé le mouvement et ont appelé à une « provincialisation » de l'Europe, dont le livre de Dipesh Chakrabarty est devenu le porte-drapeau [1]. Vue d'ailleurs, l'Europe (mais qu'est-ce donc que cette Europe ramenée à quelques traits essentiels ?) perd l'exceptionnalité dont, depuis le XVIIIe siècle au moins, elle a fait, au sens propre, son fonds de commerce. Sur ces bases peuvent s'engager la construction d'histoires alternatives ou s'exprimer, parfois, des refus de l'histoire, récusée comme invention occidentale que les colonisateurs ont apportée dans leurs bagages. Il en existe de nombreuses formes, plus ou moins élaborées, mais elles ont pour traits communs de prétendre rétablir, retrouver une continuité avec des origines disparues, effacées et, pourtant, toujours là. Et, aujourd'hui, retrouvées et reconnues comme patrimoine, ces traces dessinent une identité authentique : préhispanique, précoloniale, première, autochtone. Les fondamentalismes religieux (en particulier l'islamisme radical) sont plutôt l'expression d'un refus de l'histoire doublé d'une façon d'être de plain-pied dans le présent de la globalisation. Le temps des origines qu'on prétend réinstaller n'a, certes, jamais eu cours sous cette forme-là. On est, du point de vue du temps, du côté des révolutions conservatrices, conjoignant passéisme et futurisme.

Enfin, venu non d'un historien, mais d'un anthropologue habitué à comparer large, a paru un livre qui

---

1. Dipesh Chakrabarty, *Provincialiser l'Europe : la pensée postcoloniale et la différence historique*, trad. française, Paris, Amsterdam, 2009 (2000 pour l'édition originale).

repousse la question un cran plus loin. Avec *Le Vol de l'histoire,* Jack Goody s'est, en effet, employé à démontrer comment l'Europe a imposé le récit de son passé au reste du monde [1]. Elle a fait main basse sur l'histoire, en imposant sa propre histoire comme la seule histoire véritable. Ce faisant, elle a et faussé son histoire et mutilé celle des autres. Le propos se développe sur un double registre : celui d'une ample comparaison entre l'Asie et l'Europe (l'Eurasie depuis l'âge du bronze), et celui d'une critique d'auteurs qui ne sont, pourtant, pas réputés pour avoir été les plus casaniers : Braudel, Needham, Elias ou Finley. Non, l'Europe n'a pas inventé l'amour, la démocratie, la liberté ou le capitalisme de marché, mais pas non plus l'ethnocentrisme, répète Goody. Pénétrant dans l'atelier de l'historien, il constate que, confisquant le temps et l'espace, monopolisant les concepts historiques, l'Europe a « beaucoup faussé » notre compréhension de l'Asie. Dans la mesure où aucun découpage du temps n'est naturel, pas plus à l'Ouest qu'à l'Est, il faut comparer plus large, en partant de plus loin (du foyer de la révolution urbaine de l'âge du bronze), avec l'objectif de « rectifier » et ainsi de « réorienter » l'histoire mondiale [2].

S'inscrit dans cette perspective la passionnante enquête menée par Romain Bertrand sur la « rencontre » entre Hollandais, Malais et Javanais à la fin du XVIe et au début du XVIIe siècle. Bertrand fait le « pari » de la symétrie, en conférant « une égale dignité documentaire à l'ensemble des énoncés en présence [3] ». « Ce qui fit événement » pour

---

1. Jack Goody, *Le Vol de l'histoire. Comment l'Europe a imposé le récit de son passé au reste du monde,* trad. française, Paris, Gallimard, 2010.
2. *Ibid.*, p. 19, 23.
3. Romain Bertrand, *L'Histoire à parts égales,* Paris, Le Seuil, 2011, p. 14.

les Hollandais, leur arrivée à Java, écrit-il, « ne suscita pas le moindre mouvement narratif chez les poètes de cour et les chroniqueurs de Bantem et de Mataram. La rencontre, en ses commencements, n'a donc pas été un "lieu commun" ; d'une part du fait qu'elle a consisté en une coexistence (et non une fusion) des scènes historiographiques, de l'autre parce qu'elle n'a jamais renvoyé aux mêmes évidences [1] ». Différentes sont, en effet, les expériences du temps des uns et des autres et différents leurs horizons d'attente. Mais ce sont surtout les histoires modernes, habitées par le concept moderne d'histoire, qui ont creusé les écarts, en concluant du peu de place accordée aux premiers Européens dans les chroniques à l'incapacité foncière de leurs auteurs à saisir la réalité de ce qui se passait. Bertrand suggère, en effet, que tant les écrits malais de l'époque que les récits historiques européens mettaient en œuvre, en toute ignorance les uns des autres, une forme d'*historia magistra*, à la recherche d'exemplarité [2]. Pas la même, bien sûr, puisque l'exemplarité européenne était elle-même un mixte d'éléments antiques et chrétiens, mais la malaise comme l'européenne appartiennent encore à ce qu'on peut appeler, de façon très large, un ancien régime d'historicité. Dans son livre *Des Îles dans l'histoire*, Marshall Sahlins avait déjà proposé, pour rendre compte des rencontres tout à la fois réelles et manquées entre les Anglais et les Maori, la notion de *working misunderstandings*, de malentendus producteurs d'effets chez les uns comme chez les autres [3]. Il ne s'agit pas de se réfugier dans quelque incommensurabilité des

---

1. *Ibid.*, p. 445.
2. *Ibid.*, p. 316-320.
3. Sur Marshall Sahlins et l'histoire « héroïque », voir Hartog, *Régimes d'historicité*, *op. cit.*, p. 38-42.

cultures, car Anglais et Maori, Hollandais et Javanais se mesurent effectivement les uns aux autres, simplement les repères mobilisés, les catégories sollicitées pour appréhender l'événement et lui donner sens ne sont ni analogues ni homologues.

Comment l'historien peut-il faire droit à cette ambition ou tenir ce pari de la symétrie ? Dès lors que la position de surplomb, telle celle du Zeus antique, lui est interdite, la tâche oblige, en termes de cheminement documentaire, à faire un « pas de côté » ou, pour mobiliser une autre image, « à naviguer incessamment entre les mondes, sans s'amarrer plus que de nécessité à l'un ou l'autre [1] ». Cette histoire, dit encore Bertrand, qui se fait « au ras des flots », se veut attentive aux « situations » et aux « interactions », puisqu'il « revient aux acteurs et à eux seuls d'énoncer ce qui les unissait et les séparait ». Que peut-elle espérer montrer ? « Que Java ne fut pas la récipiendaire passive de la "modernité européenne", mais qu'elle abritait les possibles d'une autre Histoire [2]. » Le programme est à la fois simple dans sa formulation et très exigeant dans sa mise en œuvre. Il y a donc bien toujours une histoire (pas forcément avec un grand H), mais elle implique un autre faire de l'histoire. Sûrement.

Me revient, malgré tout, à l'esprit la fameuse déclaration inaugurale d'Hérodote qui annonçait vouloir traiter « à parité » *(homoiôs)* tout ce que les Grecs et les Barbares avaient accompli de grand. Loin de moi l'idée de me complaire dans une variante du « rien de nouveau » ! D'autant moins que la déclaration hérodotéenne reposait sur une illusion proprement hellénocentriste, celle de la fausse symétrie du couple Grecs-Barbares. Alors que la symétrie

---

1. R. Bertrand, *L'Histoire à parts égales, op. cit.,* p. 321.
2. *Ibid.,* p. 22.

réclamée par Bertrand vient de l'histoire des sciences et qu'elle sert d'abord à sortir de l'illusion du partage entre Eux et Nous, lui-même lointainement hérité de la vision grecque du monde. Plus profondément, Hérodote lui-même, en choisissant de nommer son enquête *historiê,* faisait sienne ou réactivait quelque chose de l'ancienne fonction de l'*histôr.* Ce dernier intervenait moins comme témoin que comme garant de ce qui se trouvait avoir été convenu entre deux parties à l'occasion d'un différend : sur le moment même, mais, plus encore, pour l'avenir, pour être à même d'en faire mémoire et de jouer le rôle de « record vivant [1] ». Ainsi, dans l'histoire du concept d'histoire, il y a cette couche très ancienne, qui est celle du souci sinon de l'exigence de la prise en compte des deux côtés. Viennent alors les deux questions, jamais refermées, de l'autorisation et du point de vue : qu'est-ce qui autorise celui qui se nommera historien à occuper cette position d'entre-deux et comment voir les deux côtés ? Comment « naviguer » entre les deux, sans « s'amarrer plus que de nécessité », pour reprendre le vocabulaire marin de Bertrand ?

L'histoire globale est-elle une sous-discipline, une méta-discipline, ou, carrément, le nouveau nom de l'histoire, dans la mesure où tout sujet, ancien ou contemporain, peut relever désormais d'une approche globale, voire mériterait d'être revisité à la lumière de cette approche ? De quoi s'agissait-il d'abord ? De dissiper les assurances illusoires de l'histoire occidentale qui avait imposé au reste du monde le récit de sa longue marche en avant, depuis au moins les Grandes Découvertes, tout en se donnant comme l'étalon de tout discours historique véritable. À partir de

---

1. F. Hartog, *Évidence de l'histoire, op. cit.,* p. 247-248.

là a pu s'engager un patient travail de recomposition attentif aux situations, aux connexions, aux interactions. « Elle se distingue de l'histoire totale ou de la "synthèse" de nos aînés en ce qu'elle bâtit son questionnaire depuis un point d'observation situé, qui n'est évidemment pas le point de vue de l'universel ; elle ne prétend donc pas reformuler un grand récit explicatif d'ensemble. Le vocabulaire ne doit pas induire en erreur : global ne signifie pas totalisant » [1]. Dans un texte publié en 2006 en ouverture du nouveau *Journal of Global History*, Patrick O'Brien usait du mot « restauration » : l'histoire globale vise à restaurer, c'est-à-dire à réparer, réhabiliter, remettre en état de marche une histoire qui s'était fourvoyée. Cette histoire renouvelée repose « sur sa capacité à construire et à négocier des méta-récits, qui se fondent sur une érudition sérieuse sachant s'ouvrir à une perspective cosmopolite et qui rencontrent les demandes d'un monde en voie de globalisation [2] ». Goody se propose de « rectifier ».

De même, en revisitant un objet on ne peut plus classique ou arbitraire, un siècle, le XVe siècle en l'occurrence, les auteurs d'un gros ouvrage collectif veulent en présenter une « appréhension plus juste [3] ». Pour

---

1. C. Dovki, Ph. Minard, « Histoire globale, histoires connectées : un changement d'échelle historiographique », *Revue d'histoire moderne et contemporaine*, 5, 2007, p. 21.
2. Patrick O'Brien, « Historiographical traditions and modern imperatives for the restoration of global history », *Journal of Global History*, art. cit., p. 3-39. Voir aussi, quelques années plus tôt, du même O'Brien, « The Status and Future of Universal History », dans *Making Sense of History, Global History*, Solvi Sogner, ed., Oslo, Universitetsforlaget, 2001, p. 15-33, où il commence par indiquer qu'il n'y a pas lieu de couper les cheveux en quatre sur les distinctions entre histoire universelle, mondiale, globale. L'histoire globale, selon lui, met l'accent sur « les comparaisons et les connexions ».
3. *Histoire du monde au XVe siècle*, sous la direction de Patrick Boucheron, Paris, Fayard, 2009, p. 19.

« embrasser l'histoire du monde durant le XVe siècle », ils revendiquent un « décentrement du regard » et une « réflexivité critique », ainsi qu'une attention aux possibles qui n'ont pas eu lieu [1]. Car, il eût pu y avoir d'autres XVe siècles et d'autres mondialisations. C'est là un trait récurrent des propositions actuelles, pas seulement dans le champ de l'histoire globale : Walter Benjamin l'avait déjà évoqué, Paul Ricœur a insisté dessus.

De plus, à côté de l'histoire globale entendue au sens large – visant à articuler « des sphères différentes d'activités sociales, à la croisée d'échelles d'interactions géographiques et de temporalités multiples » –, ont été développées, de façon plus spécifique, les études des processus de mondialisation, avec, au centre, la question du capitalisme. Elles se partagent en différents courants, qui reconnaissent pour pères fondateurs Braudel et Wallerstein, ou, en remontant plus avant, Weber, Marx et Adam Smith [2]. Tous, au départ au moins, relèvent de la sphère du concept moderne d'histoire et s'inscrivent en plein dans le champ du régime moderne d'historicité. Ces noms sont, en effet, autant de héros éponymes de l'histoire moderne. Mais par la prise en compte du « contexte global », l'étude des processus de mondialisation, elle aussi, rectifie, reformule et prolonge.

Jack Goody est celui qui va le plus loin, car la rectification qu'il propose est aussi un congé signifié à l'histoire, la discipline moderne, qui a expliqué l'Europe par l'Europe. Aussi, à la perspective historique, il propose d'en substituer une autre : « anthropologique ». Elle aurait l'avantage

---

1. *Ibid.*, p. 24.
2. *Histoire globale, mondialisations et capitalisme,* sous la direction de Ph. Beaujard, L. Berger, Ph. Norel, Paris, La Découverte, 2009, p. 7-32, 18 pour la citation.

d'amener à voir « le développement des sociétés humaines, depuis l'âge du bronze, comme l'élaboration continue d'une culture urbaine et mercantile », avec, assurément, des phases d'« intensification », mais sans ces « discontinuités » brutales (du type invention du capitalisme) qu'affectionne l'histoire [1].

Depuis la sortie du *Vol de l'histoire,* paraissent des ouvrages qui posent, non pas tant la question de l'existence d'une histoire globale (tenue pour acquise), mais celle de savoir ce que peut être une histoire globale de l'histoire et comment l'écrire. Soit une réflexion sur le global de second degré. On peut citer Georg Iggers et Q. Edward Wang, *A Global History of Modern Historiography* et, tout dernièrement, le livre de Daniel Woolf, *A Global History of History* [2]. Toutes ces enquêtes critiques, toutes ces recherches en vue d'autres façons d'écrire l'histoire présupposent, pourtant, qu'il y ait quelque chose qui est communément partagé et qu'on peut appeler « histoire ». Pour ce faire, il faut commencer par sortir du concept moderne d'histoire, celui qui, justement, s'était donné comme l'Histoire et se présentait comme étalon universel, pour établir qui était ou n'était pas dans l'histoire et pour mesurer à quelle distance telle ou telle population lointaine se trouvait (encore) de l'histoire véritable. Vient, ensuite, un second temps : donner au nom histoire un sens plus étendu. On parle alors de « conscience historique » ou de « culture historique ». Mieux, on rappelle qu'il n'est pas de groupe humain qui se désintéresse de

---

1. J. Goody, *Le Vol de l'histoire, op. cit.*, p. 416-417.
2. Georg Iggers and Q. Edward Wang with contributions from Supriya Mukherjee, *A Global History of Modern Historiography,* Pearson Education Limited, Harlow, 2008 ; Daniel Woolf, *A Global History of History,* Cambridge, Cambridge University Press, 2011.

son passé, voire on se réclame de ce « fait de nature » qui reconnaît dans l'être humain un être qui se souvient et qui communique avec ses semblables [1]. En somme, le concept moderne d'histoire, descendu du piédestal sur lequel il s'était juché, rentre dans le rang et devient un moment d'une très longue histoire des modes du rapport au passé et de ses usages. Bref, tout cela n'est pas la fin de l'histoire, tout au plus celle de l'Histoire (entendue comme ce concept moderne), à l'instar de la grenouille de la fable qui s'était crue aussi grosse que le bœuf, l'éternité en plus ! Ainsi, on croit toujours à l'histoire (on se garde du H majuscule), qui, au total, regagnerait une autre forme d'évidence (certes moins glorieuse et impérieuse) : globalisée, c'est-à-dire fragmentée et démultipliée, débarrassée de l'illusion d'un singulier collectif, l'Histoire, rendue au pluriel de ses formes et à la variété de ses usages, cognitifs, ludiques, politiques. Et il y a donc du pain sur la planche pour des générations d'historiens et de quoi lire pour des générations de lecteurs curieux de s'instruire et de se divertir.

Alors, tout est-il réglé ? On pressent bien que non, car ce serait aller un peu vite en besogne. À coup sûr, décentrer le regard porté sur l'histoire est éclairant, mais ne règle pas tout. Suffit-il de changer le sens du mot, en ouvrant largement son concept pour retomber sur nos pieds ? À chacun son histoire ou sa mémoire, en somme, avec tous les mélanges ou les degrés que l'on voudra. De toute manière, le concept moderne d'histoire, lui-même, n'était pas sorti tout armé, un beau matin de la fin du XVIIIe siècle, de la tête d'un professeur allemand du côté

---

1. D. Woolf, *A Global History of History, op. cit.*, p. 1-2.

de Göttingen, il était le résultat d'une élaboration lente et complexe et était inséparable de ce temps actif et acteur, marqué par l'accélération et où le futur venait à occuper la première place. Ce qu'il y avait de moderne dans l'histoire moderne, c'était précisément qu'elle éclairait le passé à partir du futur et développait une série de concepts temporalisés, qui ont été des opérateurs puissants, tels ceux de civilisation, de révolution ou de modernisation. Alors que l'histoire ancienne, celle du moins qui relevait de ce que j'appelle l'ancien régime d'historicité, éclairait le présent par le passé. Elle n'en était pas moins de l'histoire, c'était d'ailleurs le nom qu'elle avait reçu en Grèce entre le Ve et le IVe siècle avant notre ère, mais elle était peu à peu devenue une autre forme d'histoire : une forme dépassée et un état révolu.

Au cours des trente ou quarante dernières années, le changement le plus notable a été ce recul du futur (surtout en Europe), plusieurs fois rencontré dans les pages précédentes. On a parlé de crise du futur, de sa fermeture, alors que, simultanément, le présent tendait à occuper toute la place. Cette transformation de nos rapports au temps est venue dessiner une configuration inédite, que j'ai proposé de nommer le présentisme.

Ces déplacements, voire ce basculement, évoqués ici de façon schématique, signalent-ils un phénomène durable ou transitoire ? Nul ne le sait, alors même que nous commençons tout juste à en prendre la mesure. À tout le moins, nous traversons une situation d'entre-deux : le concept moderne d'histoire (futurocentré) a perdu de son efficace pour donner sens à un monde qui, ou bien s'absorbe tout entier dans le seul présent, ou bien, de plus en plus nettement, ne sait comment régler ses rapports avec un futur perçu sur le mode de la menace et de la catastrophe qui vient[1]. Un futur, non plus indéfiniment ouvert mais un futur de plus en plus contraint, sinon fermé, du fait, en particulier, de l'irréversibilité générée par plusieurs de nos actions. Pourrait d'ailleurs réémerger là quelque chose de la « terreur » de l'histoire dans la manière éliadienne[2].

Forgée en Europe, liée à son expansion et à sa domination, cette Histoire moderne (en passe de devenir ancienne) n'en a pas moins, sous des formes diverses et à travers de multiples interactions, régi le monde, oscillant entre sens, non-sens et science de l'Histoire. Ce concept-là, nous n'y croyons plus, ou plus vraiment, mais nous continuons à en faire usage ; il est là, familier encore et un peu suranné, devenu incertain mais toujours disponible, aussi longtemps, du moins, qu'un autre ne viendra pas prendre le relais. Ou, plus probablement, en attendant qu'une nouvelle acception vienne se surajouter aux précédentes. Les politiques n'hésitent pas à le mobiliser, les médias aussi, la littérature l'interroge, et les historiens, ne cessant de le travailler, croient toujours en ses pouvoirs cognitifs. Ils croient toujours que l'histoire est à faire, et ils s'y emploient, même s'ils ne se prononcent plus trop sur le fait de décider qui a fait et qui fait cette histoire ou, plutôt, ces histoires.

Nous disposons d'ailleurs toujours du vieux mot d'histoire, qui, venu de la Grèce, traduit et retraduit en tant de langues au cours des siècles, a, pour ainsi dire, repris du service pour désigner les façons diverses de faire place à l'advenu, au passé de par le monde. L'histoire globale de

---

1. Voir « Penser la catastrophe », *Critique*, août-septembre 2012, ainsi que Michaël Foessel, *Après la fin du monde. Critique de la raison apocalyptique*, Paris, Le Seuil, 2012, en particulier le chapitre premier.
2. Voir *supra*, chap. premier, p. 101.

l'histoire s'emploie, pour l'heure, à en donner des inventaires raisonnés. Quant au mot de globalisation, concept plus descriptif qu'analytique, détemporalisé, comme nous l'avons noté, il est aussi une manière de dire que, s'il y a de l'histoire, elle se fait partout et nulle part, que l'Ouest n'en a, en tout cas, plus le monopole (s'il l'a jamais eu, même s'il l'a cru) et que la vieille Europe s'aperçoit chaque jour davantage qu'elle la voit passer sous ses fenêtres. Chez elle, l'Histoire piétine, voire recule. La croyance en l'Europe, qui paraissait pouvoir être le nouveau nom de l'Histoire – une histoire à faire et tournée vers le futur –, s'est érodée. « Europe » pouvait se substituer, pensait-on, à « Nation » et à « Révolution », qui l'une et l'autre avaient failli. Mais si « Révolution » demeure, pour l'heure, un nom presque vide, il n'en va pas de même pour « Nation », qui est l'objet d'un regain de croyance, dont le trait principal est le repli sur une identité à retrouver ou à préserver, en deçà des vicissitudes passées et par-delà les incertitudes présentes. On est passé de la Nation projet à la Nation patrimoine, du futurisme au présentisme, de l'histoire à la mémoire.

L'Histoire, pourtant, s'est « remise en marche », a-t-on entendu depuis peu, mais, cette fois, sur la rive sud de la Méditerranée. Ont été presque aussitôt mobilisées les expressions de « printemps arabe » et de « révolutions arabes », tout droit venues de 1848 et de sa grande espérance de faire l'Histoire, soutenue par le futurisme du régime moderne d'historicité. « L'Histoire est en marche dans le monde arabe », affirme, notamment, l'historien Jean-Pierre Filiu, ajoutant « la seconde Renaissance ne fait que commencer ». Cette seconde Renaissance, il la conçoit comme « démocratique [1] ». Souhaitons-le. Le philosophe

---

1. Jean-Pierre Filiu, *La Révolution arabe, Dix leçons sur le soulèvement démocratique,* Paris, Fayard, 2011, p. 11, 215. Pierre Vermeren,

Alain Badiou, pour sa part, y voit *Le Réveil de l'histoire*[1] ; Alexandre Adler, du côté de la géopolitique, analyse *Le jour où l'histoire a recommencé*[2]. Le seul point qui m'intéresse ici est cette immédiate certitude de l'Histoire, cette évidence très communément partagée : l'Histoire a repris sa marche, celle inaugurée en 1789, celle dont était justement porteur le concept moderne d'histoire. Nul ne songerait à soutenir qu'il ne s'est rien passé d'important. Mais quelle peut être la portée de cette nomination immédiate, son efficace pour l'action en cours, sa capacité à décrire adéquatement, à faire comprendre et à prévoir, s'il est vrai par ailleurs que le temps du monde, celui des marchés, celui des médias comme celui des réseaux sociaux, celui, surtout, de la politique, est le présentisme de l'instant ? L'Histoire, avec ou sans majuscule, le dira !

« L'histoire s'est remise en marche du Maroc à l'Égypte », *Esprit*, décembre 2011, p. 78. Alexandre Adler, *Le jour où l'histoire a recommencé*, Paris, Stock, 2012 : « Comme le printemps des peuples de 1848, qui bâtit en quelques semaines la scène nouvelle de l'Europe, c'est un nouveau Moyen-Orient qui émerge. »
1. Alain Badiou, *Le Réveil de l'histoire*, Paris, Lignes, 2011.
2. Alexandre Adler, *Le jour où l'histoire a recommencé, op. cit.*

Conclusion

Le nom et le concept d'histoire

L'Histoire a été un des noms « carrefour », sinon le concept cardinal autour duquel s'est cristallisé le croyable des deux derniers siècles. Avec une majuscule, il valait explication, c'est-à-dire souvent dispensait d'en donner. Avec une minuscule, il invitait à en chercher plusieurs, que l'on aille vers l'établissement de lois, le repérage de grands mouvements de fond, ou la reconnaissance de la part, plus ou moins grande, de la contingence. Paul Valéry se débarrassait de la première, l'Histoire avec un grand H, qui n'était qu'« un mythe en deux foutaises », tout en regrettant que la seconde, avec un petit *h,* ne fût qu'un « ensemble d'écritures ». Mais l'entrée dans un âge critique ou réflexif ne lui était pas interdite : il n'a cessé d'y revenir dans ses *Cahiers*[1]. Quoi qu'il en soit des positions de Valéry lui-même, les historiens s'établirent progressivement sur le domaine de l'histoire avec une minuscule, qui devint leur « territoire[2] ». Un territoire limité mais en expansion, avec ses « fronts pionniers » et les plongées

---
1. Voir *supra*, chap. premier, chap. III, p. 241.
2. « Le territoire de l'historien », c'est le titre d'un recueil d'articles, publié par Emmanuel Le Roy Ladurie, en 1973, voir Jacques Revel, *Un Parcours critique, op. cit.* p. 18-20.

dans ses profondeurs, où, sous des appellations diverses et des formes différentes, le futur demeurait à l'horizon, plus ou moins actif ou impératif. Nous avons vu comment les historiens avaient sans cesse négocié avec le régime moderne d'historicité et comment les écrivains en avaient, de leur côté, presque toujours privilégié les failles.

Mais il y eut aussi cette histoire, que Georges Perec a nommée dans *W ou le souvenir d'enfance,* l'Histoire avec sa grande hache, celle que Valéry, en dépit de tous ses exercices quotidiens de pensée, n'avait su ni voir venir ni reconnaître. « Je n'ai pas de souvenirs d'enfance, a écrit Perec, j'en étais dispensé : une autre histoire, la Grande, l'Histoire avec sa grande hache, avait déjà répondu à ma place : la guerre, les camps [1]. » De ce coup-là, l'histoire, avec et sans majuscule, s'efforça de se remettre. On crut y parvenir, en se mettant à l'eau, comme y exhortait Febvre, dès 1946. On ajouta d'autres couches au feuilleté du concept d'histoire, le questionnaire fut allongé, on fit place aux structures. Ce fut *La Méditerranée* braudélienne et la longue durée. Avec cette situation paradoxale : d'un côté, une histoire, celle des historiens, qui, attentive aux lenteurs de l'histoire, scrutant les ruptures longtemps invisibles, ralentissait, et de l'autre, les Trente Glorieuses, toutes vibrantes de l'accélération de plus en plus rapide du progrès. Apparemment de sens contraires, ces deux mouvements, dont, bien évidemment, ni la puissance ni la portée n'étaient équivalentes, permettaient d'éviter le passé récent : on regardait loin en amont et ailleurs, ou on se concentrait sur les tâches urgentes du présent en ayant en vue le futur.

Mais, les années passant et les générations venant à se succéder, les fêlures, les brisures, les absences remontèrent

---

1. Georges Perec, *W ou le Souvenir d'enfance,* Paris, Gallimard, 1975, p. 17.

à la surface, des illusions se dissipèrent. La publication par Perec, en 1975, de son extraordinaire autobiographie d'un enfant qui n'avait pas de souvenirs d'enfance ouvre pleinement les « années-mémoire ». Avec, dès lors, cette lancinante interrogation : comment le concept moderne d'histoire, foncièrement futuriste, pouvait-il faire place, dans sa structure même, à ce temps désamarré, suspendu, arrêté ? À ce passé que l'on croyait passé et qui ne l'était pas ? Oublié, mais d'un oubli qu'on ne pouvait oublier ? Comment le train de l'Histoire avait-il donc pu conduire vers l'Archipel du Goulag (et ses avatars plus récents) et déboucher sur la rampe d'Auschwitz ?

Arrivant au terme de son livre *Zakhor, histoire juive et mémoire juive*, publié en 1982 (1984 pour la traduction française), Yosef Yerushalmi s'interrogeait : « J'ignore si cette vaste entreprise qu'est la recherche historique contemporaine se révélera durable pour les juifs ou pour les non-juifs. L'anneau du roi Salomon, qui devait le rendre heureux quand il était triste et triste quand il était heureux, fut fabriqué par un joaillier qui y grava ces mots : « "Cela aussi n'aura qu'un temps." Un temps viendra peut-être où régnera une conscience nouvelle qui s'étonnera qu'autant d'entre nous se soient plongés dans l'histoire. À moins qu'elle ne s'en inquiète même pas [1]. » Ce temps approche-t-il ? Y sommes-nous ? Ni nostalgie, ni catastrophisme, ni prophétie à la petite semaine ne sont de mise. Ce qui, en revanche, ne fait pas de doute, c'est la transformation de nos expériences du temps au cours des trente ou quarante dernières années. Avec comme signe annonciateur le recul du futur, non pas de tout futur, mais de ce futur futuriste, celui du régime moderne d'historicité, qui a été

---

1. Yosef Hayim Yerushalmi, *Zakhor, histoire juive et mémoire juive*, *op. cit.*, p. 119 ; voir *supra*, chap. II, p. 130-131.

le charbon de la locomotive de l'Histoire. On a alors vite parlé de « crise du futur », de sa fermeture, tandis que, simultanément, le présent tendait à occuper de plus en plus de place.

Comme si ce présent, celui du capitalisme financier, de la révolution de l'information, de la globalisation, mais aussi de la crise ouverte en 2008 absorbait en lui les catégories (devenues plus ou moins obsolètes) du passé et du futur. Comme si, devenu à lui-même son propre horizon, il se muait en un présent perpétuel. Avec lui, sont venus au premier plan de nos espaces publics ces mots, qui sont aussi des mots d'ordre, des pratiques et qui se traduisent par des politiques : *mémoire*, *patrimoine*, *commémoration*, *identité*, etc. Ce sont là autant de manières de convoquer du passé dans le présent, en privilégiant un rapport immédiat, faisant appel à l'empathie et à l'identification. Il n'est que de visiter les mémoriaux et autres musées d'histoire, inaugurés en grand nombre ces dernières années, pour s'en convaincre. En outre, ce présent présentiste s'entoure de tout un cortège de notions ou de concepts, plus ou moins détemporalisés : *modernité*, *postmoderne*, mais aussi *globalisation* et même *crise*. Qu'est-ce, en effet, qu'une crise « systémique », sinon une crise qui dure, délimitant une sorte de présent permanent : celui justement de la crise du système ?

Ces déplacements ou ce basculement sont-ils les marques d'un phénomène durable ou transitoire ? Nul ne le sait vraiment, alors même que nous peinons encore à en prendre la pleine mesure. Pour Marcel Gauchet, s'est joué là « un changement de rapport à l'histoire » : « Il a pris la forme d'une crise de l'avenir dont l'évanouissement de l'idée révolutionnaire n'a été que le symptôme le plus voyant. Avec la possibilité de se représenter l'avenir, ce qui entre en crise, c'est la capacité de la pensée de l'histoire de rendre intelligible la nature de nos sociétés sur la base de l'analyse de leur devenir, et sa capacité à leur fournir des guides pour leur action transformatrice sur elles-mêmes, au titre de la prévision et du projet [1]. » Ce changement de rapport, c'est justement ce que le concept (moderne) d'Histoire n'arrive pas à appréhender. Foncièrement futuriste, il n'est plus suffisamment opératoire pour saisir le devenir de sociétés qui, tendant à s'absorber entièrement dans le seul présent, ne savent plus comment régler leurs rapports avec un futur de plus en plus communément perçu, en Europe du moins, sur le mode de la menace, voire de la catastrophe qui vient.

Ce futur n'est plus conçu comme indéfiniment ouvert, mais, tout au contraire, comme de plus en plus contraint, sinon fermé, du fait, en particulier, de l'irréversibilité générée par toute une série de nos actions. On pense aussitôt au réchauffement climatique, aux déchets nucléaires, aux modifications du vivant, etc. Nous découvrons, de façon de plus en plus accélérée et de plus en plus précise, que le futur, non seulement s'étend de plus en plus loin devant nous, mais que ce que nous faisons ou ne faisons pas aujourd'hui a des incidences sur ce futur si lointain qu'il ne représente rien à l'échelle d'une vie humaine. Dans l'autre sens, vers l'amont, nous avons appris que le passé venait de loin, de plus en plus loin (l'époque de l'apparition des premiers hominidés n'a cessé de reculer). Confrontés à ces bouleversements de nos repères, nous sommes tentés de dire stop, de prôner un retour en arrière, de retrouver des paradis perdus. L'industrie des loisirs a immédiatement saisi le parti qu'elle pouvait tirer des îles paradisiaques et autres territoires vierges, où le vacancier achète, pour une semaine ou deux, des expériences bien

---

1. Marcel Gauchet, *La Condition politique, op. cit.,* p. 523.

calibrées de décélération programmée. Sur les menaces et les peurs que ces dernières nourrissent peut, en outre, venir se greffer une nouvelle forme de « terreur » de l'histoire, rappelant, mais avec d'autres attendus, cette « terreur » devenue un des ressorts de la pensée de Mircea Eliade dans les années 1940 [1]. Quant au passé historique, on tend à le « traiter » ou le « gérer » en des lieux précis (les tribunaux), et au moyen d'actions spécifiques (les politiques mémorielles). Soit au présent et pour le présent : sous l'autorité de la mémoire.

En charge du temps, le concept d'histoire a été le réceptacle de plusieurs strates temporelles ou, pour prendre une autre image, il est tissé de plusieurs temporalités. La strate la plus ancienne est celle qui va du passé vers le présent, celle qui correspond à l'ancien régime d'historicité. Des siècles durant, elle a gouverné tout le registre de l'*historia magistra*. Si l'avènement de la temporalité moderne lui a fait perdre sa primauté, elle n'a pas, pour autant, disparu, puisque l'antique *topos* des leçons de l'histoire est demeuré là, disponible, susceptible d'être réactivé. Il n'a d'ailleurs pas manqué de l'être jusqu'aujourd'hui. C'est le registre de l'exemple, de l'imitation et du devoir-être. Avec quelle efficacité, avec quelle prise effective sur la réalité y avons-nous encore recours, c'est là bien évidemment une question d'autant plus insistante, que le concept d'histoire s'était ouvert sur une autre temporalité, qui était venue saper cette ancienne et puissante acception. À savoir, la temporalité moderne, celle propre au régime moderne d'historicité. Elle est devenue comme le combustible du concept moderne d'histoire, cette locomotive filant toujours plus vite. Avec les arrêts, les reprises, les brisures ou

---

[1]. Voir *supra*, chap. III, p. 253-255.

les déraillements que nous avons rappelés. Aussi longtemps que le marxisme ou la révolution demeurent « l'horizon indépassable », comme on l'a dit, l'Histoire et l'histoire sont homologues. L'histoire est la science du réel. On est, à coup sûr, tendu vers l'avenir, un avenir qu'il faut hâter, mais au-delà duquel on ne peut se projeter ou s'autoriser à penser[1]. Après, s'ouvrira le tout autre du temps apocalyptique : le nouveau ciel et la nouvelle terre enfin communistes.

Entre les situations historiques et le concept d'histoire, il y a toujours eu des tensions : soit le concept est en phase avec une conjoncture, soit en décalage par rapport à elle. En phase, il donne le sentiment à celui qui le manie qu'il appréhende correctement la situation et qu'il peut faire l'histoire ou, simplement, faire de l'histoire. S'il y a décalage, ce peut être parce que le concept fait la part trop belle au passé ou, inversement, au futur. Celui qui le manie voudrait, par exemple, ramener vers un passé qui n'est plus ou pousser plus rapidement vers un avenir qui n'est pas encore. Il active l'une ou l'autre des temporalités hétérogènes et, pourtant, constitutives du concept pour décrire, comprendre, faire voir une situation. Si le décalage est trop grand, la prise ne sera pas bonne et le résultat flou, comme une photographie bougée. Il voit le présent avec des lunettes du passé : le risque est alors d'entrer dans l'avenir à reculons, pour reprendre cette formule de Valéry.

---

1. À propos de l'horizon indépassable, il y a cette blague : « Le communisme pointe déjà à l'horizon, déclare Khrouchtchev dans un discours. Question d'un auditeur : Camarade K, qu'est-ce que l'horizon ? Regarde dans le dictionnaire, lui répond N.K. De retour chez lui, l'auditeur, avide de savoir, trouve dans un manuel l'explication suivante : "Horizon : ligne qui semble séparer le ciel de la terre et qui s'éloigne à mesure que l'on s'en approche" », cité par Koselleck, *Le Futur passé, op. cit.*, p. 313.

Avec les lunettes de l'avenir, le risque est de faire comme s'il était déjà advenu, à partir d'un jour que l'on décrète ouvrir une ère nouvelle. L'ennemi n'est pas le décalage en soi, mais un décalage excessif. Entre une réalité et son concept, il y a toujours un écart, *a fortiori* quand il s'agit de cette réalité composite qu'est une situation historique. C'est même dans cet écart que se loge la possibilité de retravailler le concept et d'affiner l'appréhension de la situation : de voir plus et mieux le présent, en fonction du passé et de l'avenir, c'est-à-dire, dans le cas du concept moderne d'histoire, en fonction de la lumière projetée par le futur sur le passé afin de le rendre ainsi intelligible.

Histoire est, au fond, ce nom venu de loin qu'on a élu pour réunir et faire tenir ensemble les trois dimensions du passé, du présent et du futur. Pour montrer et interroger ce qui les réunit et les sépare, avec toutes les combinaisons possibles de la part de celui qui les manie (individu, groupe, institution, État) à partir de sa situation présente et pour agir sur elle, directement ou indirectement (par exemple à travers l'école). Une fois lancé, avec Hérodote, le nom a pris et n'a cessé d'être repris, corrigé, modifié, amplifié, loué, encensé, moqué, dénigré, récusé, etc. mais toujours, il est demeuré là : immédiatement disponible. Aujourd'hui, toutefois, *Mnêmosunê* a supplanté *Clio,* du moins dans l'espace public.

C'est du jour où elle s'est arrimée au futur que la rupture a été pleinement consommée entre la rhétorique et l'histoire. Enfin, celle-ci pouvait prendre son envol, comme philosophie de l'histoire, comme science, comme pratique scientifique, comme savoir, bref comme un genre à part entière. Elle échappait, enfin et définitivement, à l'*otium* pour entrer dans le *negotium,* mais un *negotium* nouveau, à l'enseigne de la science et plus du tout de la rhétorique. Certes, auparavant déjà, l'érudition avait mené un long combat pour éloigner l'histoire des belles-lettres, mais le choix d'entrer dans la cohorte des érudits n'allait pas sans un prix à payer en termes d'une réduction de ses ambitions. Même si cet amoindrissement se trouvait compensé par l'assurance qu'on y gagnait, en campant sur le terrain solide des *realia* et des faits vérifiables, de pouvoir ainsi réfuter les attaques des sceptiques ou des pyrrhoniens, qui invitaient à révoquer en doute tout autant les témoignages de l'histoire que les dogmes de la religion [1].

Nous avons vu à quel point la tripartition aristotélicienne des discours avait laissé durablement l'histoire sans lieu propre et comment, entre Aristote et Quintilien ou Lucien, elle s'était efforcée de négocier sa place, alors que la rhétorique, tout à la fois l'excluait (comme relevant de l'*otium*) et entendait bien la régir. Elle n'appartenait ni au délibératif, ni au judiciaire et ne voulait surtout pas être absorbée dans l'épidictique, où le spectateur ne se prononce, en dernier ressort, que sur le talent de l'orateur. Je n'y reviens pas. Pour Aristote, chacun des genres avait, en effet, un temps qui lui était propre : le présent pour l'éloge, le passé pour le judiciaire et le futur pour le délibératif. L'histoire, quant à elle, touchant à ces trois temps, elle pouvait faire un bout de chemin avec chacun des trois genres. Si, maintenant, l'on quittait la rhétorique pour la poétique, l'histoire était confrontée à la poésie (l'épopée et la tragédie) et le critère discriminant était alors, selon Aristote encore, celui de la *mimesis,* dont l'histoire était exclue. Je n'y reviens pas non plus. À quoi il faudrait encore ajouter (pour être complet) la façon, dont, dès après Thucydide, l'histoire a perdu la partie face à la philosophie, aussi bien comme science de la politique que

---

1. Arnaldo Momigliano, *Problèmes d'historiographie ancienne et moderne, op. cit.,* p. 258-260.

comme philosophie morale. Et ce malgré les efforts d'un Polybe, tout à la fois ambitieux et un brin naïf.

Le rappel de cet arrière-plan, lointain peut-être mais pas effacé de l'histoire du nom, suffit pour faire comprendre qu'un délitement ou qu'un éclatement du concept moderne puisse fort bien faire remonter des couches anciennes et rouvrir les interrogations sur la place, l'objet, le genre ou le type de discours de l'histoire. La locomotive de l'Histoire ne file plus à toute vapeur, alors même que le rythme des progrès techniques n'a jamais été aussi rapide. Arrêtée dans l'élan qui l'avait jusqu'alors portée, tandis qu'elle donnait à ses praticiens, grands ou petits, « mandat d'agir au nom du futur », elle a ainsi vu resurgir la question de l'histoire et de la rhétorique. Mais la rhétorique mobilisée n'était plus la bonne vieille rhétorique d'Aristote, c'en était une autre, fortement « poétisée », telle celle qu'a mis en œuvre Hayden White, qui lui accorde sans barguigner la *mimesis* et en fait un discours (presque) comme les autres. Le combat se menait alors contre l'illusion entretenue par l'histoire positiviste d'une homologie entre les mots et les choses ou entre les niveaux intralinguistique et extralinguistique [1].

La double intervention de Ricœur, longuement mûrie, largement documentée et fortement argumentée, s'inscrit dans ce contexte. En mettant en avant le *muthos* comme intrigue, il entend prouver « le caractère ultimement narratif de l'histoire », mais sans renoncer, pour autant, au « primat » de sa visée référentielle. Je n'y reviens pas non plus. À ce point, m'importe seulement qu'en rappelant

---

1. Pour Barthes, le discours historique « ne croit connaître qu'un schéma sémantique à deux termes, le référent et le signifiant », éliminant le signifié et laissant s'affronter apparemment « le réel et son expression » (*Le Bruissement de la langue, op. cit.*, p. 165).

que l'histoire est récit (grand ou petit), il préserve quelque chose de ce mouvement en avant qu'avait apporté à l'histoire le futurisme du régime moderne d'historicité. Le récit va de l'avant, il fait sens et donne sens. Dans l'écart entre l'horizon d'attente et le champ d'expérience, se tisse le temps historique (celui du régime moderne d'historicité), qui porte, nous l'avons vu, tant le récit historique que le récit littéraire. Avec cette différence que le roman est davantage tourné vers l'exploration de cet envers du régime moderne qu'est le simultané du non-simultané.

Une seconde fois, Ricœur vient au secours de l'histoire : en l'arrimant à la mémoire. Mais il entend sortir du face-à-face stérile entre histoire et mémoire, avec leur cortège de zélateurs et leurs détracteurs, tout en récusant toute subordination de la seconde à la première. Il veut bien d'une histoire « saisie » par la mémoire, mais pas d'une mémoire ravalée au rang « d'objet d'histoire ». Car il maintient que, par sa « puissance d'attestation » qu'un passé a eu lieu, la mémoire doit être tenue pour la « matrice » de l'histoire. De cette position découle sa conclusion, souvent reprise depuis, sur l'impossibilité de trancher, « au plan gnoséologique », « la compétition entre le vœu de fidélité de la mémoire et la recherche de la vérité en histoire ». La décision revient au lecteur, c'est-à-dire au citoyen qui, une fois éclairé et conscient d'être endetté à l'égard des prédécesseurs, fera « la balance entre l'histoire et la mémoire ». Voilà pourquoi il y a une « inquiétante étrangeté » de l'histoire, voilà pourquoi Ricœur peut, par le recours à Platon, la présenter comme ce *pharmakon,* remède et poison tout ensemble, puisque ne peut être « exorcisé le soupçon » que l'histoire soit, au fond, une « nuisance pour la mémoire ».

Michel de Certeau reconnaissait, pour sa part, ce qu'il désignait comme « l'inquiétante familiarité » de l'histoire.

Ayant l'absence pour raison d'être, elle s'écrit en prenant la place de ce qui n'est plus. À l'instar de Michelet, elle enterre les morts, pour faire place aux vivants, dans la mesure où « une société se donne un présent grâce à une écriture historique [1] », un présent non pas fermé sur lui-même, mais ouvert en direction d'un futur, informé déjà par lui, capable de projet. Le modèle michelettien d'histoire demeurait, toutefois, compatible avec le régime moderne d'historicité, parce qu'il était traversé par le souffle de la Révolution et guidé par la marche du Peuple. Mais quand la mort est devenue une industrie, quand les morts ont été, aussi minutieusement qu'il était possible, effacés, quand le temps s'est arrêté, quand on a lentement pris conscience que le passé ne passait pas, que devenait l'histoire, le concept moderne d'Histoire, et comment pouvait se moduler le faire de l'histoire ? Car comment enterrer ces morts frappés, pour ainsi dire, d'une absence redoublée ? Ou comment « faire place aux vivants », si l'écart entre champ d'expérience et horizon d'attente s'est creusé jusqu'à une quasi-rupture entre les deux, ou, pire, si l'horizon d'attente a pris la figure de la catastrophe ? De la catastrophe qui vient, qui est en marche, à celle qui a bel et bien eu lieu : dans un même présent. Pour poser ces questions, pour les poser en ces termes, il a fallu du temps à nos sociétés. Les pages qui précèdent ont fait état de la manière dont des écrivains, des historiens, des institutions, les ont rencontrées, affrontées, voire évitées (ils ont parfois tourné autour, comme un navire évitant autour de son ancre, en fonction du vent et du courant). L'histoire serait-elle vouée à « tromper le temps », non pas au sens banal et ironique où le laissait entendre Péguy, mais à le tromper parce que elle-même se trompe de

---

1. Michel de Certeau, *L'Écriture de l'histoire, op. cit.*, p. 119.

temps ? Parce qu'elle voudrait croire et faire croire que le temps du régime moderne d'historicité, ce temps futuriste qui l'a portée et qu'elle a porté est encore et toujours opératoire. La réponse est non, pour autant qu'elle accepte d'être détrompée. S'il y a une vie pour l'histoire après le concept moderne d'histoire, elle passe à la fois par la capacité de nos sociétés à articuler à nouveau les catégories du passé, du présent et du futur, sans que vienne à s'instaurer le monopole ou la tyrannie d'aucune d'entre elles, et par la volonté de comprendre notre présent. Les deux démarches sont intimement liées. Et cette vie, attachée au « souvenir » et ouverte sur « l'espoir », pour reprendre les termes de Novalis, est encore largement à inventer.

INDEX

Accélération (du temps ou de l'histoire) : 30, 57-58, 60, 156, 165, 167, 185, 191, 203, 228, 230, 233, 256, 269, 281, 286.
ADAMS H. : 231.
Adenauer K. : 78
ADLER A. : 283.
ADORNO T.W. : 158.
Affaire Audin : 62, 65-66, 132, 237.
Affaire Dreyfus : 62, 63-66, 67, 68, 70-73, 79, 209-210, 236-240.
Allemagne : 39, 74, 78, 201, 204, 242, 245.
ALTHUSSER L. : 197.
Amérique (ou États-Unis) : 68, 111, 112, 211, 252, 268
AMÉRY J. : 85-86, 206.
Annales (revue) : 41, 117, 119, 122, 129, 192, 245, 247, 256, 260.
ANTOINE : 145, 146.
APOLLINAIRE : 209.
ARASSE D. : 160.
ARENDT H. : 63, 215, 240, 251.
ARISTOTE : 25, 32, 121, 122, 135-137, 138-144, 145, 147, 148, 151, 152, 293, 294.
ARON R. : 243, 244, 250, 251, 261-262.
AUGÉ M. : 48.
AUGUSTIN : 121.
Austerlitz : 201-208.
AZOUVI F. : 246.

BADIOU A. : 284.
BALZAC H. de : 35, 165, 166, 167, 168-172, 177, 180, 181, 190, 205, 206, 227.
Barbie K. : 85, 237.
BARCELLINI S. : 82.
BARTHES R. : 26, 114, 115-116, 138, 147.
BAYNUM C. : 112.
BEBEL A. : 233.
BÉDARIDA F. : 46.
BEN-MEIR K. : 160.
BENJAMIN W. : 35, 157-158, 160, 245, 246, 278.

BENSA A. : 48.
BENVENISTE É. : 114-115.
BERCHET J.-C. : 173.
BERGER G. : 260-261.
BERGSON H. : 244, 246.
BERLIN I. : 180-181.
Bernard C. : 151.
BERR H. : 257.
Bertillon A. : 67, 237.
BERTRAND R. : 273-276.
BLANCHOT M. : 114, 115, 184.
BLOCH C. : 238.
BLOCH M. : 41, 66-67, 247-248, 255.
BOSSUET : 16-17.
BOUCHERON P. : 277-278.
BOULAY B. : 116.
BOUTON Ch. : 18.
BOUVERESSE J. : 184
BRAUDEL F. : 17, 24, 40, 47, 106, 122, 255, 257-259, 263-264, 267, 273, 278.
BRAYARD F. : 65.
Brésil : 84, 251, 257, 259.
BRETON A. : 209.
BROCH H. : 183.

Cabinet des Antiques (Le) : 168, 170-172.
CALAME C. : 143.
Catastrophe : 81, 82, 98, 100, 190, 200, 202, 217-224, 264, 282, 296.
CELAN P. : 160-161.
CERTEAU, M. de : 25, 29, 71, 221, 265, 295-296.
CHAKRABARTY D. : 272.
CHANDERNAGOR F. : 43, 88.

CHAR R. : 215-216, 251, 252.
Charles X : 171, 175.
CHATEAUBRIAND R. : 23, 156, 166, 167, 172-177, 178, 181, 203, 208, 211, 213-214, 227, 252, 256.
Chirac J. : 95.
Churchill W. : 256.
Chute du mur de Berlin (1989) : 100, 265.
CICÉRON : 145, 146, 147, 151, 252.
CIORAN : 253.
CITATI P. : 181.
Civilisation : 243-244, 257-259, 266-270.
Clio : 10, 15, 28, 31, 32, 36, 44, 93, 155, 206, 292.
Colonel Chabert (Le) : 169-170, 205.
Commémoration : 49, 50, 80, 82, 134, 264, 281, 288.
Commission Vérité et Réconciliation (Afrique du Sud) : 83.
Concept moderne d'histoire : 13, 14, 15, 22, 30, 35, 59, 106-107, 149, 159, 165, 235, 263, 274, 278, 279-280, 282, 284, 285-297.
CONDORCET : 234.
Contemporain : 46-49, 79, 106.
Croyance à l'histoire : 11, 45, 126.
Croyance en l'histoire : 9-11, 16, 18, 19, 23-24, 26, 29, 32, 33-34, 126, 165, 166, 192, 199, 212, 213, 215, 217, 227-228, 234, 240, 251, 265.

D'ALEMBERT : 12, 13, 92, 95.
DANA D. : 253.
DANTE : 180.
DAVALLON J. : 58.
DELILLO D. : 217.
Déclin de l'Occident (Le) : 20-22, 242-243.
DEFOE D. : 221.
DELMAS-MARTY M. : 102.
DENYS D'HALICARNASSE : 33, 148.
DERRIDA J. : 115, 135.
DESCARTES R. : 111.
DESCOMBES V. : 51.
DETIENNE M. : 76.
Dette : 104, 119, 204, 206, 252.
Devoir de mémoire : 31, 45, 87-88, 100.
DIODORE DE SICILE : 229.
DOS PASSOS J. : 195.
DREYFUS L. & A. : 73.
DUCLERT V. : 45-46, 65, 68, 72, 73.
DUMOULIN O. : 49, 68.
DUPUY J.-P. : 101.
DURKHEIM É. : 248.
DUTRAIT-CROZON H (DELEBECQUE F. et LARPENT G.) : 239.

EDWARD WANG Q. : 279.
Einstein A. : 151.
ELIADE M. : 10, 253-255, 292.
ELIAS N. : 273.
ENGELS F. : 14.
Europe : 27, 40, 55, 91, 106, 156, 159, 165, 229, 240, 267, 272-273, 278, 282-283, 289.

Événement : 12, 24, 42, 82, 178-179, 258, 263-266.
Évidence de l'histoire : 33, 39, 72, 107, 165, 284.
Existentialisme : 194, 254.
Expert : 41, 49, 60, 67-69, 75.

FABIAN J. : 48.
Faire l'histoire : 16-18, 19, 23, 25, 28, 32, 185, 207, 227-228, 234-235, 258.
FASSIN D. : 53, 81, 82.
Faurisson R. : 239
FEBVRE L. : 66-67, 122, 151, 235-236, 247-249, 255-257, 258, 260, 286.
FERRIER M. : 222-224.
FILIU J.-P. : 283.
FINLEY M. : 273.
FLAUBERT G. : 118.
FLEURY B. : 68.
FOESSEL M. : 282.
Fondation Spielberg : 80.
FOUCAULT M. : 197.
France : 40, 42, 50, 54, 68, 81, 85, 86-91, 234, 242.
FREUD S. : 27, 121, 130, 197.
FRIEDLÄNDER S : 78, 112, 152.
Fukushima : 222-224.
FURET F. : 27, 198.
FURETIÈRE A. : 119.
FUSTEL DE COULANGES : 23, 40, 247.
Futur (transformation des rapports au) : 29, 30, 51, 60, 100-103, 221, 268, 271, 281-282, 284, 288-289.
Futurisme : 35, 72, 95, 105, 158, 191, 196, 197, 199, 202,

215, 227, 230, 234, 246, 252, 272, 281, 284, 287, 295.

GAEHTGENS T.W. : 93.
GARAPON A. : 32, 65, 84, 86, 102-104.
GAUCHET M. : 17, 30, 47, 77, 229, 233, 245, 246, 290-291.
Gaulle C. de : 81, 250
GEMELLI G. : 259.
Génocide arménien : 90-91.
GENSBURGER S. : 97.
GENTILE E. : 231.
GIBBON E. : 150.
GINZBURG C. : 34, 63, 66, 67, 112, 116-120, 137-139, 144.
GLEIZE J. : 169.
Globalisation : 266, 271, 281, 283, 288.
GOETHE J.W. VON : 21.
GOODY J. : 273, 277, 278-279.
GRACQ J. : 228.
Guerre et la Paix (La) : 19-20, 178-182.
Guetteur du temps (ou du présent) : 47, 105.
GUIZOT F. : 228-229, 269.

HABERMAS J. : 74, 121.
HALBWACHS M. : 40, 69, 71, 127-130, 132, 246-247.
Halévy D. : 210.
HASSNER P. : 266.
HAZAN P. : 78, 97.
HEGEL G.W.F. : 17, 156, 180, 231, 254-255.
HEIDEGGER M. : 27.
HELL J. : 202.
HÉRODOTE : 36, 142, 148, 166, 180, 275-276, 292.

Héros : 73, 76-77.
HILBERG R. : 66.
Histoire contemporaine : 41-43, 46, 106, 140, 237, 238.
Histoire globale : 272, 276-280.
Histoire universelle : 22, 129, 188, 229-231, 241.
Historia magistra vitae (ou ancien régime d'historicité) : 13, 15, 75, 107, 156, 157, 173, 175, 228, 252, 274, 281, 290.
Hitler A. : 202.
Hollande F. : 91.
Homère : 166.
Homme sans qualité (L') : 183-191.
HUGO V. : 179-180.
HUNTINGTON S. : 266-268.

Identité : 49, 50-51, 282, 288.
IGGERS G. : 279.
IGOUNET V. : 239.
Inquiétante étrangeté : 54, 121, 122, 124-126, 127, 130, 136, 159, 297.
Iouchtchenko V. : 98.
ISOCRATE : 113, 139, 146.

JACOBSON D. : 206.
JAEGHERE M. de : 44.
JAMES-SARAZIN A. : 93.
JAURÈS J. : 18, 232, 238.
Journaliste : 60-61.
Juge : 60, 61-67, 69.
JUVIN H. : 103.

KAFKA F. : 114.
KAUTSKY K. : 233.

Kerouac J. : 220-221.
Kiefer A. : 160-161, 199.
Klee P. : 35, 157-159.
Koposov N. : 99.
Koselleck R. : 13-14, 27, 29, 35, 106, 223, 227, 291.
Kotouzov M. : 19.
Kundera M. : 166-167, 168, 183.

Laborde L. de : 94-95.
Labrousse E. : 248.
Lacan J. : 197.
Laignel-Lavastine A. : 253.
Langage (et histoire) : 65-66, 114-115.
Langlois C.-V. : 15, 67, 150.
Lanzmann C. : 123, 131-132.
Larousse P. : 10, 11, 12, 13, 15, 28, 260.
Lassalle F. : 233.
Laurentin E. : 45.
Lavisse E. : 15, 40, 133, 238.
Le Roy Ladurie E. : 287.
Ledoux S. : 45.
Lee Klein K. : 53.
Lessing T. : 242.
Lévi-Strauss C. : 197, 259-260.
Lévinas E. : 114.
Lieux de mémoire (Les) : 42, 50, 93, 123, 133-134.
Linguistic turn (ou **tournant linguistique**) : 34, 111-115, 116, 120, 191, 240.
Lois mémorielles : 31, 86-91.
Longue durée : 24, 40, 258, 263-264, 267, 286.
Loraux N. : 77.

Loué T. : 237.
Louis-Napoléon : 94.
Louis-Philippe : 93.
Löwith K. : 11.
Löwy M. : 158, 245.
Lucien de Samosate : 136, 144, 149, 150, 174, 293.

Macho T. : 76.
Madoff S.H : 161.
Mai 68 : 264-265.
Maison de l'histoire de France : 43, 91-96.
Mallarmé S. : 114.
Marinetti F.T. : 186-187.
Marx K. : 14, 18, 197, 233, 254, 278.
Marrou H.-I. : 20, 241, 262.
Maurras C. : 239.
McCarthy C. : 35, 168, 217-223.
Méditerranée (La) : 117, 122, 257-259, 286.
Mémoire (et montée de la) : 31-32, 40, 42, 49, 50, 51-54, 59, 65, 69, 70-72, 85, 93, 96-99, 100, 103, 105, 106-107, 121, 123-134, 135, 159, 193, 199, 200, 214, 245, 246-247, 263, 281-282, 284, 287, 288, 290, 295-296.
Mémoire, l'histoire, l'oubli (La) : 66, 100, 121, 123-126, 159.
Méroé : 210-216.
Metahistory : 26, 113, 119-120, 151-152.
Michelet J. : 40, 71, 177, 206, 296.
Mimesis : 122, 136, 137, 142, 144, 147, 148, 264, 293-294.

Mitterrand F. : 95.
Mnêmosunê : 28, 31, 44, 52, 72, 206, 292.
Modernisation/modernité : 269-271, 281-282.
MOMIGLIANO A. : 112-113, 120, 150, 293.
MONOD G. : 40, 68, 238, 249.
MONOD J.-C. : 11.
MONTAIGNE : 180.
Monzie A. de : 260.
MOSÈS S. : 158.
MUSIL R. : 167, 183-191, 241.

Napoléon : 17, 19, 21, 155-156, 174, 179, 182, 207.
Nausée (La) : 191-194, 197.
NEEDHAM : 273.
NIETZSCHE F. : 127, 262.
NOIRIEL G. : 39, 89.
NORA P. : 42, 50, 88, 93, 96, 121, 127, 133-134, 265.
NOVALIS : 14, 297.

O'BRIEN P. : 277.
O.N.U. : 97.

Papon M. : 79, 85, 86, 237.
Patrimoine : 49, 54-60, 93, 264, 281, 284, 288.
PEETERS B. : 115.
PÉGUY C. : 9, 15, 30, 32, 36, 63-64, 69, 70-72, 107, 111, 115, 128, 131, 209, 234, 238, 296.
Peillon V. : 43.
PÉREC G. : 286-287.
Périclès : 77.
PERNOT L. : 145.
Perrin J. : 57.
Pfister C. : 247.

PLATON : 121, 124-125, 126, 127, 135, 139, 180, 297.
PLUTARQUE : 18, 182.
Poiesis : 120, 136, 137, 142, 143, 144, 152.
Poétique : 25, 34, 120, 122, 125, 135-137, 139, 142, 148.
POLYBE : 11, 136-137, 149, 169, 179, 230, 294.
POMIAN K. : 130.
Port-Soudan : 208-210, 211.
Poutine V. : 98.
Première Guerre mondiale : 27, 77, 183, 187, 233, 240-243.
Présentisme : 30, 39, 41, 47, 58, 59, 87, 99-107, 159, 194, 197, 206, 209, 224, 265, 271, 281, 284, 285, 288.
Principe de précaution : 101.
Procès de Nuremberg : 32-33, 78.
Procès Eichmann : 74, 80.
PROCHASSON Ch. : 49, 80.
Progrès : 12, 18, 52, 72, 158, 159, 167, 76, 191, 228-229, 231-234, 245, 249, 250, 251-252, 259.
PROUST M. : 246.

QUERRIEN M. : 57.
QUINTILIEN : 147, 148, 295.

RANKE L. VON : 150, 166, 229.
REBÉRIOUX M. : 68, 236-237.
RECHTMAN R. : 53, 81, 82.
Récit (et histoire) : 112-114, 116-118, 123, 189-191, 192, 294-295.
Regard éloigné : 46, 209.

Regards sur le monde actuel : 29, 151.
Régime moderne d'historicité : 21, 36, 52, 72, 156, 157, 158, 167, 175, 177, 181, 182, 191, 192, 193, 196, 203, 208, 210, 212, 214, 227-231, 232, 234, 245, 250, 253-255, 259, 261, 278, 286, 290, 295-297.
REINACH J. : 238, 239.
RÉMOND R. : 88.
RENAN E. : 15.
RENOUVIN P. : 260.
Représentation (et représentance) : 118-119, 123.
REVEL J. : 74, 248, 287.
Révolution : 18, 200, 210, 215, 231-234, 245-246, 281, 283, 291.
Révolution de Juillet (1830) : 175, 176-177.
Révolution française : 51, 165, 166, 172, 173.
Révolutions arabes : 284.
Rhétorique : 32, 34, 120, 137-139, 140, 141-142, 144.
Rhétorique (et histoire) : 113, 119-120, 136, 137-152, 292-294.
RICŒUR P. : 34, 54, 66, 71, 99, 113-114, 116-120, 121-126, 127, 129-130, 131, 135, 137, 142, 144, 159, 203, 278, 294-295.
RIMBAUD A. : 114.
RIOUX J.-P. : 51, 55, 73.
ROBBE-GRILLET A. : 197, 198.
ROBIN R. : 53.

Robinson : 221-222.
Robinson M. : 97.
ROGINSKI A. : 98.
ROLIN O. : 168, 199-200, 208-216.
RORTY R. : 112.
ROUSSEAU J.-J. : 221.
ROUSSO H. : 48, 68, 96.
Route (La) : 217-222.
Russie : 19, 99.

SAHLINS M. : 274.
Sarkozy N. : 91, 92, 95.
SARTRE J.-P. : 165, 167, 191-197, 232.
SAUSSURE F. de : 114.
SCHOLEM G. : 157, 158.
SCHILLER F. VON : 230.
SCHOPENHAUER A. : 14.
SCHWARTZ L.S. : 200.
SCOTT W. : 166.
SEBALD W.G. : 168, 199-208.
Seconde Guerre mondiale : 27, 77-78, 158, 192, 199.
SEIGNOBOS Ch. : 15, 67, 150.
SEMPRUN, J. : 31.
Sens de l'histoire : 26-28, 282-283.
SERVOISE S. : 194.
Shoah : 53, 75, 78, 80, 89, 90, 96, 112, 132, 160, 239, 287.
SIMIAND F. : 248.
Simultané du non-simultané : 35, 169, 170-171, 172, 176, 177, 181, 182, 191, 195, 212, 213, 227, 246, 295.
SMITH A. : 278.
Speer A. : 202.
SPENCER H. : 231.

SPENGLER O. : 20-22, 241-244, 249, 253.
SPIEGEL G. : 112.
Staline : 98, 245.
Structuralisme : 111, 197, 198, 266.
Sursis (Le) : 194-196, 197.

Témoin : 33, 60, 65, 67, 69-70, 74-75, 80-81, 85, 125, 132, 207.
Temps *chronos*/ temps *kairos* : 18, 176, 214.
Temps et récit : 116, 118, 119, 120, 121-123, 125.
Temps imprescriptible : 53, 78-80, 85, 104.
Temps « réel » : 99, 101, 271.
TERRAY E. : 54.
THIERRY A. : 166.
THOMAS Y. : 63, 79.
THUCYDIDE : 135, 137, 139-140, 149, 293.
TOCQUEVILLE : 228, 251.
TOLSTOÏ : 19-20, 167, 178-182, 183, 190, 207.
TOURAINE A. : 48.
Touvier P. : 85, 237.
TOYNBEE A. : 20, 241, 243-244, 249.
Train du temps (et locomotive de l'histoire) : 35, 101, 167, 176, 181, 185, 188, 189, 191, 204, 233, 245, 287, 291, 294.
Traumatisme : 81-82, 104.
TREITSCHKE H. VON : 17, 18, 258.
TURCANU F. : 253.

Tutu D. : 83, 84.

Ukraine : 97-98.
Ulysse : 149.
Unesco : 56, 57, 80.
U.R.S.S. : 27, 98, 197.

Vaillant-Couturier M.-C. : 78.
VALÉRY P. : 20, 24, 27, 29, 151, 183, 240-241, 243, 245, 285, 286, 291.
VERNANT J.-P. : 52, 72, 76, 119.
VÉRON-BELLECOURT A. : 35, 155-156.
VICO : 113, 151.
Victime : 60, 73, 74, 76-82, 82-86, 104.
VIDAL-NAQUET P. : 62, 66, 68, 124, 131, 132, 239.

WALLERSTEIN I. : 278.
WALTER J. : 68.
WEBER M. : 278.
WHITE H. : 26, 112-113, 119-120, 138, 142, 151-152, 294.
WIEVIORKA A. : 74, 80.
WILKOMIRSKI B. : 53.
WITTGENSTEIN L. : 115.
WOOLF D. : 279, 280.
WOOLF V. : 195.

YERUSHALMI Y. : 121, 127, 130-131, 287.

ZANGARA A. : 145.
ZOLA É. : 73.
ZWEIG S. : 251.

TABLE

Introduction 9
> *Croire et faire*, 16. – *Faire l'histoire, faire de l'histoire, écrire l'histoire*, 23. – *L'histoire aujourd'hui : de Clio à Mnêmosunê*, 28.

1. La montée des doutes 37
> *Du contemporain au présent*, 46. – *Mots et acteurs du présent*, 60. – *Les politiques mémorielles*, 86. – *Retour au temps et au présent*, 99.

2. Une inquiétante étrangeté 109
> *Récit, rhétorique, histoire*, 116. – *La Poétique et l'inquiétante étrangeté de l'histoire*, 121. – *Les derniers échos*, 126. – *Inquiétante étrangeté ou inquiétante familiarité*, 135. – *Rhétorique et preuve*, 137. – *La rhétorique et l'histoire après Aristote*, 144.

Intermède. Sur trois allégories de l'Histoire 153
> *Clio et la gloire de Napoléon*, 155. – *L'Ange de l'histoire*, 157. – *Pavot et mémoire*, 160.

3. Du côté des écrivains : les temps du roman 163
> *L'historien des mœurs*, 168. – *Le nageur entre deux rives*, 172. – *« L'océan de l'Histoire »*, 178. – *« Quelle drôle d'histoire que l'Histoire »*, 182. – *« L'historicité refluait*

sur nous », 191. – *« Tu viens de là »*, 199. – *Après l'Histoire*, 217.

4. Du côté des historiens : les avatars du régime moderne d'historicité 225
Le régime moderne : version forte et premières failles, 228. – *« L'abîme de l'Histoire »*, 240. – *Après 1945 : « Tous les ponts sont rompus »*, 251. – *Positions de l'histoire*, 263.

Conclusion. Le nom et le concept d'histoire............ 285

Index 299